U0471645

中共党史人物传

第55卷

中国中共党史人物研究会/编

中国人民大学出版社
·北京·

图书在版编目（CIP）数据

中共党史人物传. 第55卷/中国中共党史人物研究会编. —北京：中国人民大学出版社，2017.7

ISBN 978-7-300-23691-9

Ⅰ. ①中… Ⅱ. ①中… Ⅲ. ①中国共产党-历史人物-列传 Ⅳ. ①K820.7

中国版本图书馆CIP数据核字（2016）第286424号

中共党史人物传·第55卷

中国中共党史人物研究会/编

Zhong-Gong Dangshi Renwu Zhuan · Di-wushiwu Juan

出版发行	中国人民大学出版社		
社　　址	北京中关村大街31号	**邮政编码**	100080
电　　话	010－62511242（总编室）		010－62511770（质管部）
	010－82501766（邮购部）		010－62514148（门市部）
	010－62515195（发行公司）		010－62515275（盗版举报）
网　　址	http://www.crup.com.cn		
	http://www.ttrnet.com（人大教研网）		
经　　销	新华书店		
印　　刷	三河市嵩川印刷有限公司		
规　　格	170 mm×240 mm　16开本	**版　　次**	2017年7月第1版
印　　张	21 插页1	**印　　次**	2018年8月第2次印刷
字　　数	280 000	**定　　价**	55.00元

中共党史人物传

陈云 题

四月十日来函及《中共党史人物传》第一至二十六卷已收到，对此表示感谢。

《中共党史人物传》的审定、编辑和出版是一件很有意义的工作，它对研究中国革命史、党史、军史，教育后代继承和发扬光荣革命传统起着重要作用。

我已阅读了几卷，其余卷将认真拜读。若有什么意见，我会及时写信告知。

希望你们再接再励，完成《中共党史人物传》的编辑出版工作，为社会主义精神文明建设作出贡献。

祝工作顺利。

李鹏

一九八六年四月二十日。

党史研究的重要成果，共产主义教育的生动教材！

李先念

一九九一年五月十七日

乔石同志 编辑出版《中共党史人物传》有很重要的意义，希望继续努力，团结做好这项工作。

九月十二日

编辑出版《中共党史人物传》的汇报

一九七九年三月，十八所高等院校党史教师的代表，沐浴着党的十一届三中全会的春风在郑州集会，倡议成立中共党史人物研究会，为我党历史上的著名人物、著名烈士和部分一贯支持我们党的党外战……

中国共产党中央委员会军事委员会

《中共党史人物传》介绍了几百位著名的革命先烈。他们的英雄业绩永远值得后人纪念和学习！《中共党史人物传》充实和补充了党史军史，成为我们进行社会主义精神文明教育的生动教材。做好这件工作，有十分重要的政治意义！

杨尚昆 1986年5月18日

欲穷千里目
更上一层楼

胡乔木

為中共党史人物立傳
是党史界、出版界的光
荣任务

薄一波
一九九一年
五月一日

编成五十卷中共党史人物传
功德无量惠及后世深望
振奋精神再接再厉为续
编新五十卷的光荣目标
而迈进

刘澜涛

一九九一年五月十四日

为有牺牲多壮志
敢教日月换新天

邓小平题
一九九一年四月

中共党史人物传前五十集的出版，对于弄清党的历史，总结党的历史经验，建设社会主义精神文明，都具有重要意义。

望参加编写的全体同志再接再励，精益求精，以竟全功。

馬文瑞

一九九一年四月十二日

中共党史人物传已出三十卷，成绩斐然，望再接再厉，继续努力。

胡绳

一九八一年五月

再版说明

《中共党史人物传》是经中央有关部门批准，由中国中共党史人物研究会主持编纂的大型历史丛书。从 1979 年至 2015 年，在第一届至第四届理事会（会长依次为何长工、李力安、孙英、欧阳淞）的主持下，陆续编辑出版 89 卷包括 1000 余位党史人物的传记，总计近 2600 万字。该套丛书由陈云同志题写书名，收录的人物传记均为史学传记，在编写过程中力求做到史实准确、详略得当、评介公允、文字简明。

承担此项工作的中国中共党史人物研究会，是 1979 年成立的全国性、群众性学术团体，主要致力于中共党史人物的研究和传记的编纂与出版工作。自 2002 年起主管单位为中共中央党史研究室。会员由从事中国近现代史、中国革命史、中共党史、中国人民解放军军史和中华人民共和国国史的教学研究机构和学者组成。丛书的作者和编审者多为中共党史和军史的知名教学和研究人员，也有作家、记者、文化工作者和传主的战友，他们为丛书的编纂付出了艰辛的劳动。已故著名党史专家、学会副会长胡华担任丛书前 50 卷的主编，为丛书的编纂出版做出了重大贡献。其中第 1 至 32 卷曾获 1987 年吴玉章奖金历史学一等奖。王淇、陈志凌等继任主编，亦为后续卷的编纂出版工作做出了积极贡献。丛书编纂出版过程中得到党和国家领导人及许多老一辈无产阶级革命家的关心和支持。

中共党史人物研究是中国共产党历史研究的重要组成部分。自近代以来，中华民族面临着两大历史任务，即求得民族独立和人民解放，实现国家繁荣富强和人民共同富裕。中国共产党成立至今，为完成这两大历史任务进行持续不懈的探索和努力，付出了最大牺牲，做出了最大贡献。诸多中共党史人物的人生经历，可以说是党为人民而奋斗的光辉历程的缩影。这些前辈人物的卓越功勋，是党的丰功伟绩的重要组成部分；他们在奋斗、磨难和考验中表现出来的理想、信念和精神，是党的历史中曾经感动并会继续感动我们民族的最生动、最精彩的部分；他们的思想和情操，是我们党的宝贵精神财富，也是我们国家、民族和人民的宝贵精神财富。党史人物传记作品，与其他党史作品一样，在对广大党员干部、人民群众特别是青少年进行爱国主义、革命英雄主义、中国特色社会主义教育中，发挥着十分重要的作用。

《中共党史人物传》第1至89卷自出版以来，受到广大读者欢迎，成为了解和研究各位传主生平和党的历史的重要参考。近年来，仍有许多读者不断来信要求购买；但由于该书是陆续出版的，且发行多年，早已脱销。为满足读者需要，我们决定再版《中共党史人物传》第1至89卷。再版时，我们对中共主要领导人毛泽东、周恩来、刘少奇、朱德、任弼时、陈云、邓小平的传记做了全面修订。同时请中央党史研究室的专家学者，审看了比较重要的100位党史人物传记。由于《中共党史人物传》出版时间跨度很大，陆续由陕西人民出版社、中央文献出版社和中共党史出版社出版，89卷包括50多个创作小组及1700多位个人作者，收入此套丛书的部分完成较早的传记已无法联系到原作者。本次再版时，党史人物研究会的专家学者和中国人民大学出版社的编辑们，对稿件进行了细致的审定和编辑加工：吸收了一些最新的研究成果；对原版体例不完全一致的地方尽可能做了规范化处理；校正了原版传记中的一些错漏之处；特别是在人名、地名、名词术语的核实方面做了大量细致的工作。对一些难以核查的问题仍维持原貌，留待以后考证。由于丛书是陆续出版，原有版式设计不尽相同，这次再版时做了格式上的统一处理。为了体现原传记编纂者的编纂指导思想，我们将原版中的前言和后记等作为附录一并列入相应卷中。现在呈现在读者面前的这套丛书，无论在内容方面还是编校质量方面，都较此前有所充实和提高。尽管如此，仍难免有不尽如人意之处，恳请读者批评指正，以利将来的进一步修订，也有利于在今后的人物传记的续编工作中改进。

我们希望，本套大型传记丛书的再版对于推动中共党史人物的研究、宣传和普及党史知识、弘扬党的优良革命传统起到积极作用，同时也为今年即将召开的中国共产党第十九次全国代表大会献上一份厚礼！

中国中共党史人物研究会

2017年5月30日

目　录

蔡　畅

陈志凌

蔡畅，生于1900年。杰出的无产阶级革命家，中国妇女运动的先驱和卓越领导者，国际进步妇女运动的著名活动家。从1925年秋起，历任中共两广区委妇委书记，中共江西省委、湖北省委、广东省委、中央根据地江西省委妇委书记，中共中央妇委书记，中华全国妇女联合会第一、二、三届主席，第四届名誉主席，国际民主妇女联合会第二、第三届副主席，中共第七、八、九、十、十一届中央委员，全国人民代表大会第一、二、三届常务委员会委员，第四、五届副委员长。1990年逝世。她几十年如一日，投身中国革命和建设，特别是中国妇女解放事业，开创了中国解放区妇女运动的正确道路，奠定了全国妇女解放运动的坚实基础。在动员解放区妇女支援革命战争、全国妇女参加社会主义建设、培养各级妇女干部、开展儿童保育和保卫世界和平等事业中，披肝沥胆，历尽艰辛，鞠躬尽瘁，建立了不朽的历史功勋。

一

蔡畅，1900 年 5 月 14 日（清光绪二十六年农历四月十六日）诞生在湖南省湘乡县（今双峰县）永丰镇一个以经营辣酱为业的家庭，马克思主义理论家蔡和森之妹。原名蔡咸熙，乳名毛妹子。蔡畅的曾祖父开了“蔡广益”、“蔡广祥”两家辣酱兼营南货的店铺，还购买了土地、房产，生活颇为富裕。蔡畅的祖父蔡寿崧，早年读过私塾，几次考秀才未中，后来在曾国藩组织的湘军中当过大队长；湘军遣散后返归故里，重操祖业。蔡畅的父亲蔡蓉峰不善经营，家境逐渐衰落。为了生计，他于 1890 年带着妻儿前往上海，通过瓜葛之亲[①]，在曾国藩女婿聂缉椝管辖的江南制造总局谋得一个小官职；1899 年回到家乡，1932 年去世。

蔡畅母亲原名葛兰英，后改名健豪，出身官宦家庭。其父葛葆吾做过清朝的盐运使、按察使。葛健豪幼时随兄长读家馆，略懂文墨，通达事理，坚持正义，积极上进，性格豪放，敢作敢为，是公认的女中强人。她 16 岁时与蔡蓉峰结婚，生有三男三女，蔡畅是她第 6 个孩子。

童年时代的蔡畅，很敬仰秋瑾烈士。秋瑾是永丰镇王家的妻子。她的革命事迹在永丰一带广为流传，毁誉不一。葛健豪是十分敬佩秋瑾的，每每在黄昏的桐油灯下，一边做针线活，一边讲秋瑾的事迹给孩子们听。蔡畅听得很认真，她知道了秋瑾刻苦做学问，帮助老百姓，创办女子学堂，敢于同坏人斗争，最后英勇献出了生命的许多故事。秋瑾成了她心目中崇敬的英雄。

蔡畅很敬爱她母亲，在她看来她母亲是另一个秋瑾。母亲同情贫苦人，

---

① 据《大界曾氏五修族谱》载：曾国藩之第六女嫁给蔡畅外祖父四弟为妻，因与聂有亲戚关系。

经常给生活困难的邻居以救济。母亲办事讲理，对大人、小孩平等看待。母亲支持她不裹脚，还敢同她父亲不讲理的行为对抗。有年夏季，父亲要蔡和森和蔡畅下地种豆子，哥哥在前面刨坑，蔡畅在后边往坑里撒豆种。突然，蔡畅看到远处一块田里的曾老爹，一会儿弯腰刨坑、撒种，一会儿又立直腰用脚培土，累得直擦汗。她叫住哥哥，用手指指曾老爹说："你看，我们帮帮他吧！"蔡和森抬起头来看看，立即表示同意说："好！我们先去帮曾老爹。"两个人拿着自家的豆种，去帮助曾老爹种豆，曾老爹不住地喊，使不得，使不得！他俩不听，足足忙了半天种完那块田，下午才去种自家的田。晚上回家，父亲知道了他们帮曾老爹种豆子，气得火冒三丈，骂道："你们这些吃里扒外的东西！"蔡畅赶紧跑到母亲身边，母亲平静地对父亲说："你吼什么，和子和毛妹子做得对，帮助人是好事嘛！"① 母亲一支持，父亲再反对也没有用。这件事给蔡畅留下很深的印象。蔡畅不喜欢她父亲粗暴不讲理的行为，每当她父母发生争执的时候，她总站在母亲一边。母亲说什么她都觉得有道理，打心眼里听话，叫她干事，她都认认真真地去做。

蔡和森是葛健豪的第5个孩子，比蔡畅大5岁。蔡畅对蔡和森非常喜爱，亲切称他和哥哥。她五六岁时，整天与和哥哥在一起，蔡和森上山放牛、下田除草，她都跟着。蔡和森上学念书，她也吵着要念书。蔡和森读书用功，懂事理，在一群孩子中很有威信。蔡畅很信服她的和哥哥，有不懂的事就问她的和哥哥，比如富人为什么有钱，人为什么要死，等等，蔡和森根据他学到的知识讲给蔡畅听，她听后很满意。她认为她的和哥哥是个有学问的人，有出息的人，和哥哥做的事情她都支持。

1913年春，湘乡县第一女校开始招生，葛健豪听到消息后，就卖掉一部分娘家陪送的妆奁，凑足了学资，带着毛妹子和她姐姐庆熙、哥哥和森，到湘乡县城去上学。毛妹子进学堂时正式报名叫蔡咸熙，读初小班。1913

---

① 《女革命家丛书》，河北少年儿童出版社1991年版，第10页。

年底，葛健豪因经济困难，带着咸熙和她姐姐、哥哥回到永丰。不久，葛健豪在永丰镇上的观音阁办起一所女子职业学校，蔡咸熙一面做学生继续学文化，一面做先生，担任了全校的音乐、体育教员。蔡和森则去长沙，考入铁路学校。那时候，蔡咸熙才十三四岁，个子很矮，上音乐课时，她站到板凳上，后排的同学才能看到她。她教学生唱很多歌，像《乌鸦与麻雀》、《葡萄仙子》等等，还教大家唱着歌舞蹈；上体育课时，她教大家列队、走步、跑步、跳绳、跳高、跳远、体操等。

1914 年，蔡蓉峰将蔡畅许配给一个有钱的人家当童养媳，引起一场家庭纠纷。蔡畅认为在家没有安全感，坚决要求离开家到外地谋生或就学。她母亲写信给在长沙上学的蔡和森。蔡和森回信支持妹妹出来。1915 年初，葛健豪瞒着蔡蓉峰，帮助蔡咸熙离开了家乡。到长沙不久，周南女校招生，蔡咸熙前去报考音乐体育专修科，改名蔡畅，表示她同命运搏斗获胜后的舒畅心情。

2 月，蔡畅踏进了周南女校的校园。这所女校，是著名革命教育家朱剑凡先生创办的，并自任校长，教员有徐特立、张唯一、周以栗、陈章甫等。朱校长主张学生自治，提倡思想、言论、信仰自由，鼓励学生参加反对外国列强、反对封建军阀的爱国运动。这一切，形成了周南独具的优良校风。

蔡畅进周南女校不久，朱剑凡了解到她是为逃避封建包办婚姻而出来自谋生路的，生活十分困难，就决定免收她的学膳费。这是周南女校第一个免费生。蔡畅学的是音乐和体育，半年学完了初级班课程转入中级班体育科。她后来回忆说："我是个好学生，曾几次跳级。""我在中级班里成绩非常优秀。"[①] 在周南女校，蔡畅阅读了一些进步书刊；以后，在毛泽东、蔡和森影响下，成了《新青年》杂志的忠实读者。她还参加反对袁世凯签订卖国二十一条大会，听到激动人心的演讲，看到觉醒民众的革命热

---

① 周建纯：《蔡畅同志在长沙周南女校》，《妇女运动的先驱——蔡畅》，中国妇女出版社 1983 年版，第 23 页。

情，她深受感动。蔡畅结识了向警予、陶毅、劳君展、周敦祥等周南女校的进步学生。她们常在一起谈论时事，谈论男女平等，抒发各自的理想和抱负，使蔡畅受到了很大的启迪。

1916 年，蔡畅以优异的成绩，学完了周南女校音乐体育专业的全部课程。这时，蔡畅的母亲和她庆姐也带着外甥女来到长沙。母亲在女子教育养习所读书，庆姐在长沙自治女校学缝纫和刺绣，外甥女刘昂入了周南女校幼稚园，蔡和森还在湖南省立第一师范学校读书。一家 5 个人在长沙，生活无着，只有靠典卖母亲和庆姐的首饰、衣物来维持。蔡畅希望毕业后能有一个合适的工作，承担起全家生活重担，但找不到门路。正当这时，朱剑凡决定将她这位高才生留校，担任附小的体育教员，每月薪金 8 元。对于朱剑凡给予的帮助，蔡畅始终铭记肺腑。抗日战争开始后，蔡畅在延安见到了朱剑凡的女儿朱仲丽，顿时追忆起已经作古的朱校长和朱师母。她像当年师长对她那样爱护和关心仲丽这个妹子，常对朱仲丽讲述朱校长和朱师母的崇高思想品德。她说："你爸爸对我特别照顾，是他救了我，我的思想进步，是因为从小就受到他的教育。"①

在周南女校附小任教，蔡畅严守周南校规、校训，率先垂范。她对学生要求非常严格。平时强调学生认真听课，严格遵守组织纪律，刻苦参加基本训练，如发现学生训练马虎，即令其重做。她把体育课作为妇女形体解放和精神解放的课程来上，不但教授学生熟练掌握各种体育项目的基本动作，而且使学生理解增强体质是女子求解放并为振兴中华而奋斗的前提。周建纯回忆当时情景说："为了激发学生对体育的兴趣，蔡畅反复宣讲体育的重要性。她痛斥帝国主义对中国人民的侮辱，说明'非尚武不足以图自强'，'凡我青年非有强固的体魄，忍饥寒，耐劳苦，则不能应今日之事变'，'国家兴亡，男女负同等责任'的道理。她号召学生学好科学文化知识，增强体质，振兴中华"。周建纯还说："对一些年龄大的学生，因缠了

---

① 朱仲丽：《灿灿红叶》，湖南人民出版社 1985 年版，第 191 页。

脚不便参加体育活动，蔡畅关切地帮她们解开缠脚布，鼓励她们挣脱封建枷锁，争取男女平等。在她的启发下，学生们纷纷自觉地走出教室，参加体育锻炼。”①

蔡畅以优异的教学成绩获得社会的赞扬和尊敬。1918 年 11 月 23 日的《大公报》载：“周南女校运动会定于下星期三在该校举行。查该校体操教员蔡女士教授得法。对于体育一项颇有研究，学生对于体育又极注重，时常联络福湘女子中学学生比赛篮球。”1918 年 11 月 28 日《大公报》又载：“周南女校运动会自上午九时起下午三时止，其指挥者为该校体操教员蔡畅女士，她精神愉快，深得儿童心理……鼓掌之声，上彻云霄”。蔡畅在周南附小任教四年，使附小的体育课内容不断得到丰富。附小原来的体育课仅有韵律活动，例如：队列操练、柔软体操、轻器械操等，多为伴有音乐的表演性体操。在朱剑凡校长的支持下，她逐步增加了田径、球类等体育项目。下课铃声一响，教室里常是空无一人，同学们都跑到操场上去，有的打篮球，有的打垒球，还有人练哑铃、投掷、悬梯。在长沙举行的历次体育竞赛活动中，蔡畅组织的周南女子篮、排球队，屡战屡胜，被人誉为女界“泰安球王”。1985 年，周南女校举行 80 年校庆时，蔡畅用自己亲身体会，为母校题写校训：“诚朴、健美、笃学、奋进”，鼓励后辈德智体美全面发展。

1918 年 4 月 14 日，湖南新民学会成立大会在刘家台子蔡畅家举行。蔡畅和母亲、庆姐，从早饭后就动手洗菜、淘米、煮饭、烧菜，为新民学会的会员们准备了一顿丰盛的午餐。蔡畅还用自己的工资买来了橘子招待大家。

1919 年 5 月 4 日，在北京爆发了震惊中外的反帝爱国运动。消息传到湖南，毛泽东以新民学会会员为骨干，立即组织了声势浩大的群众性爱国斗争。蔡畅以周南女校为基地，积极参加了斗争：她一面四处奔走呼号，

① 周建纯：《蔡畅同志在长沙周南女校》。

发动在校师生走上街头游行示威，参加救国十人团，到商店检查日货，劝销国货；一面组织学生话剧团，加紧排演新剧，揭露帝国主义列强瓜分中国的阴谋，痛斥段祺瑞政府腐败无能、出卖民族利益的罪行。在五四运动影响下，朱剑凡赞成周南成立南化学会，借以联络毕业同学和在校同学，组织他们集会，学习时事，讨论社会发生的重大问题。蔡畅是南化学会的骨干分子。她经常向周南师生宣传新思想，介绍新书，讨论妇女解放和妇女劳动问题。在时代潮流推动下，周南女校办起一所平民女子学校。蔡畅和学生一起走家串户，动员家长送女孩子入校读书，她还捐钱和笔、墨、纸本给那些穷孩子。

五四运动后，宣传进步思想的刊物纷至沓来，尤以《新青年》、《每周评论》、《湘江评论》最受欢迎，在湖南思想界产生了深远影响。在很长的一段时间里，蔡畅除教课外，集中精力阅读这些刊物，思考、分辨各种新思潮的内容及其价值观，从而选择、确立自己的信仰。

二

五四运动后，蔡和森等在湖南发起的赴法勤工俭学运动有了新的进展。1919 年 5 月，蔡和森等接到先期去法的萧子昇来信，说他多次到巴黎一家中国人开的豆腐工厂，与厂方谈妥，该厂可接收“几位中国女工，工价与法女工一样”，“今日到，明日便可入厂工作”。“此事最好由诸兄大家扶助，由蔡君咸熙邀同她的女友出来组织。”[1] 蔡和森根据这一新的情况，又看到她母亲和蔡畅积极上进的心情，决定全家赴法。1919 年 7 月，蔡和森带着组织湘绣美术公司的方案，从北京回到长沙，同母亲、妹妹商量全家赴法的问题。为了使妇女赴法勤工俭学造成声势，他要蔡畅写信给向警予，建议她一同赴法，并联名发起湘南女子勤工俭学运动。向警予 1918 年底曾

① 子昇：《留法勤工俭学的情形》，《湘江评论》第 4 号，1919 年 8 月 4 日。

在北京女高师寻找机会留法勤工俭学未成，后返回湖南溆浦女校教书，等待赴法时机。蔡畅按照蔡和森的意见给向警予去信，向喜出望外，毫不犹豫地来到长沙。

向警予到长沙后，住在蔡畅家里。在蔡畅、向警予和在周南女校任教的陶毅努力下，先在周南女校成立了周南女校留法勤工俭学会，并在朱剑凡校长的支持下，开设了法文班，为有志留法的女同学补习法文。她们呼吁当局对女子出国勤工俭学给予支持，解决女子出国的旅费困难等问题。从8月到10月，湖南省长先后批饬湘阴、浏阳、长沙、湘乡4县的知县，给6名女生发放川资或补助津贴。在蔡畅等工作的基础上，随后，成立了湖南女子留法勤工俭学会，并通过了会章。会章总纲明确指出："本会所奉行信条，为工读神圣"；"本会认为体力工作与脑力工作兼营并进"，提倡妇女解放。吸收周南、稻田、涵德、崇德4所女校15名女生为首批会员。毛泽东曾表示希望"多引出大批女同志出来，多引一人，即多救一人"①。

1919年10月，蔡畅、向警予和蔡母葛健豪等离长沙去上海。12月24日，华法教育会在法文协会召开欢送会，法人罗托夫·沙巴结等莅会演说，恳切勉励，还介绍了法国生活情况，到会者受到很大鼓舞。25日下午1时，蔡畅、向警予、葛健豪、李志新、熊季光、萧淑良6名湖南女生，同蔡和森等共30余人，在上海杨树浦码头，乘法国邮轮盎脱莱蓬号启程。到码头送行的有留法俭学会沈仲俊、全国各界联合会刘清扬、环球中国学生会吴敏于以及同葛健豪有亲戚关系并给予资助的上海恒丰纱厂经理聂云台等数十人。刘清扬在后来回忆中写道："1919年的初冬，我满怀热情地跑到海边，为我这些不相识的朋友送行，就是在这一次偶然的送别里，我第一次认识了向警予同志。当时和向警予在一起的有蔡老太太、蔡和森同志与蔡畅大姐。看着这远行的全家，尤其是蔡大姐的母亲，以50岁的高龄，

---

① 《毛泽东给向警予信》，《新民学会会员通讯集》第2集。

竟有追随全家出国求学的壮志，更格外使我敬佩。这一家人亲切和蔼的态度，诚恳朴实的风范，将近40年来，一直留给我深刻的印象。”当时的上海《时报》、《申报》都以显著地位报道了湖南女子留法勤工俭学的行动，并倍加赞扬。

赴法勤工俭学学生大都是穷人子弟，经济十分困难，无钱购买中等以上船票，男生都坐在轮船底层的四等舱，无床铺睡觉，条件极差；女生们坐的是三等舱，有床位可以睡觉，算是很优越了。蔡畅和哥哥、警予、母亲聚在一起商量到法国以后的种种打算，探讨中国的前途和命运，对留在国内的毛泽东等好友寄托无限的希望。经过30多天的海上颠簸，盎脱莱蓬号邮轮于1920年1月30日抵达法国的马赛港。2月2日，他们乘车到达法国的首都——巴黎。

蔡畅等刚到巴黎时，大家一起住在华法教育会。2月4日，蔡畅同母亲、向警予一起随蔡和森浏览了巴黎市容，参观了巴黎的名胜古迹。之后，他们来到萧子昇信上介绍过的巴黎那家豆腐公司。公司的经理齐竺，河北蠡县布里村人，1918年至1919年蔡和森在布里学法文时，两人有过交往。这次相会，一见如故。齐竺对蔡家母子、兄妹非常热情，还特别向蔡畅母女介绍了中国湘绣在法国畅销的情况，鼓励蔡畅组织会刺绣的女同学从事刺绣，他愿意帮助销售。蔡畅提出安排她姐蔡庆熙来法到他的豆腐厂做工和刺绣之事，齐竺表示同意。

2月7日，蔡和森和蔡畅等6名女生，根据华法教育会做出的安排，被分配到法国南部距巴黎约200公里的一个县城蒙达尼。在布里村已打下法文基础的蔡和森，入蒙达尼男子中学后，大部分时间学习马克思主义理论和研究俄国十月革命经验。他“日惟手字典一册，报纸两页”，以“蛮看报章杂志为事”①。蔡畅、向警予、葛健豪、李志新、熊季光、萧淑良入女子中学。她们不懂法文，首先应解决语言障碍问题。蔡畅入学后，花了

---

① 蔡和森给毛泽东的信（1920年5月28日），《新民学会会员通讯集》第3集。

很多时间刻苦攻读法文，很快能用法文会话，并借助词典阅读法文版《共产党宣言》和进步的法文报刊。

1920年上半年，蔡和森、向警予、李维汉、萧子昇等酝酿并经国内学会同意，在法国成立了新民学会支会。蔡畅就是这个时候在法国正式加入新民学会的。蔡畅同其他进步青年一样，亲受帝国主义侵略、掠夺和军阀、豪绅买办的压迫、剥削之苦，痛恨旧的社会制度，强烈地要求改变现状。他们多少参加过五四运动或者受过它的影响，向往科学和民主。但怎样改变中国现状，使中国强盛起来，蔡畅并不清楚。蔡和森接触马克思主义较早，但在国内很长的一段时间里，他们兄妹之间交谈很少。蔡畅十分支持蔡和森、毛泽东领导的各项正义斗争，赞成他们组织革命团体，但并不了解他们的革命主张。当时蔡畅的思想倾向是通过教育入手改造中国，实际是"教育救国"论。在乘船赴法途中和到达蒙达尼后，蔡和森有了较充裕的时间，向蔡畅倾谈俄国十月革命、马克思主义、中国革命前途等问题。蔡畅通过蔡和森的帮助，阅读马克思主义著作和参加社会实践活动，思想起了巨大变化。她在回忆这段思想倾向时说："初时我属于'教育救国派'的民族主义者，但随即信仰社会主义政纲的正确"①。

1920年7月6日至10日，在法国各地勤工俭学的新民学会会员，都集中到蒙达尼，举行了一次为期5天的会议。出席的有蔡和森、向警予、李维汉、蔡畅、熊季光、熊叔彬、罗学瓒、张昆弟、陈绍休、萧子昇、欧阳泽等13名会员；应邀参加的有王若飞、袁子贞等信仰马克思主义的青年，共20余人。这次会议首要的议题，是讨论以"改造中国与世界"为新民学会的宗旨问题。大家一致认为这个宗旨比学会成立初期确定的宗旨，即"革新技术、砥砺品行、改良人心风俗"，大大前进了一步，也反映了中国当时的实际要求和新民学会应负的历史使命。会上对于改造中国与世界的方法出现了分歧：一种意见是蔡和森提出的，主张激烈的革命，组织共产

① 尼姆·韦尔斯：《续西行漫记》，解放军文艺出版社，第233页。

党，实行无产阶级专政，即仿效俄国十月革命的方法；另一种意见是萧子昇提出的，主张温和的革命，即无政府主义的蒲鲁东的方法，实质上是资产阶级改良主义。蔡畅在会上旗帜鲜明地赞同蔡和森的主张，并同向警予一道宣传只有社会主义能够救中国的思想。李维汉对蔡畅的发言很赞赏。会后，他在给毛泽东的信中说："学会中诸女友，都比我们强，我极喜。"①

蒙达尼会议开得很活跃，除了讨论改造中国与世界的方法外，还讨论会员的个人感想、会务进行、求学方法。从人生观到宇宙观，从个人理想到人类未来，几乎都谈到了。最后还就各人的个性，广泛交换了意见。在谈到蔡畅的个性时，大家一致的评语是："颇强固"。即是说，蔡畅很坚强。她认定了的事，决不轻易动摇、改变。

1921 年 2 月 28 日，蔡和森、王若飞、李维汉和他们支持的工学世界社成员，联合留法勤工俭学学生共 400 多人，在巴黎举行游行示威。这是由北洋军阀政府驻法公使馆和华法教育会迫害学生引起的。蔡畅和女友们勇敢地走在队伍的前面，一路高呼着"要读书权"、"要生存权"等口号，冲进中国驻法公使馆，同驻法公使陈箓进行面对面的说理斗争。面对这支女生开路的队伍，陈箓采用了两面派手法，一面答应借款维持勤工俭学生的生活，同时派人暗中请来了大批的法国警察。法国警察手持木棒，凶狠地冲向学生队伍，毒打手无寸铁的中国学生。陈箓却在慌乱中趁机逃走了。蔡畅和她的母亲以及她的女友等 10 余人被法警囚禁了两小时左右才释放。这次斗争没有达到原定目标，但迫使公使馆延长三个月发放每人每月 5 法郎的救济费，华法教育会答应继续为失业学生找工作。后来，周恩来在谈到这次示威游行活动时写道："2 月 28 日请愿使馆之举，主持最力者为某预备学校（即蒙达尼公学）中之男女学生……女学生之加入运动，是长男学生之势，壮男学生之气也。"②

通过这次斗争，蔡畅和她的女友们受到了一次严峻的考验，斗志更加

① 李维汉给毛泽东的信（1920 年 8 月 25 日），《新民学会会员通讯集》，第 97 页。
② 周恩来：《留法勤工俭学生之波澜》，1921 年 5 月 9—17、19 日，天津《益世报》。

高昂。二二八运动后，蔡畅回到蒙达尼，同向警予、魏璧、劳君展、熊季光、熊叔彬等新民学会女会员一起，联络其他女生共12人，组成了开放海外大学女子请愿团，并发出致国内女界的公开信。针对海外大学规定十分之一的女生名额，信中要求：（1）名额平等或不加限制；（2）免除考试，程度不足者，设补习班；（3）津贴学费。并严正指出：女子问题为社会主要问题之一，女子运动为社会主要运动之一。女子应有与男子平等读书的权利，海外大学应无限制地招收女生。[①] 湖南《大公报》于7月20至26日，连续刊登了有蔡畅、向警予、熊季光等12人签名的《致女界全体书》；7月30和31日的北京《晨报》，以《留法女生对海外大学之要求》为题，连载了这封蔡畅等12人签名的公开信。上海《时事新报》，海外《新声》、《旅欧周刊》登出了这封公开信的要点，呼吁社会各界重视女子求学问题。这在国内外引起很大震动，对推动大学开放女禁起了积极作用。

继二二八运动之后，1921年10月，又发动了占领里昂中法大学的斗争。留法勤工俭学生在赵世炎、蔡和森等策划下，组织勤工俭学生代表大会来领导这次运动，要求开放里昂中法大学，准许留法勤工俭学生入学。各地勤工俭学生推选出以蔡和森、赵世炎为首的116人，组成了入校先发队，分头赴里昂集合，前去占领里昂中法大学；同时，由李维汉、萧子暲、向警予、蔡畅等组成十人团，在巴黎负责联络工作。9月21日晚，入校先发队各自带着行李，有如士兵出征，浩浩荡荡由巴黎直奔里昂。第二天清晨，先发队占领了里昂中法大学校舍。北洋军阀政府公使馆闻讯后，立即勾结法国当局，派出数百名武装警察，开着装甲车冲进里昂中法大学，将他们囚禁在一个兵营里。各地留法学生和华工奋起声援。李维汉、向警予、蔡畅等十人团四处奔走营救，但都没有产生积极效果。蔡和森、李立三、陈毅等104人，被囚禁28天后的一个深夜，即10月18日深夜，被法国当局武装押上轮船，强迫遣送回国，进驻里昂中法大学的斗争失败。赵世炎、

① 《留法女生对海外大学之要求》，《赴法勤工俭学运动史料》（2）下。

李维汉、蔡畅等留下继续领导留法勤工俭学生的活动。

1922 年上半年，蔡畅先后在里昂和巴黎做工，赚得的工资，除去吃、住开支外，都用来购买各种马克思主义书报。蔡畅的母亲葛健豪也不断靠刺绣和绘制各种图案去出售，有些绣品、图案可以卖到近百个法郎，这样既解决了自家的费用，还可以补助其他有困难的勤工俭学生。在做工期间，蔡畅结交了许多法国工人朋友，也是在这个时候，她认识了法国的共产党领导人加香和越南的胡志明（当时叫李瑞）。

1922 年 6 月，由赵世炎、周恩来、李维汉、王若飞、陈延年、刘伯坚、聂荣臻等发起，在法国建立了旅欧中国少年共产党。随后，赵世炎、刘伯坚介绍蔡畅参加旅欧少年共产党。当时，蔡畅一人住在一位法国老太太的楼上，有一次突然得了白喉，发高烧四天未起床，房东老太太见她的牛奶积了三四天没有取走，就上楼去看看，这才发现她得重病。这位老太太问她巴黎还有什么亲人，蔡畅挣扎着写了周恩来住址。房东老太太按着写的地址，找到了周恩来，周随即前往蔡畅住地，从四楼把她背下来，送到医院抢救，才使她脱离了危险。

1922 年 8 月，中共中央决定，成立中国共产党旅欧支部。1923 年初，蔡畅和李富春结婚。就在这年，蔡畅加入中国共产党，担任党支部教育干事。她白天做工，晚上做党的宣传工作。1923 年底，蔡畅生了个女儿，取名特特。1924 年底，党组织决定蔡畅、李富春、聂荣臻到苏联学习。他们乘火车途经柏林到莫斯科。在柏林停了两天，受到德国共产党的热情接待，游览了风景区，访问了工人家庭，还品尝了工人家自制的风味食品，分别时跟工人们互相拥抱和祝福。

1925 年 2 月初，蔡畅一行到达莫斯科。3 月初，蔡畅、李富春进入东方劳动者共产主义大学中国班学习。学习课程主要有：哲学、政治经济学、科学社会主义、世界革命史、俄共（布）党史。教师是苏俄人，用俄语讲授，有中文翻译。

1925 年 5 月 18 日，东大召开纪念建校四周年大会。斯大林参加了大会，并发表了重要演说。他分析了苏联东部各共和国的形势、特点与任务，讲了世界东方各殖民地、附属国的形势、特点以及这些国家共产党的任务，阐明了巩固工农联盟、教育农民及吸引劳动群众和青年积极参加社会主义建设等问题。蔡畅听后，心潮起伏，久久不能平静。她想到祖国，想到未来，思念在国内艰苦奋斗的亲人、同志，盼望早日回国参加国内火热的革命斗争。

1925年5月底，上海爆发了声势浩大的五卅大罢工，全国大中城市工商学各界奋起响应。中国革命高潮已经到来，国内各条革命战线急需用人。6月中旬，蔡畅接到共产国际东方部允准他们回国的通知。7月，他们别离莫斯科，起程回国了。

三

1925年8月初，蔡畅、李富春抵达上海。8月20日，蔡畅、李富春奉中共中央之命转赴广州，到中共两广区委报到。两广区委管辖广东、广西、香港、厦门、云南等地区的党组织，设宣传、组织两部，工、农、军、妇、青5个委员会。两广区委书记是陈延年，组织部部长穆青，宣传部部长张太雷，工委书记刘尔嵩，农委书记彭湃，军委书记周恩来，青委书记杨善集。蔡畅被任命为妇委书记，负责领导党在两广地区的妇女工作，兼任国民党中央妇女部干事、中央妇女运动讲习所教务主任和总工会女工部的职务。李富春担任国民革命军二军副党代表、政治部主任。

当时广州有三个妇女组织：一为妇女解放协会，是在两广区委妇委领导下的妇女群众组织，在工农群众和青年学生中活动，参加者主要是工、农、学生中的进步妇女。二为广东女界联合会，是国民党右派组织，主要在上层妇女中活动，参加者大多是官僚太太；这个组织没有什么明确的主张，只是挂个招牌，有时在公开场合露露面，显示一下，出出风头。三为女权运动大同盟，也是国民党右派组织的，活动范围较广，与国民党右派配合得很默契；这个组织以中山大学为基地，四处活动，以反对中国共产党和国民党左派的妇女解放运动为目的。因此，蔡畅不得不指导两广区委妇委同女权运动大同盟展开针锋相对的斗争。

为了培养妇女运动骨干力量，蔡畅领导的中共两广区委妇委借用中山大学的教室，为妇女解放协会举办了两期不脱产的妇女运动讲习班。主要是向广州市的女工、女学生、进步的家庭妇女宣传革命道理，讲述当时国内外形势，国民党左右派的斗争实质，以及如何开展妇女工作等。每期两个月，每晚上课两小时，共培训了一百五六十人。蔡畅常到培训班了解讲课情况，并召开座谈会征求学员对妇女工作的意见。

蔡畅花了很大力量去推动国民党中央党部妇女部的工作。国民党中央妇女部部长何香凝系国民党左派。蔡畅利用自己公开担任国民党中央妇女部干事职务的身份，建议何香凝部长，开办一些小型手工业厂，救济参加省港大罢工的工人。蔡畅说，震动全国的省港大罢工，已经坚持斗争几个月了，许多妇女丢掉工作参加罢工斗争，家庭生活费用没有来源，当务之急，是要帮助解决她们日常必需的生活费用问题。在何香凝的赞同下，罢工委员会和妇女解放协会办了一个草鞋厂、一个洗衣厂、一个缝纫厂，使那些在“罢工饭堂吃饭的女工，有机会参加一些生产劳动，增加些收入”。蔡畅和区妇委的干部一起深入到女工宿舍看望她们，了解她们的疾苦，同她们交朋友，鼓舞她们的斗志。蔡畅还动员何香凝动用国民政府的经费，开办了一所妇女夜校和劳工子弟学校，接收女工和她们的子女入校学文化。妇委干部按照蔡畅的要求，到这两所学校当教师，并担负起学校的行政杂务工作。通过学习，女工们提高了文化水平和政治觉悟，有的加入了中国共产党，有的参加了中国共产主义青年团。这些人斗争很坚决，有的人后来牺牲在国民党反动派的屠刀下。

1926 年三八国际劳动妇女节前夕，蔡畅以妇女解放协会的名义召开会议，积极筹备纪念活动。3 月 6 日，蔡畅出席了广州市河南区各界妇女联欢会并讲了话。她说：“现在的女子，已经有许多人觉悟起来，都知道快要解放了。我们怎样才能解放呢？只有联合起来”。她号召大家把这种联合推广到广州市、全广东省、全中国，以至全世界。3月8日，广州市工、学各界妇女团体，在广东大学操场，举行纪念三八国际劳动妇女节大会。何香凝担任主席，蔡畅代表妇女解放协会讲话，再次强调统一广东妇女运动的意义。大会一致通过了《统一广东妇女运动的决议》，表明中国妇女要同世界妇女联合、参加世界革命战线的决心。会后，蔡畅同何香凝一起带领大家，整队赴国民政府请愿，敦促他们实行国民党第二次全国代表大会通过的妇女运动决议案。

1926年2月，中共中央在北京召开特别会议，确定“在各方面准备北伐、广州国民革命势力往北发展”的方针。会后，指派优秀的共产党员、共青团员到国民革命军中做政治工作。蔡畅被派到国民革命军总政治部任宣传科科长，兼做法文翻译。她协助何香凝领导国民党广东省妇女部，组织了妇女宣传队、军人家属救护传习所，为北伐战争培养宣传、救护人才；还发动省港大罢工妇女为出征战士做慰问袋、洗衣服；指派中共两广区委妇委委员高怡波为队长，成立北伐救护队，随军北进。

为支援北伐战争，1926年9月，蔡畅协助何香凝开办广州妇女运动讲习所。所址设在国民党中央党部妇女部旁边的一所房子里。学员是来自全国各地的妇女运动积极分子，毕业后，仍回本省市，作为妇女运动的骨干力量。讲习所实行全日制，半年为一期。学习内容，主要讲授妇女运动有关问题，兼讲工运、农运和军事课。蔡畅还邀请共产党的一些重要领导人，如周恩来、恽代英、阮啸仙、萧楚女、刘尔嵩等讲课。她自己讲授政治常识和社会发展史。

1926年8月，江西战场敌情发生急剧变化，北伐军即将一部分主力转移到江西战场。8月底，李富春接到中共中央命令，指定他兼任中共江西省委委员、军委书记。11月初，北伐军占领南昌，中共中央任命李富春兼任南昌市委书记，国民政府任命李富春为江西省政府专员，进驻南昌。同月，蔡畅奉命调离广州经上海到达南昌，同行的有彭绮兰，国民革命军第三军政治部秘书傅烈和夫人陈才用。蔡畅仍兼任国民革命军总政治部宣传科科长，在党内担任中共江西省委妇女部部长。家住南昌市建德观 14 号。

蔡畅到南昌后，感到一女师有些教师对妇女工作有积极性，便以一女师为基地，开展南昌的妇女工作。她发动南昌妇女为北伐军胜利进军开展庆祝活动，接着又动员妇女参加农村减租减息斗争，鼓励妇女向一切封建势力、旧的习惯势力作斗争。通过这些活动，结识了南昌妇女界，特别是知识界妇女中一些热心妇女工作的积极分子。她依靠这些人，大胆重用这些人担任领导职务，推动了南昌的妇女运动。例如，她发现女师学生会主席萧国华有胆有识，工作起来既大胆又细心，就加强对萧的培养，并委以重任。女青年社主任贺服丹善于团结人，积极投入革命斗争，蔡畅称赞贺为“革命火种”，不断鼓励贺做解放妇女的先锋战士，以解放妇女为己任。女师附小主任周治中是个有智谋又肯吃苦耐劳的女知识分子，蔡畅就把她看成骨干，经常听取她对妇运工作的意见，积极引导她广泛联系群众。女共产党员李桂生，革命热情很高，又能团结群众，蔡畅就让她在工作中挑重担子，加强实际锻炼。后来，蔡畅还推荐李桂生担任了国民党江西省党部的妇女部部长和中等学校女生部的领导人。

在蔡畅的关怀和培养下，一批妇运骨干很快成长起来，纷纷提出成立南昌妇女协会。蔡畅采取边发动、边建立组织、边提高的办法，开展南昌妇女解放协会的筹建工作。她指出，妇协一定要以符合国民革命的需要为原则，这个组织是个具有广泛群众性的组织，但必须以劳动妇女为主体；在女工队伍尚未建立、农妇分散条件下，要以知识妇女为桥梁，然后逐步增加工农会员。根据这些原则，经妇女骨干共同努力，很快筹备就绪，在南昌女师礼堂举行南昌妇女解放协会成立大会，萧国华被选为妇协主任。南昌妇女解放协会成立后，蔡畅又进一步提出了逐步向全省各地推进的发展计划。经过组织筹备，各市、县相继成立了妇协分会。

按照蔡畅提出的妇协应“以工农劳动妇女为主体”的要求，妇协的周治中、萧国华、陈才用等分头带领部分会员下乡，组织和发动农妇积极参加农会。南昌的女工，主要从事拣茶、刺绣、卷烟、织袜、织带、做丝线等工作。在淦克群领导下也纷纷组织起来，成立妇女工会组织。蔡畅充分肯定南昌市党部干部胡德兰到茶场做女工工作的成绩，并指出干部下厂与女工同劳动、共呼吸，打成一片，是取得女工信任的成功经验。在蔡畅指导下，经过妇协会骨干积极工作，南昌市各厂女工相继建立了自己的工会组织，并列为妇协的团体会员，壮大了妇女解放协会。

1926年12月中旬，国民党中央和国民政府迁至武汉，国民党左派领袖和中国共产党的一些重要领导人相继到达武汉，武汉成为当时革命的中心。1926年底，蔡畅奉命调往武汉，任中共湖北省委妇女部部长①。路经长沙时，她回家看望了母亲和庆姐。这时，蔡母和她的庆姐正在长沙沙子庙办平民女子职业学校，培养年轻失学的女子掌握一二门技艺，以便就业。蔡畅还去李富春家探望她的公婆和兄嫂。李母见到儿媳到来有说不出的高兴，但当时李家生活很困难，实在拿不出好食品给蔡畅吃，急忙跑到街上买碗米粉回家招待蔡畅。蔡畅在长沙停留一天两夜，匆匆赶往武汉。

蔡畅到武汉时，妇女界正忙着两件大事。一是筹备纪念北伐胜利后的第一个三八国际劳动妇女节；二是筹备召开湖北省第一次妇女代表大会。原中共湖北区委妇委书记袁溥之去苏联学习，代替袁主持湖北省妇女工作的是国民党湖北省党部妇女部部长李文宜。李很年轻，整天忙得团团转，既要参加国共两党和国民政府有关部门的活动，还得参加工、农、青年等革命团体的活动，经常是吃饭都顾不上。蔡畅为了减轻李文宜肩上的压力，首先派了一位秘书叫葛季膺，协助李文宜处理日常事务。随后，蔡畅又调赵君陶到湖北省妇协负责宣传工作，主管妇协刊物《革命妇女》的编辑出版工作。为了加紧做好妇代会的各项准备，蔡畅从汉口家里带着铺盖搬到武昌三道街8号省妇协办公室住，和妇协干部一起夜以继日地工作。

经过紧张的突击式的准备，1927年3月8日上午，湖北省第一届妇女

---

① 国民政府北迁前，叫中共湖北省区委，妇女领导机构叫妇女工作委员会；国民政府北迁后，改称中共湖北省委妇女部。

代表大会在武昌青龙巷的武大附小召开，到会代表 100 多人。邀请的来宾有国民党中央执行部代表沈仪彬，省党部代表李汉俊、市党部代表谢远定，共产党代表蔡以忱、中央军事政治学校代表恽代英，还有总工会、全国学联会、省学联会代表，国民革命军总政治部及各界妇女代表，共500多人。大会由李文宜主持。她在开幕式报告中，说明了会议的目的是“检阅我们自己的力量，确定以后革命工作方针，谋中国妇女解放，进而谋全世界妇女解放”。3 月 10 日，蔡畅以中共湖北省委妇女部部长的身份，向大会做了《中国妇女运动状况》的报告。她以马克思主义历史唯物主义观点，阐明妇女解放的伟大意义，介绍中国妇女解放运动的进程，指明今后中国妇女解放运动的方向。在报告中，她着重强调妇协要开展下层妇女工作，严密组织，广泛团结各阶层妇女。会议期间，改选了湖北省妇协的领导机构，一致推选蔡畅、李文宜、兰淑文、赵君陶、刘清扬等 19 人为执委，莫愚、庄有义等 9 人为候补执委。大会通电各省，要求国民党中央妇女部“早日召集全国妇女代表大会”，统一全国的妇女运动。

这次妇女代表大会后，湖北省的妇女运动得到进一步发展，妇协工作重点开始转向基层。无论城市或农村，都在积极贯彻国民党中央妇女部关于开展妇女放足活动的决定，宣传缠足之害、之苦，发动群众打碎封建制度强加给妇女的种种枷锁。各地妇协领导妇女群众，对于包办婚姻、虐待妇女、打骂婢女等封建恶习都开展了斗争。省妇协还直接处理了那些虐待和污辱妇女的案件，收容了不少一时无家可归的妇女和儿童，还请来两位老艺人在汉口举行义演，解决投奔妇协的妇女儿童的生活费用。

正当湖北妇女运动蓬勃发展的时候，全国政治形势却发生了急剧变化：蒋介石继制造赣州、安庆惨案之后，又在上海发动四一二反革命政变，屠杀共产党人和革命群众，破坏革命；中共中央领导人中右倾机会主义思想严重，对蒋介石反动政策不坚持斗争。为了正确解决革命的领导权问题，1927 年4 月 27 日，中国共产党在武汉举行了第五次全国代表大会。蔡畅是五大的正式代表，出席了大会。在分组讨论中，她针对党内右倾错误，提出了尖锐的批评。五大没有提出切合实际的解决革命领导权问题的办法，形势发展越来越严重。蔡畅不时到毛泽东和蔡和森住处，听取他们对形势的分析。她根据蔡和森和毛泽东的主张，预计中国革命的失败已不可避免，革命人民将面临严重的困难。她写信回家，动员她母亲、姐姐、外甥女带上女儿特特和向警予的两个孩子，离开长沙回永丰老家，准备应付随时出现的困难环境。

7月15日，汪精卫宣布“分共”，对共产党人和革命群众实行大屠杀，武汉呈现一片白色恐怖气氛。国民党中央妇女部部长何香凝弃官出国，国民党右派接替了国民党中央妇女部和妇女运动委员会，湖北省汉口市妇女解放协会均先后被他们改组、接收，许多女共产党员英勇就义。蔡畅、李富春根据党的指示，立即转入地下，开展秘密斗争。

四

1927年8月7日，中共中央在汉口召开政治局扩大会议。会议决定中共中央成立北方局、南方局、长江局。长江局设在汉口，书记罗亦农。蔡畅留在长江局，秘密领导武汉地区地下的妇女斗争。她根据中央常委通过的《最近妇女运动决议案》，积极恢复湖北省各级妇女部的工作，组织妇女部寻找在动乱中离开队伍的妇女，帮助她们恢复党的生活，训练女工农妇中的积极分子，教她们从事秘密斗争的方法，指导她们开展政治的经济的合法斗争。不久，蔡畅患痔疮住进医院。她利用治病，联系李文宜组织各地妇女，开展反对反动政府的斗争。李富春根据中央指示，已于汪精卫叛变前，离开国民革命军二军去鄂北，同王一夫一起，到驻扎在鄂豫边界的张兆丰师开展工作。这是一支共产党力量很强的军队，师长张兆丰是共产党员，下属有不少军官也是党员。由于中共当时对掌握武装的思想不明确，没有趁着敌人尚不防备之机，将这支部队拉出来。8月，国民党中央军事委员会下令撤销张兆丰师长职务，接着，冯玉祥在该部“清党”，下令通缉张兆丰。李富春等只得离开该部回到汉口。10 月中旬，蔡畅、李富春离开武汉转移到上海。

10 月底，蔡畅任总工会女工部部长，李富春任江苏省委宣传部部长。他们在四马路跑马厅附近的小巷里安家，李扮成商人，蔡畅成了商人太太，刘端甫（李富春在国民革命军二军时的警卫员）扮成用人。1928 年春，组织上决定以蔡畅的家作为联络机关。为了便于掩护，经党组织同意，蔡畅派刘端甫去湖南把她母亲葛健豪、女儿特特接到上海。葛健豪还带来蔡和森和向警予的女儿蔡妮和蔡庆熙的女儿刘昂。这样就组成了一个有老有少、祖孙三代人的大家庭。不久，蔡和森调到上海，住进蔡畅家。因工作需要，全家迁到静安寺区。蔡畅、李富春、蔡和森都担负党的领导职务，葛健豪老人和刘昂负责保管党的文件和经费，刘端甫是秘密交通。

当时，中共中央决定恢复妇女工作委员会，考虑由蔡畅出任妇委会书记，征求蔡畅的意见。蔡畅说杨之华一直代理中央妇女部部长，有工作经验，坚持要杨之华担任该职。中央采纳了蔡畅意见。中央妇委成立后的第一次会议是在邓颖超和周恩来的新居举行的。8 名妇委委员打扮成小姐、太太的模样，陆续到达后，邓颖超先带大家熟悉一下环境，后上楼就座。楼上已摆好一张方桌，上面摊好一副麻将牌，在麻将牌的碰撞声中开会。会议讨论确定了妇委工作任务、工作重心和分工。蔡畅担负沪西、闸北工业区女工的发动和组织工作。

1928 年 5 月下旬，蔡畅作为江西省的代表之一和蔡和森一起，离开上海，经海参崴，出席在莫斯科召开的中国共产党第六次全国代表大会。六大 6 月 18 日开幕，7 月 11 日结束，共 24 天。在莫斯科，蔡畅还参加了 7 月 17 日召开的共产国际第六次代表会议。

8 月初，蔡畅回到上海。她身穿工人装，秘密地进入沪西纺织厂，同女工交朋友。经过一段时间努力，在沪西纱厂联系几名热情很高的女工，由她们出面创办沪西纱厂夜校，开始有十几人参加，后来增加 20 多人。蔡畅给她们上文化课，讲一些工友互助、克服困难的好处，进而解释劳苦大众受穷的原因，号召工友建立自己的组织。她说：组织就有力量，可以互相照顾，一人有事大家帮，组织起来大伙一条心，工头就不敢欺负我们。蔡畅按出工上下班次，组织3个互帮组，最后3个组联合成沪西纱厂工会。在闸北，蔡畅组织丝厂女工，开展几次小规模的改善工人待遇的斗争，赢得了废除搜身制、争取工间半小时给婴儿喂奶不扣工资、实现男女同工同酬等权利，工人斗争开始活跃起来。

1929年初，蔡和森离开上海去莫斯科，担任中国共产党驻共产国际代表团代表，带走了他女儿蔡妮。蔡畅的母亲回湖南老家，侄女刘昂已结婚，原来组织的大家庭，只剩下蔡畅、李富春和女儿特特了。形势日趋紧张，国民党新军阀对中共地下组织的迫害越来越残酷，联络点不断遭到破坏，有些共产党的叛徒带着国民党特务到处抓人，许多著名共产党领导人牺牲了。如何避开特务追捕，不落进叛徒特务设置的圈套，是完成地下斗争任务的前提。蔡畅在这方面采取了许多办法和措施。她首先采取的办法是搬家，搬到特务分子视线不注意的地方去住。一旦发现疑迹，马上再搬走，搬一次家改一次姓名。

1929年秋的一天，蔡畅的外甥女刘昂生了小孩，特特去看她表姐和刚出世的小宝宝。晚上，特特正准备回家时，突然门外闯进来一个男孩子，并且自称是蔡畅派他来接特特的。特特不认识这个男孩，说什么也不肯跟他走，偏要自己回家。蔡畅正着急地等着她时，她回来了，并叙述了她遇到的情况。蔡畅二话不说，拉起特特的手就下了楼，转到楼下房门，匆匆地对房东打招呼："孩子舅舅病重，我们去看他，要在那里住些日子。"然后，母女俩从"灶披间"[①] 后门出去，在黑暗的弄堂里七转八拐，来到大马路上，乘坐了一段汽车下来，暂时转移到一家旅馆住下，脱离了危险。[②]蔡畅和李富春因忙于工作，特特一人在家无人做伴，他们弄来一只小狗陪特特玩。有一天，特特的小狗突然"失踪"了，刚好赶上蔡畅回家，特特

---

① 灶披间，上海方言，厨房。
② 《女革命家丛书》，第60页。

着急地向妈妈讲了小狗“失踪”的经过，期待着妈妈帮她把小狗找回来。蔡畅一边听女儿讲话，一边急急忙忙收拾东西，还未等特特讲完，便拎着箱子，牵着特特给房东辞行：“孩子舅舅病重，我们要去住几天，家里请帮忙照顾一下。”来到街口，特特指着相反方向说：“小狗是那边被人罩住的。”蔡畅捏一下特特的手说：“快走吧，迟了就赶不上火车啦!”原来敌人玩弄的是把罩狗当诱饵，引鱼上钩，没有想到机警的主人没有上当，反而从他们的眼皮底下溜走了。

1929 年 12 月底，蔡畅随李富春调离中共江苏省委，于 1930 年 2 月抵达中共广东省委驻地香港。蔡畅任广东省委妇女部部长，李富春任省委组织部部长，省委书记是罗登贤。当时，省委常委聂荣臻、贺昌已奉调中央，省委缺人，对李富春、蔡畅的到来，罗登贤十分高兴。他向李富春和蔡畅介绍了香港、广州的风俗习惯、经济、地理条件和广东军阀内部的派系斗争、敌特力量，以及广东省委组织机构和当前工作重心问题。蔡畅询问了广东妇女运动情况和特务叛徒活动场所、破坏方法。

根据中共六大精神和广东妇女运动实际，蔡畅提出了恢复和发展广东妇女运动的计划，要求妇女运动重点地区是广州、香港，工作对象主要是城市纺织工人、学生和街道家庭妇女，教育她们脱离黄色工会的影响，认清斗争形势，恢复组织，开展活动。蔡畅多次潜入广州，调查妇女运动，帮助健全妇女组织。她还到过惠州、潮汕、东江地区了解妇女组织情况，指明妇女运动组织恢复后的主要工作重点是团结劳苦大众，开展抗捐抗税斗争。通过几个月的工作，广东省的妇女运动组织得到了恢复，并利用各种不同形式，开展了保护妇女权益的斗争。

4 月，中共中央军委决定在广东设立南方办事处，受中央军委领导，代中央军委指导闽、粤、桂、滇的军事斗争，李富春兼军委书记。6、7 月，中共中央决定在香港成立南方局，领导闽、粤、桂、滇和南洋诸地区的中共组织。南方局领导班子由广东省委兼，一套人马两块牌子，对广东称省委，对闽、粤、桂、滇和南洋地区称南方局。李富春仍任组织部部长兼军委书记，蔡畅任妇女部部长。

在香港，国民党特务活动很猖獗，共产党地下联络点经常遭破坏。一次，蔡畅家里突然来了两个人，把房间挨个查看，特特问他们有什么事，他们不答。蔡畅回家后，听到孩子一讲，立即拉起孩子的手，什么东西也没带，匆匆从后门走了。后来得知，那两个不速之客，果然是国民党的特务。

一天，中共中央交通局地下总站站长饶卫华对蔡畅说，他在街上遇到一个越南人老盯着他。走到僻静处，饶卫华抓住这人问道："你为什么老盯着我?"那个人把他拉到一个茶馆，告诉他国民党在广州搞"清党"时，把胡志明等二三十名越南同志也关起来了。胡志明抗议国民党说："孙中山先生主张全世界被压迫民族一律平等，团结起来反对帝国主义，我们越南人，为了抗法斗争来到中国，为什么要逮捕我们?"国民党无言以对，只好将越南同志驱逐到了香港。他们同共产国际失掉了联系，生活十分困难，其中还有两名女同志，都住在九龙的九龙塘，想找中国同志接关系。蔡畅听完汇报，就跟李富春商量，如果此事属实，我们应帮助他们，尽我们的国际主义义务。他们派人去九龙塘查证，情况属实，还带来胡志明给共产国际的信。蔡、李很快就把胡志明的信报中央转共产国际。不久，经共产国际批准，恢复了越南同志的组织关系。尽管在香港环境恶劣，蔡畅、李富春对胡志明等越南朋友极力关怀，亲自看望，派人给过他们不少援助。

1931年1月12日，省委内部交通莫叔通被捕叛变，供出省委机关。从14日至18日，省市机关被破坏10处，共有52人被捕。李富春、蔡畅因住在军委管的地方，叛徒不知道，才幸免于难，省委其他领导人全部被捕，押送广州，有的如卢永炽等在敌人严刑拷打下自首，供出了党的机密，有的忍受着百般折磨，宁死不屈，被反动派杀害了。

1月16日、22日，李富春两次报告中共中央："省委只有我一人，因此在紧急时期，我决定由我、杨捷芳、袁策夷三人暂组省常委进行工作。"

1月23日，省委又报告中央，以大盛[①]代理书记，捷芳代理组织部部长，组织临时省委。2月15日，粤临时省委给中央信，表示拥护四中全会领导全党深入反“立三路线”的斗争，同时，对四中全会决议及组织问题向中央提出不同看法，认为“绍禹同志，对于实际工作的经验确是相当的缺乏”，“希望中央对他的工作分配上加以注意”[②]。

2月中旬的一天，一位气度非凡的“绅士”，和风度高雅、文静端庄的夫人，带着活泼可爱的小女儿，走进从香港开往上海的轮船甲等舱内。特务们从“绅士”、夫人身边走过时，都没敢抬抬眼皮。他们万没有想到，这就是他们要搜捕的中共广东省委代理书记李富春和中共广东省委妇女部部长蔡畅。李、蔡是奉中共中央之命，赴上海汇报工作的。

李富春向中共中央提出，他不懂广东话，要求派广东籍、会讲广东话的同志接替他。中央经研究，同意李富春的请求，但在中央未物色好合适人选能接替他前，还要他回香港主持省委工作。中共中央答应李富春，一个月内调他回中央分配工作。

3月20日，中共中央同意蔡畅留上海中央机关担任秘密交通，李富春回香港任中共广东省委书记。4月6日，李富春向中共中央报告了他离开香港后，广东省委出现的种种问题和解决这些问题的措施与办法。他指出，根据目前广东党的状态，一个月后他即离香港，恐对广东工作是有害的，因此，不再坚持一个月即回中央的意见，何时走由中央决定。他还提出让蔡畅回香港，可以帮助搞教育训练，并且驻机关做秘密工作，对他的行动等都有很大的帮助。[③] 5月初，蔡和森抵达香港，接替李富春任中共广东省委书记。5月底，李富春离开香港回上海。不久，中央决定李富春到中央军委工作。

蔡畅、李富春在上海法租界与聂荣臻一家同住一所小洋楼里。聂荣臻

---

① 大盛即李富春的笔名。

② 1931年2月15日中共广东临时省委给中央的报告。

③ 大盛给中共中央的报告（1931年4月6日）。

和夫人张瑞华住二层，蔡、李住三层，楼下是客厅。在蔡畅住房后边有一间厢房，里边放着方桌，上边摊开一副麻将牌。领导军委工作的周恩来经常到这座小楼来，同李、聂等商讨工作时，夫人们就去打“麻将”作掩护。

继顾顺章被捕叛变之后，向忠发6月在上海被捕，上海形势越来越紧张，许多地下工作人员，不得不隐蔽起来。蔡畅为了行动方便，让刘昂先把特特送回湖南。刘昂刚走，蔡畅得到蔡和森在香港被捕的消息，随后蔡和森被引渡到广州遭陈济棠杀害。蔡畅最信赖最敬爱的和哥哥牺牲了，这对她来说犹如晴天霹雳，也如同折断了顶梁柱。她想到她二哥蔡林蒸1925年在宝安县突围时中弹牺牲，想到她的好友、三嫂向警予在武汉遭反动派杀害，想到无数共产党员和革命群众死在反动派屠刀之下，党恨家仇，使她悲愤至极。她又想到年逾花甲的老母，一生劳碌奔波，受尽了人间磨难，肯定经不起老年丧子的打击。要是她不能照料好老母，发生料想不到的问题，就更加对不起已去世的哥嫂。于是，她擦干了眼泪，提起笔给刘昂写了一封信，嘱咐：“何姊（和子的谐音）病故，情况有变。”接下去要刘昂不要把事情真相告诉外婆，并劝刘昂暂留家中，帮助庆熙照顾外婆。还特别叮嘱庆姐要看好和森和警予的儿子蔡博。

不久，中共中央决定蔡畅、李富春离开上海去江西中央苏区，从而结束了他们在白区的三年秘密斗争。

五

1931年11月，蔡畅继李富春离开上海之后，在地下交通人员的护送下，取道香港、汕头，转闽西到达瑞金。12月上旬，李富春任中共江西省委书记，12月下旬，蔡畅任中共江西省委妇委书记。1932年夏，省委组织部部长陈正人患重病送长汀福音医院治疗，由蔡畅接任省委组织部部长。当时，省委机关驻兴国牛坑塘，1932年底迁往宁都。

12 月下旬的一天，蔡畅、李富春骑着马赶到兴国，参加兴国县第一届女工农妇代表大会。针对江西苏区大量青壮年男子当红军的情况，蔡畅在讲话中号召苏区妇女发扬半边天的作用，主动承担男子留下来的劳动生产和革命工作。她说：妇女要接上男同志的班，凡是男同志能办到的事情，女同志要力争能够办到。妇女要把党、团、赤卫队、少先队及生产支前等工作，都承担起来。坐在台下的女工农妇代表们个个频频点头，不时报以热烈掌声。

为了了解广大农村妇女情况，组织她们参加革命斗争，蔡畅常年爬山越岭，生活在农村妇女中。她身穿中式对襟袄、长腿裤，脚着布草鞋，有时骑马，有时步行，走遍了兴国、博生县的大小村庄。一到群众家，就像到了自己家一样，放下挎包就干活，帮助妇女、孩子做针线、摘菜、烧火，一面干活，一面聊天谈家常，了解群众的愿望和要求，宣传党的方针、政策和苏维埃政府公布的法令，说明红军为什么打仗，贫苦农民为什么要分地主的田，什么是妇女儿童的合法权利，苏维埃政权怎样保护妇女和儿童的合法权益等等。结合群众切身利益，她讲解打倒蒋介石、保卫红色政权的道理，深入浅出，通俗易懂，深得群众拥护。群众主动向她反映情况，提出意见和建议，年轻妇女愿意找她说婚姻等问题，把心里埋藏很深的事也告诉她。蔡畅真正成了农村妇女的知心朋友。

1932 年春，蔡畅利用省委、县委召集妇女干部开会的机会，抽空把各县一些妇女骨干接到家中。蔡畅从谈论家常，进而谈到人类妇女解放。她说，几千年来，中国妇女在封建主义制度下，受着神权、族权、夫权的压迫，生活在社会的最底层，过着牛马不如的生活。今天，我们要在中国共产党的领导下，用我们自己的双手打碎套在我们脖子上的一切枷锁，求得全中国、全人类妇女的完全解放。蔡畅的谈话，深深地打动着妇女干部的心，启迪着她们为人类解放事业贡献出自己的一切。蔡畅还同她们谈论家庭生活、结婚、生儿育女的事，显得很亲切。一次，她从抽屉里取出一张小孩照片说：这是我的女儿，叫特特，她是我剖腹取出来的。说罢，露出刀痕给她们看。见者甚为惊讶！觉得蔡大姐大方、诚恳、坦率、随和、可亲可敬!

李富春有时在她们谈论热烈的时候来到她们中间，给她们讲述国内外大好形势、中央苏区斗争的任务；介绍无产阶级革命导师马克思、恩格斯、列宁、斯大林的斗争历史；宣传孙中山、黄兴、秋瑾以及李大钊的斗争事迹，向她们进行革命理想的教育，帮她们开阔眼界。这些妇女干部开始接触李富春的时候，不免有些拘束敬畏，接触几次以后，感到李富春平易近人、和蔼可亲，就敢于向他“挑战”了。有一次，李富春讲完话准备走，一位女青年突然向他提出：李书记先不要走，你给我们讲讲，你是怎样同蔡大姐搞恋爱的？大家同声支持。李富春面对这突如其来的“袭击”，有些尴尬。他说，这件事时间已很久了，我都忘记了，你们可以问问蔡大姐。她是女同志，她的经验对你们比较直接，请她讲讲好吧！蔡畅说：“那是在法国勤工俭学的时候，我母亲、哥哥，还有我的未婚嫂子向警予都去了法国。我们一边做工，一边学习，实际上，我们家就这样迁到了法国。李书记是长沙人，经常到我们住的地方讨论中国革命问题。我母亲看上李书记的才干和人品，向我推荐，当然不是包办。就这样我爱上了他。我们这段罗曼史很长，今天时间不够，以后有机会再向诸位‘小姐’作汇报”。年轻女干部们正听得津津有味的时候，蔡畅不讲了。她们执拗不干，但太阳已西下，牧童们赶着牛群从田野归来，也只好告辞了。

1932年夏，兴国鼎龙区鼎龙乡有位老秀才，名叫黄家楫，长期执教私塾，家里只有八担谷田，十口人吃饭；因为是村里唯一的“文化人”，曾给人代写过讼状，当地有些干部在肃反扩大化的影响下，把他重定为土豪，列为“斩决”对象。这位老秀才见过蔡畅，听过她的动人报告，认为蔡畅是个可以信赖的人，便悄悄跑到省委驻地，向蔡畅哭诉了自己的冤屈；还见到了省委书记李富春。蔡畅按李富春的叮嘱派人到当地调查，证实黄家楫所述情况属实，不应判“斩决”。蔡畅亲自给当地政府去信说：“刀下留人。黄家楫是教书先生，教书先生不该杀!!”鼎龙区政府遵照蔡畅来信的要求，“释放”了黄家楫。此事对兴国县、鼎龙乡的干部震动很大，教育很深。

当时，江西苏区各县，因青壮年男子参军的多，犁田、耙田发生了困难。为了不影响农业生产，省委号召全省妇女脱掉绣花鞋，赤脚麻沙，操犁操耙，参加田间管理。但有人造谣说：“妇娘学犁，母鸡学啼”，触犯了天神，会遭雷打火烧。妇女中确有不少人相信这种迷信，偶尔有人家中发生了伤亡病故，都归咎于妇女参加了田间劳动。这对一些积极带头响应省委号召赤脚下田的妇女压力很大，家庭纠纷不断出现，直接影响农业生产。李富春专门为此召开会议，商量解决办法。蔡畅遵照省委要求，及时召开各县妇女干部会议，讲明雷电发生的科学道理，鼓励妇女学科学，破除迷信，做自然的主人，不要做封建迷信的牺牲品。她带着开会的妇女干部到附近农村犁田现场，挽起裤腿，赤脚下田，拜老农为师，很快就掌握了犁田技术，并且越学越自如，成了犁田能手。接着，她又指导农村妇女干部回去召开田头会议，把青年妇女找到田边，边讲解犁田技术，边下田实习，互帮互学。大批青年妇女学会了犁田耙田。

在蔡畅领导下，江西各界妇女还组织了劳动互助社、生产合作社等生产组织。仅兴国县 1933 年冬统计，有妇女耕田大队 233 个，耕田小队 1528 个，劳动互助社 1206 个，犁田合作社 72 个。这一年全县参军人数最多，不但没有荒芜土地，反而增加了粮食作物产量。12 月，江西省召开第一次女工农妇代表大会，兴国被评为“妇女工作模范县”。

江西苏区妇女干部出身好，但文化水平低。1932 年徐特立提议在兴国创办师资培训班，由于缺少资金，连上课用的桌凳都没有。李富春、蔡畅同县教育部商量，用有钱人家的堂匾和其他材料改做，终使这个学校开了学。蔡畅还领导妇女组织与文化部门配合，开办农村夜校、列宁小学，动员所有妇女和文盲上夜校学文化。到 1933 年，兴国全县普遍办起列宁小学，学生达 12806 名；青壮年进校学生达 1574 名，妇女参加识字班学员 22519 人。为了培养妇女运动骨干，蔡畅从 1932 年到 1933 年，在博生县主持开办了两期妇女培训班，每期 100 人，集中训练各县乡村妇女干部，学习文化、政治、军事。经过训练，全省 16 个县，有 27 名妇女干部被提拔到县一级机关担任了领导职务。

1933 年春，中共临时中央被迫从上海迁入中央革命根据地，全面推行“左”倾错误。这年 9 月 27 日，江西省苏区第二届党代表大会在宁都召开。蔡畅是会议代表，在会上被选为省委监委会书记。这会议是在“左”倾教条主义者指导下召开的。会后他们强制江西省委把所谓反“罗明路线”的斗争，逐步由上层扩大到基层，由党内扩大到党外，由地方扩大到军队，形成了一场全省范围的党内斗争，邓小平、毛泽覃、谢唯俊、古柏先后被撤职。蔡畅对这场斗争困惑不解，但她知道制定这条路线的不单是几位中央领导人，还得到共产国际的支持。对于国际路线，每个共产党员必须遵照执行，这是党的纪律。想到这里，蔡畅和李富春都感到他们承受着巨大的政治压力。

1933 年下半年，蒋介石发动了对中央苏区的第五次大规模“围剿”，由于博古等人推行“左”倾教条主义，使中央根据地的军民虽经一年的艰苦斗争，但不能打破蒋介石的反革命“围剿”，被迫实行战略转移——长征。1934 年 9 月，李富春接到临时中央调他担任红军总政治部副主任的通知，蔡畅随李富春离开战斗了 33 个月的江西苏区省委，来到瑞金，作撤离中央苏区根据地的准备。10 月 10 日，他们踏上了长征路程。

六

撤离中央苏区，实行战略大转移，战斗频繁，生活艰苦。根据中共中央组织部规定，随大队转移的女同志，要具备身体健康、工作需要、政治坚强三个条件，人数不宜过多。中央各机关和红军中的女同志，多数留下坚持斗争，只有 30 位女同志参加长征，其中有蔡畅、邓颖超、李坚贞（苏区中央局的女部长）、贺子珍（红一军团宣传员）、康克清（红军总司令部直属队政委）、刘群先（中央苏区总工会女工部部长）、刘英（共青团中央宣传部部长）、李伯钊（中共苏区红军学校教员）、金维映（即阿金，中央组织部组织科科长）等。她们分别编进红星纵队和红章纵队。红章纵队由中共中央机关、政府机关、后勤部队、卫生部门、总工会、青年团、担架队组成，李维汉为司令员兼政委，邓发为副司令员兼副政委。蔡畅、陈惠清、刘群先、阿金等 4 人随纵队司令部行动。李富春是总政治部代主任，也在这个纵队。蔡畅的工作，先是在工作团，后在地方工作部。其任务主要是在部队宿营时，深入驻地附近农村发动群众，开展打土豪的斗争。

中央红军到达黎平，部队进行了整编，原红星纵队、红章纵队合编成三个梯队，蔡畅被分配在中央机关梯队政治部做宣传鼓动工作。1935 年 4 月初，红军四渡赤水，通过贵阳城郊，蔡畅和贺子珍等沿途呼口号，鼓舞部队前进。部队快走完了，红一军团政委聂荣臻向她们招呼："蔡大姐，快些走吧，现在我们的左边有龙云 5 个团驻在龙里附近，右边驻贵阳的是蒋介石的大部队，蒋介石也在贵阳，我们要赶紧插过去，否则，两边一夹，我们就暴露了。"蔡畅大声回答："我们一定跟上，你们放心走吧。"说罢，一瘸一拐地出发了。5 月，中央红军巧夺金沙江、强渡大渡河、飞夺泸定桥，一路上，蔡畅不断地给红军战士唱歌，她最爱唱的是《马赛曲》，歌声嘹亮，听的人忘记了行军的疲劳。长征路上第一座大雪山是夹金山，山上山下气候变化很大，行人必须在午后 4 时以前翻过山头，否则就会被冻死在山上。蔡畅和红军战士一起爬山，上午天气晴朗，下午接近山顶，天气骤变，狂风大作，雪花纷飞，蔡畅穿着棉衣，也冻得直打哆嗦。空气越来越稀薄，呼吸困难，蔡畅上气不接下气地鼓励大家："快跟上，别停下"，示意让大家把生姜片咬在嘴里生暖，有的还咬干辣椒解寒。经过一场同大自然的搏斗，英勇的红军战士通过了这座神奇的雪山。

长征中，每人都备有干粮袋，征集到了粮食就分给个人保存，有时分下来的是些没有脱壳的稻谷、青稞麦，找不到地方加工。蔡畅同她的饲养员、警卫员一起找石头、瓦片搓，找不到石头、瓦片的时候，就用手搓，有时手心都磨破了皮，渗出血来。饲养员老萧抢着不让蔡畅干，蔡畅说：不劳动者不得食，我总得搓出自己的一份呀，不然到时候吃什么？长征路上，有时什么粮食也搞不到，只好采集野菜充饥。蔡畅有胃病，一吃野菜就犯病。警卫员觉得对她照顾不周到，有些难为情，蔡畅宽慰他说，她童年时代，家乡闹饥荒，妈妈领她和哥哥挖过野菜，做过野菜粥吃，现在这样苦，有野菜吃就不错了。

9月12日，中共中央政治局在俄界召开扩大会议，讨论以后的工作方针。会后，红一方面军继续北上，突破天险腊子口，过岷江，向甘肃哈达铺前进，于10月19日到达陕北吴起镇，与陕北红军会合。身体虚弱并患有严重胃病的蔡畅，克服了无数的艰难险阻，胜利地完成了二万五千里长征，感到特别高兴和喜悦。

中央红军到达陕北后，为了促进抗日救国高潮早日到来，中共中央于12月在瓦窑堡召开政治局会议，确定了抗日民族统一战线的策略方针。当时，蔡畅在定边，她遵照中央有关发动群众、团结抗日的指示精神，深入回民区，向回民宣传党的民族政策。为了做好团结回民上层的工作，她同宋任穷一起，同回民首领歃血为盟，结拜兄弟。蔡畅年长，称大姐，回民首领居次，宋任穷为小弟。通过回民首领，争取广大回民群众脱离了马鸿逵的控制和影响，拥护中国共产党的团结抗日主张。

1936年2月20日，红一方面军以中国人民红军抗日先锋军的名义，东渡黄河，进入山西，发起东征战役。同时，成立了红军山西省地方工作委员会，任命张浩为书记，李富春为副书记。23日，石楼全境解放。2月底，蔡畅随李富春率领地方工作委员会进驻山西石楼。当时集中在石楼的县团干部60余人，组成三个工作团，蔡畅任一区工作团团长，驻沙窑、马门庄，开展扩红、筹款、发动群众、建立政权等工作。

5月中旬，东征军回师陕北。5月18日，中革军委决定，红军主力兵分三路西征。6月，蔡畅随李富春率领的地方工作委员会出发，跟随红军转战合水、宁县、庆阳、镇原一线，发动群众，为部队筹集粮草。途中，李富春、蔡畅接到中共中央新的任命：李富春担任中共陕甘省委书记，蔡畅任省委委员、白区工作部部长兼妇女部部长。9月，李富春、蔡畅进驻河连湾。在这里，蔡畅、李富春接待从河连湾进入苏区的美国进步记者斯诺。蔡畅做了几个法国菜招待斯诺。后来，斯诺把这件事写进了《西行漫记》。蔡畅还招待马海德吃法式西餐饭，并带他到“前防”参观。蔡畅领导的白区工作部主要是做国民党军的统战工作。当时国民党军第十一旅驻三边，东北军的万福麟、董英斌部驻陇东的庆阳、合水、西峰镇等地。蔡畅经常奔走于三边和陇东，还请他们与红军联欢，观看红军文工团演出的节目。后来国民党第十一旅起义了，红军同东北军停止了战争，和睦相处。

西安事变后，蔡畅率领陕甘省直属机关进入庆阳城内，住在一家逃跑了的大地主院里。蔡畅兼任庆阳民众抗日运动指导委员会主任。中共庆阳县委成立后，蔡畅兼任县委书记。[①]

庆阳有八家大地主，数冯翊清最劣，群众恨之入骨。在蔡畅和红军独立师领导人支持下，成立了反冯斗争委员会。蔡畅在会上讲话，动员群众解除顾虑，积极起来和冯开展斗争。4月7日，庆阳第三公署拘捕了冯翊清父子6人。9日，在体育场大戏楼前召开讨冯大会，群众纷纷起来控诉、揭发冯翊清的罪行。会后，没收了冯家的粮食和财物分给贫雇农；用没收冯家的银元，在庆阳城办了一所民教馆，还买了1000多元的西药，开办了卫生室，给庆阳群众治病。

庆阳妇女从小缠足，祖祖辈辈围着锅台转，没有参加社会活动的自由。蔡畅对妇女受压迫的情形深表同情。她组织红军战士深入群众，挨家挨户地进行宣传动员，先后成立了妇女抗日救国会和青年会。通过反复的宣传教育，许多妇女开始懂得一些革命道理，纷纷参加了妇救会，有些青年妇女跟随红军女战士到大街小巷刷标语，搞宣传，参加抗日救国斗争。1937年3月8日，庆阳举行纪念三八国际劳动妇女节大会，参加者达千人以上，

---

① 阎庆玲、李秀丽：《蔡畅在庆阳的几件事》，《妇女运动的先驱——蔡畅》，第63～68页。

其中妇女200多名。蔡畅在会上发表讲话，讲述了三八节的来历，号召妇女们团结起来，打碎封建枷锁，争取男女平等，积极投入抗日救国的民众运动，反对歧视和压迫妇女的行为，反对包办婚姻。她动员广大妇女上夜校、学文化，关心国家大事，要求妇女们把缠足布放开，强调有女孩子的家长不要再给女孩子缠足了。参加大会的妇女都说："蔡大姐讲出了我们妇女的心里话。"

1937年3月下旬，蔡畅到延安出席中共中央政治局扩大会议。这次会议批评了张国焘所犯的分裂主义错误。蔡畅在发言中特别严肃地提出：凡是在政治上同中央对抗，必然导致破坏党在政治上的统一；凡是坚持不执行中央在重大问题上的决定的，必然导致搞分裂主义。她认为，张国焘的错误是严重的，应当吸取深刻的教训。5月，蔡畅出席了中央在延安召开的苏区党代表大会，并被选入大会主席团。大会肯定了遵义会议以来党的政治路线，为迎接全国抗日战争的到来，从思想上、组织上做了重要准备。会后，蔡畅回到庆阳，召开党的会议，传达了苏区党代表大会文件精神。

7月7日，日本侵略军炮轰卢沟桥，激起全国军民奋起抗击，一场轰轰烈烈的全民族的抗日战争爆发了。中共中央根据形势发展的需要，加强中央各部门的工作。蔡畅、李富春奉命调离庆阳，回到延安。

七

1937年7月，蔡畅、李富春回延安，李富春任中共中央秘书长、组织部副部长（部长博古兼任），蔡畅任组织部干部科科长。当时，中央主管人事工作分两大部门，属军事方面由中央军委管，其他各方面的人事工作统归中央组织部管。抗战开始后，全国人民特别是国民党统治区的爱国知识青年，向往中国共产党，纷纷奔赴延安。因此，热情地接待他们、训练教育他们、合理安排分配他们的工作，成为抗日初期中央组织部的一项极为重要的任务。蔡畅主持接待工作，听取他们的意见和要求，帮助他们解决困难，招待他们住宿吃饭。组织部根据中央指示和赴延知识青年和干部的要求，着手创办各种类型的院校。首先是扩大中央党校和抗日军政大学的招生。抗大全校增加到13个队，招收学员1272人，其中招收知识青年470人。8月，创办陕北公学，9月招收学生，10月入陕北公学的已编成5个队，4队男生，1队女生，共600余人。10月，创立安吴堡青年训练班。1938年4月10日，成立鲁迅艺术学院；5月5日，创立马列学院。以后又相继成立延安女子大学、工人运动学校、中央组织部干部培训班。各类学校组织学员学习马列主义理论、专门业务知识、共产党有关抗日的方针政策、共产党的基本知识教育和军事训练，为抗日战争培养了大批干部。

蔡畅对来延安的妇女，寄予无限希望。她关心这些女青年的学习、思想、发展趋向以及恋爱等问题。她住在杨家岭，距中央党校很近，经常步行到学校了解女干部培训和学习情况。她发现当时党校女学员比例太少，提出各地应多派女学员参加学习；党校原按工作职务编班，她建议应改为按文化程度编班，对文化低的女学员，先帮她们提高文化。她还说，党校的教学方法应因材施教，把教课、讨论、质疑、解答问题结合起来。她的这些意见受到了党校领导的重视，在实际教学中得到贯彻和执行。蔡畅发现中央党校一女生因失恋情绪低落，影响学习，就找男女双方谈话，教育他们正确对待恋爱婚姻，尊重对方，多看到对方的优点。经过她的劝说和调解，这两位青年男女终于言归于好，结成革命伴侣。蔡畅在党校等处，关于正确处理恋爱、婚姻与家庭的讲话，被延安青年誉为男女双方应遵守的革命原则。归纳起来，就是：在政治上应要求对方能一心为革命，是志同道合的革命同志；在思想上应要求对方能虚心向上，是一个与自己相敬如宾的朋友；在生活上应要求对方能品德高尚，是一个与自己终身相互关怀与体贴的爱人。党校有的教师在讲授唯物史观课家庭这一章时，吸收了蔡畅这三条原则，并写进了教材，广为传播。[①]

---

① 金铁群：《忆蔡畅同志三件事》，《妇女运动的先驱——蔡畅》，第84页。

1937年9月，中央组织部在蔡畅参与下，制订了《妇女工作大纲》，提出妇女工作总的目标是："从争取抗战民主自由中争取男女在政治上、经济上、文化上的平等，改善与提高妇女地位，反对一切封建束缚与压迫。"《大纲》特别强调妇女工作要以统一战线的策略去发动与组织各阶层妇女，必须以下层统一战线团结女工、农妇、城市贫苦妇女及大学生为主；加强妇女界的上层统一战线，应当是为着顺利地开展下层工作。要防止偏重在妇女上层统一战线中争夺位置，而忽视下层工作的错误。

蔡畅提出：要把母亲们真正解放出来参加工作，必须办好托儿所。鉴于红军家属多数人不识字或文化低，到地方工作有困难等原因，她提出开办八路军军人家属学校的设想。陕甘宁边区政府根据她的提议，指派专人负责筹备，从1937年冬开始挖窑洞到1938年春，延安第一个托儿所诞生了，同时办起了八路军军人家属学校。1938年6月，蔡畅又同徐明清、成仿吾、丁玲等共同发起，成立了战时儿童保育会陕甘边区分会，蔡畅被选为名誉理事。

延安儿童保育事业办起来了，使抗日前线干部和烈士子女都能得到抚育和培养。蔡畅非常关心他们，每逢周末，都派警卫员把一些烈士子女接回自己的家里，他们之中有刘伯坚烈士的儿子刘虎生，有著名的武夷山"游击队之子"黄义先……每次孩子们来，她都准备糖果，打回她和李富春的小灶饭菜给孩子们吃，并讲故事给他们听。项英的女儿项淑云、儿子阿毛，也是每周必到的娃娃。孩子们得到了"蔡妈妈"的母爱和温暖，来了都不想走。李硕勋烈士的儿子李鹏，是在皖南事变后，经周恩来亲自批准，从重庆撤到延安来的。每到周六下午，李鹏也和阿毛、项淑云等一样来到蔡畅家度周末。蔡畅对周围同志的孩子也同样爱护。中央妇委干部王云的孩子延娃，小时候母亲身体不好，奶不够吃，蔡畅就把分配给自己的那份牛奶给他喝。陕甘宁边区妇联主任白茜生了第二个孩子丽丽，缺衣服，蔡畅就把自己的一些衣服送给白茜，让她改做一下给孩子穿。

1938年7月，蔡畅被指定去苏联莫斯科入共产国际党校，边学习边治病。同她一道去学习的还有方志纯、陈琮英。在蔡畅从延安动身前，组织已派人到湖南老家将她女儿特特接出来，准备送共产国际开办的儿童保育院学习。特特到西安时，蔡畅已离开西安，八路军西安办事处负责人林伯渠委托蹇先任带到莫斯科交给蔡畅。

1940 年 3 月，蔡畅离开莫斯科乘飞机回延安，同机回国的有周恩来、任弼时、邓颖超等。当时中共中央正准备召开第七次全国代表大会，各地区选出的代表已陆续集中。蔡畅回国后，组织上仍决定她留在中央组织部任干部科科长，主管妇女工作，兼做七大代表资格审查小组工作。

蔡畅回延安后，接触各方面的女同志，同各地选出参加七大的代表进行了广泛的交谈，对她离开延安后的妇女运动情况有了全面了解。她针对妇女干部浮在上层动嘴动笔多，深入群众少，沦陷区和大后方的妇女工作，注重上层妇女多，而对受压迫最深、受剥削最重的女工，则关心不够等问题，在 5 月 1 日《新华日报》上发表了《持久抗战中的中国女工》一文。针对中国女工们在沦陷区、在大后方所处的苦难地位没有得到丝毫改善，“一切保护女工、童工的待遇，不论在沦陷区、大后方都被取消得一无所有”的现状，呼吁“全国人士，特别是全国妇女领导者们，今后要注意女工运动”。她提出了今后应注意动员女工积极参加抗战，参加生产，改善女工生活，增加工资，改善待遇，保护女工的一切政治权利，注意加强女工文化教育，提高女工的文化水平等七项要求。①

1941 年 6 月，中共中央改组了中央妇女运动委员会，决定由蔡畅接替王明任妇委会书记，邓颖超任副书记。王明是 1938 年 11 月中共六届六中全会后，任中共中央书记处书记、统战部部长兼妇委会书记的。王明领导的妇委会虽在工作上取得了一些成绩，但却存在不少严重的缺点错误。

5 月 19 日，毛泽东在延安干部大会上作了《改造我们的学习》的报告。7 月 1 日，中共中央作出《关于增强党性的决定》。8 月 1 日，又作出

---

① 《蔡畅、邓颖超、康克清妇女解放问题文选》，第 38 页。

《关于调查研究的决定》。蔡畅领导中央妇委认真学习有关整风文献，同时组织大家深入基层、深入群众，摸清妇女运动的现状，有的放矢地解决妇女运动的问题。在她主持下，中央妇委和西北妇委联合组成了妇女生活调查团。9 月 13 日，蔡畅请毛泽东专为调查团作了《关于农村调查》的报告。之后，调查团深入到延安农村，对妇女群众的生活进行全面考察。蔡畅还主持召开了多次各根据地来延安参加整风的领导干部的座谈会。12 月，在蔡畅领导下，中央妇委和陕甘宁边区妇委又分别组织工作团、工作组，到绥德专区、延安县等地进行调查研究。经过半年多的艰苦努力，收集到大量的第一手材料，了解到妇女工作的成绩，也发现了妇女运动中的严重问题。这些问题主要是王明在妇女工作领域中，搞的那套主观主义、形式主义的东西，使许多妇女干部长期浮在上面，不深入基层，不调查研究，只会背诵一套“男女平等”、“婚姻自由”、“反对四重压迫”等口号。有些干部既不研究妇女在抗日战争中应做些什么，能做些什么和怎样去做，又不懂得妇女解放必须同党的中心任务紧密结合起来。针对这些问题，蔡畅认真考虑了改进妇女工作的一系列重要问题。

1942 年三八国际劳动妇女节时，蔡畅请毛泽东为《解放日报》的三八特刊题词。毛泽东写了“深入群众，不尚空谈”八个大字。她领导妇委结合整风认真学习、讨论毛泽东题词，指出：过去中央妇委工作的要害是脱离实际。她要求中央妇委必须改变作风，深入到基层妇女中去工作，有的下去当小学教员，有的当乡文书，把妇委分工的工作带下去做。在她严格要求下，中央妇委和各地妇委干部深入基层，出现了许多动人事迹。1941 年以后，抗日根据地处于严重困难阶段，没有衣穿，被、鞋、袜都无来源，因而发动妇女纺纱织布，成为亟待解决的问题。各级妇委反复动员，纺织还是发动不起来。中央妇委同志在深入群众调查研究过程中，发现延安南区合作社刘建章发动南庄河村李国泰妻子纺纱的事迹很动人。李的妻子愿意纺纱，但没有工具和棉花。刘建章把纺车、棉花送到李家，讲好纺一斤纱送一斤棉花，纺了好纱还有奖金。李妻纺了一年纱，用挣来的钱买了农具、布匹，缝制了新衣服。很快，全村 30 多户人家每家都有人学会纺纱，柳林区二乡 200 多户妇女普遍学会了纺纱。妇女纺纱织布挣下钱，给家里人增加了收入，在家庭中的地位提高了，夫妻婆媳关系也和睦了，给妇女带来一系列关系的变化。中央妇委抓住这个典型，召开会议，推广刘建章发动群众的经验，促进了各抗日根据地纺纱织布运动的发展，使“妇女抗战”的口号落到实处，争取“妇女解放”、“男女平等”也有了实实在在的基础。

延安妇联干部吕瑛将一个不理睬妇联干部的妇女改变为妇联积极分子的事迹，影响也很大。为了了解这位妇女是不是真落后，吕瑛主动接近她，上城办事便替她买些针线，走路经过她家时帮她拾些柴火，秋收季节帮她打场、担水，这位妇女慢慢地愿意和妇联干部接触了。一次，她的孩子病了，吕瑛替她抱娃涉水过河，送到医院，感动了这位妇女，说了真话，原来是她看不惯那些夸夸其谈、不为群众办实事的妇女干部。此后，这位妇女积极参加村里妇女会工作，还当上了县劳动模范和妇女代表，并提出入党的要求。蔡畅充分肯定这种做法，她说：“这才叫深入群众了。我们说深入，不单是做先进妇女的工作，最重要的是做中间和落后群众的工作。”

1943 年初，蔡畅正式向中共中央提出了关于妇女工作新方针的建议，并接受中央的委托，领导中央妇委起草《中共中央关于各抗日根据地目前妇女工作方针的决定》。在这以前，蔡畅在延安《解放日报》上发表了《如何使抗日根据地的妇女团体成为广泛的群众组织》一文，全面论述了妇联会、妇救会的方针、任务、组织形式及工作方法和工作作风。文章批评了以往妇联、妇救会对会员要求过高，组织生活过于死板，严重地脱离实际，脱离群众等错误，明确指出：各界妇联、妇救会的性质“应该是各党派、各阶级、各种职业、宗教、民族、年龄的妇女抗日统一战线的团体”。在政治上，“妇联或妇救会是团结各阶层妇女，照顾各阶层妇女利益的群众组织”，“一切工作要从‘公平合理’出发，既可确实保障最苦的劳动妇女利益，又要照顾其他各阶层妇女的利益；既要着重注意受社会压迫与宗教束缚的贫苦妇女的生活改善、文化提高，又要照顾其他阶层妇女地位的改善”。在经济上，“必须有大胆的真正实行‘三三制’的精神”。各级妇联或妇救会“必须引进大批非党的妇女领袖或积极分子参加领导机关工作，共产党员最多不超过三分之一”①。这篇文章是起草《决定》的基础。《决定》写好后，送给中央各领导审阅，并经毛泽东修改定稿。2月26日，作为中共中央正式文件下发。

《决定》明确提出：“在日益接近胜利而又日益艰苦的各抗日根据地，战斗、生产、教育是当前的三大任务，而广大农村妇女能够和应该特别努力的就是生产，广大妇女的努力生产，与壮丁上前线同样是战斗的光荣任务。”这“也就是各抗日根据地妇女工作的新方向”。《决定》号召各地妇委、妇救会、妇联会，“要彻底改变工作作风、工作方式方法。以研究组织农村妇女个体与集体的生产为首要工作”，妇女干部要“学习农业知识、了解妇女生产内容，真正成为农村妇女群众生产的组织者和领导者”。《决定》是在抗日战争进入新的发展阶段的形势下，密切结合党的中心任务，从实际出发，赋予妇女工作以生产第一的新使命，从而扫除了王明教条主义、形式主义对妇女工作的不良影响，使根据地的妇女运动进入了一个新的阶段。

《决定》公布后，宣传《决定》、贯彻执行《决定》，是中央妇委和各级妇联的头等大事。3月8日，蔡畅在延安《解放日报》上发表《迎接妇女工作的新方向》的代社论，精辟地解释了《决定》的精神实质，要求各地妇联、妇救会和妇女工作者，积极贯彻《决定》，树立参加经济工作、生产工作光荣的风气，使柳林二乡的妇女运动经验，在各根据地普及、推广。通过纪念三八国际劳动妇女节，宣传生产光荣，贯彻《决定》生产第一精神。三八这一天，延安城一片欢腾，5000多名妇女群众和女干部

---

① 蔡畅：《如何使抗日根据地的妇女团体成为更广泛的群众组织》，《蔡畅、邓颖超、康克清妇女解放问题文选》，第76页。

集会，中共中央和中央西北局领导同志在蔡畅陪同下到会祝贺。朱德讲了话，他说："发展生产，搞好经济工作，是抗战必胜，建国必成的基础。"号召广大妇女参加到生产战线上去。会上，还奖励了 7 名女劳动英雄。会后，中央党校和鲁艺的学生演出了歌颂妇女参加劳动生产和学习劳动英雄的文艺节目。4 月初，蔡畅参加延安专区召开的妇联主任会议，亲自演讲《决定》。她说：《决定》的基本精神是妇女工作应以发展生产为中心，其他工作，如宣传、教育、卫生、儿童保育、放足、文娱活动等，都应围绕生产来进行。会后，延安各县妇联结合实际，制定了具体工作规则，一些工作基础较好的县区，还开展了劳动竞赛。

蔡畅率先贯彻执行《决定》，身体力行。她参加生产劳动，开荒种菜，纺纱编织。在她住的窑洞下边，有一块菜地，在她办公室办公桌旁并排放着一架纺车。她忙一阵工作后，就下到菜地浇水、施肥、锄草，或者坐到纺车旁去纺线。在她的鼓励和带动下，中央妇委机关的同志，都在学习纺棉纱、纺毛线、织毛衣，中央妇委的办公室、窑洞，几乎成了生产车间。在工余间隙，在去食堂吃饭的路上，饭后到延河边散步，大家两只手不停地编织。

蔡畅同康克清、张琴秋、白茜等商量，在延安筹办陕甘宁边区妇女生产合作社，并动员王友兰任社主任。妇女生产合作社的建设资金，是由入社干部和群众筹集的，实行股份制。总社规定每股为边币 50 元，入社人员可以交现金，也可交实物。很快筹集了 20 万元边币的股金，没有向政府申请拨款，妇女生产合作社就办起来了。这个社为发展妇女生产提供原料、工具，并推销产品，供给妇女、儿童日常用品，极受群众欢迎。

《决定》公布后，在蔡畅领导督促下，在中央妇委和各级妇委、妇联、妇救会同心协力密切配合下，到 1943 年底，解放区妇女纺织运动已具相当规模。陕甘宁边区有 16 万妇女参加纺纱，6 万多妇女织布；太行、太岳、晋西北三个解放区有 47 万妇女参加纺织，山东解放区有 80 万妇女参加纺织。她们不单是纺棉纱，还发展了麻纺、丝纺和毛纺，有些地方还能织细布、花布、格子布，织毛衣、毛裤、毛袜子和粗毛呢。

1945年4月23日到6月11日，中国共产党第七次全国代表大会在延安召开。蔡畅被推选为出席七大的正式代表。会上，她认真听了毛泽东、朱德、刘少奇所作的重要报告，并在小组会上积极发言，拥护和赞同这三个报告。她确认七大提出的政治路线是完全正确的，七大提出确定毛泽东思想为党的指导思想是具有重大历史意义的，确认毛泽东是创造性地发展了马克思主义的典范，毛泽东是受到群众信赖的革命领袖。6月9日，代表们投票选出中央委员会，蔡畅当选为中央委员。

七大闭幕后，为了加速抗日战争胜利的进程，准备迎接抗日战争的最后胜利，在蔡畅领导下，6月20日，召开了解放区妇女联合会筹委会议。会上，代表们讨论了召开解放区妇女代表大会，成立解放区妇女联合会。筹委会最后选出蔡畅、邓颖超、康克清、张琴秋、区梦觉等13人为解放区妇女联合会常务委员，蔡畅为筹委会主任，邓颖超、白茜为副主任。后来，由于抗战很快取得胜利等原因，解放区妇女代表大会没有如期召开，解放区妇女委员会也没有成立。

为了贯彻七大提出的充分发动群众的政治路线，中央很多领导人不辞劳苦地深入基层指导工作。蔡畅也随延安南下部队去山西晋东南检查工作。她在山西襄垣县夏店镇，发现在减租减息中违反党的政策，对地主用刑。有的地主被打死，有的逃跑了；有些地方乱斗一气，群众说斗谁就斗谁，干部做了群众的尾巴。蔡畅向群众作了调查，听取了区长和区委书记的汇报，反复说明党的政策是党的生命，违反了就会给工作带来极大损失。不讲政策地斗地主，富农怕，斗富农，中农怕，人心惶惶。她要求区干部认真学习党的政策，总结经验，从实际工作中改正错误。蔡畅走后，中共夏店区委立即召开各村干部会议，纠正双减工作中的偏差。

八

1946 年 10 月，蔡畅接到国际妇联邀请她出席 1947 年 2 月在捷克斯洛伐克首都布拉格召开的国际妇联第一届理事会议的通知。11月底，蔡畅离开延安，12 月初到达哈尔滨，进行出席国际妇联会议的准备工作，搜集资料，准备发言稿，办理出国入境手续。

1947 年 2 月 7 日，蔡畅乘火车前往莫斯科。由于当时国际铁路交通没有完全恢复正常，她乘坐哈尔滨的火车走了半个月才到莫斯科。从莫斯科乘飞机去布拉格，又遇上天气不好，耽误 7 天，直到 27 日，才到达布拉格。大会原本 27 日闭幕，为等蔡畅，决定延长一天。2 月 28 日，蔡畅在大会作了题为《为争取独立、民主、和平而奋斗的中国妇女》的报告，向全世界揭露了蒋介石在美帝国主义者的支持下发动全面内战的罪行，宣传了中国人民进行自卫战争的真相，介绍了中国解放区妇女在支援战争、参加生产劳动和政权建设等方面的作用，国民党统治区民主妇女为反对内战而与蒋介石政权进行不屈不挠斗争的生动事迹。她呼吁全世界爱好和平的妇女联合起来，反对美国援助蒋介石打内战，干涉中国内政，撤退驻华美军。蔡畅的报告，打破了国民党政府长期对中国解放区消息的封锁和歪曲宣传，扩大了中国人民解放战争和解放区的影响，争取了国际进步妇女的同情和支持。国际妇联当即决定将蔡畅报告全文寄送美国各妇女团体，并致函罗斯福夫人和美国妇女团体，要求她们支持中国妇女争取独立、民主、和平的斗争。

大会结束后，蔡畅在布拉格停留了 5 天，进行参观访问；在一些群众集会上，向捷克斯洛伐克朋友介绍中国革命形势和解放区的生活、斗争情况。然后，飞往法国，在巴黎国际妇联总部停留 1 个月，同国际妇联领导人商量中国妇女派代表出任国际妇联副主席和驻国际妇联书记，扩大宣传中国革命等问题。她出席了法国共产党和法国妇联举行的三八妇女节纪念大会，参加了法共专为欢迎她而举行的群众集会，还被邀请到妇女干部学校报告中国妇女运动发展的历史。在巴黎期间，蔡畅还向全世界青年联合会介绍了中国解放区青年联合会的情况。他们希望中国解放区派代表出席世界青联的执委会和理事会，加强中国解放区与世界青联的联系，以便他们支持中国人民为独立、民主、和平而进行的伟大斗争。

4月6日，蔡畅从巴黎飞往莫斯科，同国际妇联副主席波波娃商谈加强中国解放区妇联同国际妇联的经常性联系问题。4月中旬回国，到中共中央东北局西满分局所在地齐齐哈尔看望李富春。李当时任西满分局书记。她乘火车到齐齐哈尔附近昂昂溪站下车，李富春坐汽车到昂昂溪站迎接她。两位情感深厚的战友和夫妻，分别一年半了，此时见面，要讲的话太多，似乎一下被堵塞了。稍事休息，坐汽车回齐齐哈尔。当晚，李已准备了酒菜，请西满分局几位领导作陪，为蔡畅接风洗尘。

5月初，蔡畅到哈尔滨中共中央东北局报到。同月24日，东北局正式通知，任命蔡畅为东北局妇委书记。5月，李富春调东北局任副书记。他们住哈尔滨南岗龙江街一所二层小楼。蔡畅一面参加领导土改和除奸斗争，一面用很多精力去着手筹建东北局妇委的工作。当时，中央派到东北局的女干部不少，但多数人都不愿做妇女工作，到蔡畅就任东北局妇委书记时，还是光杆一人。她听说刘亚雄在东北局招待所养病，便多次去看望，派人送营养品。刘亚雄病情好转后，蔡畅动员她到东北局妇委工作。开始，刘表示从未做过妇女工作，恐难胜任，经过再三交谈，她同意了。蔡畅还动员曾志、袁溥之、区梦觉、杨克冰等有经验有能力的妇女干部，参加东北局妇委工作；并从牡丹江省抽调中共海林县委书记孙以瑾到东北局妇委任秘书长。这样，一个健全的东北局妇委领导机构建成了。

遵照深入实际，调查研究的党的优良作风，蔡畅以身作则，经常到各地农村参加土改和反霸斗争，了解妇女群众的痛苦，听取她们的意见和要求。她态度和蔼、诚恳，每到一地都认真听取群众意见，并记在小本子上，再向有关县委、省委反映解决。有一次她去北安，了解到有种克山病，严重损害人体健康，特别是妇女患者死亡率高。她亲自去这种病的发源地克山县考察，访问了许多病人家庭。回到北安就向省委书记王鹤寿反映，研究预防和治疗措施。土改中，牡丹江省一度出现“扫堂子”的“左”倾偏向。蔡畅听说后，立即坐雪橇赶到当地，向贫雇农宣传党的政策，说明留给地主、富农一份土地和农具，是为了把他们改造成为自食其力的人。她教育贫雇农回本村闹革命，各村的事由各村群众自己解决。当晚，她和李富春一起参加省委会议，讨论制止“扫堂子”及其他违反政策的错误做法。此后，全省土改中“左”的偏向逐步得到克服。

8 月下旬，蔡畅主持召开东北局第一次妇女工作会议。会上，她同大家一起讨论了东北解放区妇女工作的方针、任务和对妇女干部的选拔培养等问题；最后，作了会议总结。她充分肯定妇女在反对地主阶级斗争中的作用，明确指出，农村在打倒封建势力后，妇女工作的中心任务是广泛组织妇女参加农业生产。“由于战争需要，许多男子上了前线，生产任务势必更应多加于妇女身上，如辽吉地区，因战勤多，春耕夏锄都动员了妇女参加。”“在生产战线上充分发挥妇女的作用，这是很重要的任务。”关于城市妇女工作，她提出要同发展经济相结合，组织女工、贫苦妇女积极参加生产，通过发展经济，适当解决女工、贫苦妇女的生活问题，做到有吃有穿。《总结》对城乡妇女组织的建设，妇女干部的培养选拔诸问题都提出了具体要求。[①] 不久，中共中央东北局依据蔡畅的总结报告精神，发出了《东北解放区妇女工作方针》的指示。遵照文件精神，各级党委从分局到省、地、县委都先后成立了妇委或妇女部，基层妇女组织也陆续建立起来，全东北的妇女工作迅速出现了新的局面。

1947 年冬，东北民主联军向国民党军发起了强大攻势，歼敌 8 个整师约 15.6 万人，攻克城市 18 座，扩大解放区面积 20 万平方公里，使东北解放区面积增加到占东北总面积 95% 以上，东南西北连成一片。根据新的形

① 蔡畅：《革了封建的命，还要革生产的命》（1947 年 9 月 2 日），《蔡畅、邓颖超、康克清妇女解放问题文选》。

势，东北工作重心必须迅速准备实行由乡村到城市的转变。蔡畅领导的东北局妇委为适应这一转变做了大量工作。她抓了哈尔滨市作典型，先后组织调查组深入哈尔滨市的工厂、作坊、街道、医院、学校、城郊调查访问，召开座谈会，了解工厂女工、街道妇女、医院医护人员、学校教师的经济生活情况、意见和要求。在切实摸清情况、抓准问题之后，她提出了《对哈尔滨市妇女工作的意见》。《意见》首先分析了哈尔滨的妇女层次：工厂女工、从事个体工商业的贫民妇女、城郊农妇、知识分子妇女（包括公教人员、自由职业者、女店员、女护士、女学生）、中上层妇女。《意见》指出，前四种妇女的共同要求是有工作做，物价稳定，同工同酬，政治平等，儿童有受教育的权利，婚姻自由，最为迫切的要求是改善物质生活。中上层妇女的要求是能买到高级商品，有较多的文化娱乐生活。蔡畅根据多数妇女的共同愿望指出：东北局提出"城市妇女工作与发展城市经济相结合"的"生产第一"方针是很正确的。坚持"生产第一"，正是为了在发展生产、繁荣经济、支援战争的前提下，解决与满足妇女群众的要求。没有这种物质基础，妇女工作就永远是架空的。她要求妇委干部对城市妇女工作应转变以往在农村的工作方法，对不同阶层妇女，采取不同的工作方式和多种多样的组织形式；同时应防止离开整体利益，片面强调妇女的特殊需要，真正做到一般和特殊相结合。蔡畅领导的对哈尔滨市妇女工作的总结，为开展全东北城市妇女工作，取得了重要经验。

东北各大中城市比关内解放早，东北解放后有个显著特点，就是大批女青年要求参军参干。为了适应这种要求，培养妇女运动人才，东北局创办的东北军政大学等校，都招收大批女学生。她们多数人是积极向上的，但也带来了许多有待解决的问题：恋爱、婚姻、工作性质、个人前途等，给党的政治思想工作提出了新的任务和要求。蔡畅曾专门到北安东北军政大学驻地，召开大学女学生、女干部座谈会，了解她们的困难和要求。针对她们的主要思想问题，她在全校女同志大会上，作了《一个女人能干什么?》的报告，勉励大家认识妇女自身的能力，加强个人的主观努力，以适应革命的需要。她指出："确定女人能干不能干的条件主要有两个，一个是环境，看处在一个什么样政权、什么样社会制度之下；第二是看妇女个人的努力程度怎么样。妇女在共产党领导之下，有了发挥才干的好环境，只要个人努力，就什么都能干，如果个人不努力，自暴自弃，就什么也不能干。"她还从无产阶级世界观、人生观的高度，启迪大家树立全心全意为人民服务的思想，凡是有利于人民群众的事，不管职务大小，地位高低都应去干；不利于人民群众的事，就坚决不干。①

随着东北解放战争的迅速发展，各条战线急需干部。蔡畅从全东北战略观点着眼，狠抓了妇女干部的培训工作。她强调：要在斗争中培养本地区本乡本土的干部，接替各方面工作。在她的领导和支持下，东北大部分地区都先后开办了各种形式的妇女干部培训班、妇女学习班，学文化、学政治、学生产技能、学军事卫生和护理伤病员知识。她把领导培训班作为东北局妇委的头等大事去抓，经常深入各妇女培训班、队，了解情况，并亲自讲课。在她精心指导下，东北各地区经过两年努力，培训了数千名妇女干部，充实到各条战线。

1948 年 8 月 1 日到 22 日，全国第六次劳动大会在哈尔滨召开。蔡畅筹备了这次会议并出席大会，当选为中华全国总工会执行委员，兼任全总女工部部长。

11 月，蔡畅率中国解放区妇女代表团离开哈尔滨前往匈牙利首都布达佩斯，参加国际妇联召开的第二次国际妇女代表大会。代表团成员有区梦觉、张琴秋、丁玲、李文宜、陆璀等中国妇女运动著名领袖人物。大会于 12 月 1 日到 6 日召开。会上，蔡畅作了《亚非各国妇女民主运动发展的报告》，介绍了中国人民解放战争迅速发展的大好形势，大后方人民高涨的反蒋爱国民主潮流，揭露了美蒋反动派反共反人民的滔天罪行。蔡畅向大会宣告："美帝国主义要被赶出中国，蒋介石反动统治集团要被消灭，中

---

① 蔡畅：《一个女人能干什么?》（1947 年 8 月 30 日），《蔡畅、邓颖超、康克清妇女解放问题文选》。

国人民要胜利是已经肯定的了，而且为期不远。”会场响起了热烈的掌声。大会休息时，许多人都争着同中国妇女代表团代表握手、拥抱、问长问短，表示了对中国革命的关心和敬仰。在这次代表大会上，蔡畅被推选为国际妇女联合会副主席。会后，蔡畅率领的中国妇女代表团在匈牙利进行了5天访问，出席了有10万以上妇女参加的布达佩斯群众火炬游行。随后，中国妇女代表团到莫斯科，在苏联作了为期7天的访问。这时，中国革命即将取得完全胜利，苏联妇联的个别领导人受大国沙文主义的影响，对中国妇女代表团摆出一副傲慢态度。代表团有的人对此很有意见。蔡畅对大家说，不管她们态度如何，我们一方面是尊重她们的意见，一方面坚持自己的主张，不卑不亢。在访问过程中，她的举止彬彬有礼，谈吐落落大方。1949年1月初，代表团回到沈阳。

1949年1月21日，东北解放区第一次妇女代表大会在沈阳召开。会议总结了两年多来东北解放区妇女工作的经验，特别是总结了开展城市工作的经验，选出了出席中国妇女第一次全国代表大会的代表，蔡畅被推荐为东北区代表。会上，还选举成立了东北妇女联合会，选出杨克冰、安建平为正、副主任。蔡畅对东北妇女工作做好了这一切安排之后，便离开沈阳，来到河北西柏坡中共中央所在地。

3月5日，蔡畅出席了中共七届二中全会。会议期间，她向中央汇报了中国妇女代表团在布达佩斯参加第二次国际妇女代表大会的经过，转达了大会议定于1949年内在胜利后的中国召开亚洲妇女代表大会的愿望。3月7日，蔡畅向大会请假，出席中直机关纪念三八国际劳动妇女节大会，并作报告。她遵照毛泽东在七届二中全会上的报告精神，号召中直机关全体女同志“努力学习，提高工作效率，克服拖沓作风，积极钻研业务，精通业务，准备进城，迎接新的任务”。她要求所有的女党员、女干部，“不骄不躁，不要被胜利冲昏头脑，要毫不松懈地去夺取全国革命的最后胜利”。3月13日，中共七届二中全会胜利闭幕，蔡畅回到中央妇委，主要精力用于研究、审阅为1949年春季召开全国妇女代表大会起草的有关文件、报告，以及中华全国民主妇女联合会的人事安排等重大问题。

九

1949年3月24日上午，第一次全国妇女代表大会举行预备会议，通过了大会组织条例、会场规则、会议日程，选举蔡畅、邓颖超、李德全等55人为大会主席团成员。同日下午，中国妇女第一次全国代表大会在北平中南海怀仁堂隆重开幕。出席会议的有来自解放区、国民党统治区、边疆各省和海外各地的妇女代表共计466人。蔡畅向大会致开幕词，她说："中国妇女第一次全国代表大会，今天在新解放的文化古都北平开幕了，这是中国妇女有史以来第一次全国规模的盛大会议。"她指出：这次会议要明确制定中华全国妇女运动当前的方针、任务，成立全国妇女运动的领导机构，交流各地妇女运动经验。她希望与会代表"仔细研讨大会各种报告及决议，制定切合实际的工作纲领，以便把妇女运动大大推进一步"。会上，邓颖超作了《中国妇女运动当前的方针任务》的报告，李德全作了《国民党统治区民主妇女运动》的报告，蔡畅作了《世界民主妇女运动的现状及任务》的报告，有48位妇女代表发了言。大会通过了《中国妇女运动当前任务的决议》，指出："中国妇女运动当前的总任务就是把反对帝国主义、封建主义、官僚资本主义的斗争进行到底"。《决议》对不同类型地区的妇女工作，提出了不同的具体要求：解放区妇女的任务是"继续积极支援人民解放战争，发挥高度的才能与智慧，努力参加新民主主义的政治、经济、文化等各种建设事业，其中心环节是恢复与发展解放区内的工业与农业生产"；城市妇女运动的任务是以"女工为基础，团结其他劳动妇女，为肃清敌人，建设人民的新城市而努力"；对那些尚在国民党残余势力下受着压迫、过着极端痛苦生活、迫切要求解放的妇女，应"指出妇女受痛苦的根源，使她们认清解放的道路，并善于运用各种灵活方式进行适当的斗争"。

大会选举产生了中国妇女统一组织的领导机构——中华全国民主妇女联合会，蔡畅当选为中华全国民主妇女联合会主席。

全国妇联在蔡畅领导下，把妇女解放同党在各个时期的中心任务结合起来，发动和组织全国各阶层妇女，为完成党的中心任务努力奋斗。

4月20日，中国人民解放军百万雄师强渡长江天堑，4月21日，毛泽东和朱德在北平发布了向全国进军的命令。以蔡畅为首的中华全国民主妇女联合会立即领导全国各地区、各行业中的广大妇女，积极行动起来：老解放区妇女发扬光荣传统，积极生产支前；新解放区妇女迅速加入了支援解放大军的行列；即将解放的各个城镇妇女，在中共地下组织领导下，冒着生命危险，搜集情报，保护档案，散发传单，配合解放军的入城战斗。23日，中国人民解放军直捣南京国民党反动政府老巢，宣告了国民党反动统治的彻底覆灭。7月2日，在蔡畅提议下，全国民主妇联号召各阶层妇女每人写一封信，慰劳中国人民解放军，鼓励他们奋勇杀敌。通电发出后，立即得到全国各地妇女的热烈响应，她们纷纷拿起笔给解放军写信，表达她们热爱解放军、感谢解放军的心情，希望解放军乘胜前进，一鼓作气解放全中国。

“一封信”运动，进一步加深了军民鱼水情，更加密切了军民关系、军政关系，对全国都有震动。各地邮电部门职工加班加点传递信件，忙得不可开交。邮电部门领导同志对妇联的同志说：“你们的一封信，运动了我们整个邮政局。”也把全国的妇女积极性都调动起来了。

9月21日，中国人民政治协商会议第一届全体会议在北平开幕，蔡畅、李富春出席会议，均被选为中央人民政府委员会委员。在这次会议上，他们遇到国民党元老、著名诗人柳亚子。柳亚子同蔡和森、向警予和蔡畅、李富春两对革命伴侣在大革命时期就相识，经过几十年血雨腥风的搏斗，蔡和森、向警予已为革命流尽了最后一滴血，蔡畅、李富春幸存下来，居然在开国大典前夕遇到了一起，此情此景，柳亚子感慨万千，当即赋诗赠蔡畅、李富春：

革命夫妻有几人，
当时蔡向各成仁。
和森流血警予死，
浩气巍然并世尊。

死生流转各天涯，
今日新都奠众哗。
记取铁肩担道义，
双飞李蔡两名家。

9月30日上午，全国政协首次会议胜利闭幕。10月1日下午2时，蔡畅出席了毛泽东主持召开的中华人民共和国中央人民政府委员会第一次会议。在这次会议上，一致通过接受全国政协《共同纲领》为中华人民共和国的施政纲领，通过了中华人民共和国政务院总理、中央人民政府革命军事委员会主席、中国人民解放军总司令、最高人民法院院长、最高人民检察署检察长的任命。下午3时，北京30万人在天安门广场隆重举行国庆大典。蔡畅同党和国家其他领导人一起，随毛泽东登上天安门城楼，参加庆祝典礼。

12月10日到16日，亚洲妇女代表会在北京隆重开幕。出席会议的有来自23个国家的197个正式代表和英、法、苏、美、荷等国家的来宾。蔡畅致开幕词。她向各国代表介绍了中国妇女解放斗争和中华民族解放斗争的艰苦历程，指出："妇女解放运动是民族解放运动的一部分，必须使妇女解放运动和民族解放运动密切结合起来，才能使民族解放事业胜利开展，同时，妇女解放运动才能胜利开展。"邓颖超在会上作了《亚洲妇女为民族独立、人民民主与世界和平而斗争》的报告。此前，法国来宾曾向中国代表提议：报告中应写上苏联红军出兵东北帮助中国取得抗战胜利的内容。

蔡畅听汇报后解释说："我们的报告不用改。中国抗日战争的胜利是中国人民长期斗争、流血牺牲换来的。1945 年苏联红军出兵东北，我们很感谢。但决定胜利的是中国人民长期艰苦的斗争。再说，我们这次会议和这个问题没有直接关系，没有必要写上这些。"随即，蔡畅请示刘少奇，刘少奇完全赞同蔡畅的意见。当邓颖超按原稿作完报告之后，受到各国代表热烈欢迎，场内响起经久不息的掌声。

1950 年 6 月，中国共产党在北京召开七届三中全会，毛泽东号召全党全国人民积极行动起来，争取在三年左右的时间内实现财政经济状况的基本好转。8 月，蔡畅在中华全国总工会召开的全国第一次女工工作会议的讲话中明确指出：工会女工部要把"面向生产，组织女工参加生产竞赛，保护妇女的特殊利益，作自己的中心任务"。她要求各级女工部要配合妇联和有关部门，不断提高女工生产技能，开展女工学习文化、学习技术、学习管理企业的教育；继续办好托儿所、哺乳室，进行妇婴卫生教育，保护妇女合法权利，使男女职工密切团结，在维持、恢复与发展新中国的经济建设，争取财政经济状况基本好转的过程中，发挥中国妇女半边天的积极作用。9 月，蔡畅在全国民主妇联第一届第三次执委扩大会议上，重申城市妇女工作应按各城市不同情况与条件，发动组织女工、员工家属和其他劳动妇女、家庭妇女参加生产，与当地政府、企业、工会、合作社等部门配合，着重解除妇女参加生产的思想障碍和实际困难。

在新区贯彻《土地法》过程中，蔡畅明确提出：必须按人口统一分配土地，正确划分男女的阶级成分，切实有效地保障妇女的土地权；贯彻男女一齐发动的方针，克服忽视发动妇女的思想，成立农民协会应选拔农妇中积极分子参加领导工作。她要求在土改进入分田阶段后，各级妇女联合会要配合农民协会，认真解决妇女分田问题，教育农民改变"分丁田不分女田"的旧思想，应让他们了解《土地法》的规定，妇女不但有土地所有权，还有土地处理权，任何人不得干涉和剥夺妇女的合法权利。她还强调对未婚女子应分"姑娘田"，结婚时可以带到婆家；寡妇改嫁应允许她带走属于她的一份土地，确保“平分土地”的原则在农村妇女中得到兑现。

蔡畅十分重视《婚姻法》的宣传和贯彻。她指出：《中华人民共和国婚姻法》的颁布，“是一个重大的社会制度的改革”，“它打碎了几千年来封建婚姻制度加在妇女身上的枷锁，推翻了旧社会以男子为中心的‘夫权’统治，对于妇女解放，更具有重大意义”。她号召各级妇联采取多种形式开展宣传、教育活动，使《婚姻法》家喻户晓。她要求全国妇联其他领导人，分头下去作报告，宣传《婚姻法》。1951 年 1 月，蔡畅到中央团校，向来自全国各地的团干部作了《关于婚姻法的报告》。她指出：“这部婚姻法根本否定了封建主义的婚姻制度，也区别于资本主义的所谓‘自由平等’的婚姻法和国民党反动政府的伪《六法全书》”。“它是从我国国情出发，保障人民有充分的婚姻自由，彻底废除旧的婚姻制度，为建立新的家庭而奋斗”的大法。她要求青年团的干部和团员们，从思想上、政治上认识婚姻制度改革的意义，把宣传贯彻《婚姻法》当作青年团重大的经常任务之一，号召青年团员以身作则，建立新的婚姻观点和新的道德观念，并影响和教育群众。

1950 年 6 月，朝鲜战争爆发，美国妄图灭亡朝鲜民主主义人民共和国，作为进攻中国的跳板。10 月，美国侵略者把侵略朝鲜的战火烧到了我国东北边境鸭绿江边，出动飞机、军舰侵犯我国领空、领海，炮击我国商船。10 月 25 日，中国人民组织志愿军赴朝作战。全国妇联当即发出了《为响应抗美援朝保家卫国对全国妇女的号召书》，号召全国各阶层、各民族、各党派妇女，以志愿行动援助朝鲜人民，保卫我们的祖国，向美帝国主义清算它对中国人民所欠下的每一笔血债。要求各地妇联采取多种形式，开展抗美援朝的宣传教育活动，加紧生产，努力工作，积极完成自己承担的工作任务，为抗美援朝增强力量。

1951 年 1 月 28 日，首都各界妇女 4 万多人，在北京故宫太和殿前，举行反对美国侵略朝鲜和重新武装日本的游行示威大会。蔡畅到会作了重要讲话。她愤怒地指出：“美帝国主义重新武装日本以及侵略朝鲜，妄图以朝鲜为跳板来侵略中国的行径，是中国妇女决不能容忍的。”她要求全国妇女响应中国人民保卫世界和平反对美国侵略委员会的号召和朝鲜民主妇女总同盟的呼吁，写信、捐钱、捐物慰劳中朝人民战士，救济朝鲜难民，协助政府肃清特务、土匪，戳穿反革命谣言，巩固后方。会后，举行声势浩大的示威游行，蔡畅和许广平、杨之华、康克清、刘清扬、丁玲等挽臂走在队伍的最前面；蔡畅领头高呼：“反对美帝武装日本！”“保卫我们下一代的幸福！”“保卫世界和平！”

2月15日，蔡畅在《人民日报》上发表了《在伟大爱国主义旗帜下进一步联系与教育广大妇女》一文，要求各级妇联“把继续发动全体妇女参加抗美援朝，反对美帝国主义重新武装日本的运动，当作妇女运动的中心的政治任务”，并把妇女界的抗美援朝运动与妇女运动的经常工作相结合，广泛开展爱国主义竞赛，把妇女群众的爱国热情变为实际行动。

全国妇联通知各级妇联在1951年三八国际劳动妇女节，广泛地开展反对美帝国主义侵略朝鲜的活动。这一天，蔡畅出席首都各界纪念三八国际劳动妇女节大会，并作了《热爱祖国，保卫和平》的报告。她还带着毛泽东贺电到天津，出席天津市妇女纪念三八节，坚持抗美援朝，反对美帝重新武装日本的大会。

1952年8月，中国政府代表团在周恩来、陈云、李富春率领下，应苏联政府的邀请，赴苏联商谈苏联援助中国经济建设问题。中共中央决定蔡畅同去苏联治病。当时蔡畅患有胃病、头昏、失眠等病症，身体虚弱。到苏联后，她住进莫斯科郊区的森林疗养院。经过近10个月的治疗和休养，她的体力有了恢复，于1953年6月9日，和李富春一起从莫斯科回到北京。

十

1953年4月15日，全国妇联在北京召开了中国妇女第二次代表大会。

大会开幕的前一天，蔡畅从莫斯科发来贺电："我因在国外治病，未能出席大会，预祝大会在党中央领导下，遵循毛主席指示的道路，圆满成功。"在这次大会上，蔡畅仍被选为第二届中华全国民主妇女联合会主席。鉴于大规模的有计划的社会主义经济建设已经开始，为了适应这一新的形势的需要，蔡畅回国后着重抓了全国妇联干部的配备工作。1954 年，中央决定撤销六个大行政区，蔡畅经中央组织部同意，把各大区妇委主要领导人，如西北的曹冠群、东北的郭明秋、华北的田秀娟、华东的吴靖、中南的李宝光、北京的杨蕴玉、上海的郭健等，都先后调来全国妇联，分别担任妇联书记处书记等重要职务。这批妇联干部，既有下层工作经验，又年富力强，精明能干，调到全国妇联后，各司其职，大事有人抓，小事有人管，使全国妇联工作，很快出现新气象。许多同志回忆称赞那是全国妇联的"黄金时代"。

1953 年 12 月，中共中央公布了《关于发展农业生产合作社的决议》，确定了农业社会主义改造的步骤、原则、目标、组织形式，以及农业生产合作社的管理制度和管理办法。蔡畅认为，中国农村长期形成的个体农业经济的私有观念，根深蒂固，要实行社会主义改造，阻力是很多的，需要做好深入细致的思想教育工作。妇女占农业人口的一半，做好这一半人的思想改造工作，是很不容易的。全国妇联在蔡畅领导下，组织大批妇女干部下乡，进行深入的调查研究。1954 年 5 月，全国妇联召开建国后第一次全国农村妇女工作会议，专门讨论、研究农业社会主义改造中妇女工作的方针和任务。会后，发出了《关于当前农村妇女工作的指示》，明确指出："过渡时期农村妇女工作的根本任务，是进一步教育和组织广大农村妇女贯彻总路线，逐步实现对农业的社会主义改造，不断发展生产力，使农业生产的发展与国家社会主义工业化相适应，并且在这个基础上，争取逐步实现农村妇女的彻底解放。"根据这一文件指示精神，各级妇联积极向广大农村妇女进行过渡时期总路线教育，发动农妇在自愿互利原则下，加入农业生产合作社、农村供销社、农村信用社，鼓励她们积极参加集体生产劳动。全国许多地方出现了妇女动员亲属入社或妇女带头入社的典型事例。山西省平顺县西沟村妇女申纪兰带头参加农业生产合作社，被推举担任副社长。这个社特地向全国妇联主席蔡畅报喜，并汇报了他们当年的丰收成绩。到1956年底，全国有百分之七八十的农业生产合作社里有妇女担任社长或副社长，人数约有50万。

在农业社会主义改造迅速发展的推动下，手工业的社会主义改造也提上了日程。为了加速手工业社会主义改造的进程，全国妇联在蔡畅领导下，于1954年下半年派出强大的工作组，到上海、青岛、新乡、高阳等地考察手工业种类、生产和人员等状况，并在12月召开全国城市妇女工作会议，研究了在基层手工业生产合作社里开展妇女工作的具体措施。要求各级妇联对女手工业者加强社会主义和集体主义的宣传教育，鼓励她们学习和提高生产技术，帮助手工业合作社推广建立简便的托儿组织，减少女手工业者的家务牵累。1955年手工业社会主义改造在全国逐步开展，1956年手工业社会主义改造出现高潮。全国参加合作社的女手工业者达到150多万人。过去受歧视的女手工业者，入社后同男手工业者同工同酬，激发了她们的生产积极性，很多女手工业者担任手工业生产合作社的理事、主任、副主任等领导职务。

继手工业社会主义改造达到高潮之后，1956年2月24日，中共中央作出了《关于资本主义工商业改造问题的决议》。为了推动全国工商业的社会主义改造，全国妇联和各级妇联分别召开座谈会、报告会，向工商业者及女工商业者交代政策，组织她们参观国营工厂，访问工人家庭，启发她们认清前途，消除顾虑。1956年3月29日至4月上旬，全国妇联和全国工商联等单位联合召开了全国工商业者家属和女工商业者代表大会。出席大会的有女资本家、工商界上层人士的家属、全国各地工商业者家属代表等1300余人。邓颖超代表全国妇联在会上作了报告，蔡畅陪同毛泽东、刘少奇、邓小平、陈云等党和国家领导人会见了与会代表。大会分组对社会主义前途，党关于工商业社会主义改造的方针、政策，进行了认真的讨论。

通过这次会议，消除了一些资本家亲属对公私合营的疑虑，加快了资本主义工商业的社会主义改造进程，一些历来不参加劳动的资产阶级妇女，开始从事家务劳动或走上为人民服务的岗位，许多人从生活富裕、精神空虚状态中解脱出来。蔡畅在总结社会主义革命取得的成就时说："中国妇女不仅在政治的、经济的、文化的、社会的、家庭的生活各方面，享有同男子平等的权利，而且大大提高了妇女热爱祖国、热爱劳动、热爱社会主义的积极性，发挥了她们的聪明才智，对祖国作出了巨大的贡献。"①

1954 年 9 月 15 日到 28 日，中华人民共和国第一届全国人民代表大会在北京举行第一次会议。蔡畅当选为出席第一届全国人民代表大会的代表，并在大会上作了《拥护新宪法，保护儿童权益》的发言。她代表全国妇女表示热烈拥护新宪法，坚决为实现宪法、保卫宪法而奋斗；号召全国妇女"继续提高爱国主义、社会主义觉悟，克服封建残余思想和资产阶级思想，努力提高自己的思想和工作能力，热烈响应祖国号召，积极参加祖国的社会主义建设工作，努力行使宪法所赋予的各项权利"。在这次代表大会上，蔡畅当选为第一届全国人民代表大会常务委员会委员②。

1956 年 4 月 30 日到 5 月 10 日，全国先进生产者代表会议在北京举行，蔡畅代表中华全国民主妇女联合会向到会代表表示热烈祝贺。她在讲话中要求女先进生产者不骄傲、不自满、永远谦虚、永远保持先进生产者的光荣称号。她希望继续贯彻"男女一齐发动"的方针，克服歧视妇女的观点。她说："女职工担负着另一种社会义务，她们要生育和养孩子，她们要处理家务，在她们前进道路上所遇的困难，会比男人更多一些。因此，更需要关怀她们、帮助她们克服困难，鼓励并支持她们不断地向前迈进。"

1956 年 11 月 15 日，毛泽东在中国共产党八届二次中央全会上，号召全党全国人民要勤俭建国、反对铺张浪费，提倡艰苦朴素，同甘共苦。以

① 蔡畅：《厉行勤俭建国，勤俭治家》（1957 年 9 月 9 日），《蔡畅、邓颖超、康克清妇女解放问题文选》，第 301 页。

② 蔡畅从第一届起连续三届当选为全国人民代表大会常务委员会委员，第四、第五届当选为副委员长。

后，毛泽东在《一九五七年夏季的形势》中明确指出："农村中，勤俭持家应当和勤俭办社并提"，"解决勤俭持家问题，特别要依靠妇女团体去做工作"。蔡畅遵照党中央和毛泽东的指示，组织全国妇联党组进行了认真的讨论，并决定派出四个工作组，分别到河北、河南、湖北、上海、广州、重庆等省市，宣传勤俭持家、勤俭建国的方针，调查总结妇女勤俭持家的先进典型和经验。蔡畅带领工作组到四川、河南、上海等地视察。每到一处，她直接与妇女见面座谈，鼓励大家贯彻勤俭持家、勤俭建国的方针。她在四川时，应邀在省第三次青年代表大会上作了《艰苦奋斗勤俭建国》的报告。1957 年 6 月，全国妇联、全国总工会联合召开了职工家属代表会议。会议共进行了 9 天，代表们对家务劳动的含义及其与妇女解放的关系、对如何帮助国家克服建设中的困难问题，进行了热烈的讨论。6 月 12 日，蔡畅在大会上讲话，着重论述了家务劳动的社会意义。9 月 9 日到 21 日，全国妇联召开中国妇女第三次全国代表大会。蔡畅出席大会并致开幕词，她说："对勤俭建国，我们妇女有责任，对勤俭持家妇女更有着特殊的责任。"她期望代表们能使这次大会，成为祖国社会主义建设时期，全国妇女一致厉行勤俭建国、勤俭持家的动员大会。大会以后，各级妇联深入宣传勤俭建国、勤俭持家的方针，许多省、市、县妇联召开了勤俭持家的积极分子代表大会、经验交流会，有的还举办勤俭展览会。1958 年 1 月，全国妇联召开省、市、自治区妇联主任会议，讨论深入贯彻执行勤俭建国、勤俭持家方针的问题。在各级党委领导下，经过各级妇联的努力，到 1958 年春，全国城乡妇女掀起了勤俭建国、勤俭持家的热潮。节省开支，增加储蓄，为社会主义增砖添瓦，勤俭办一切事业，蔚然成风。

自 50 年代中期到 60 年代初期，蔡畅领导全国妇联开展了广泛的国际社交活动。在 1954 年中华人民共和国成立五周年国庆前夕，全国妇联邀请了朝鲜、越南、蒙古国、波兰、民主德国、捷克斯洛伐克、匈牙利、保加利亚、罗马尼亚、缅甸、印尼、巴基斯坦等国妇女代表团来我国访问。蔡畅亲自接见了各国代表团并为她们举行了宴会和座谈会。在座谈会上，蔡畅向各国朋友介绍了中国解放以来工农业生产、文化教育、卫生、社会福利等事业的重大发展，人民生活的普遍改善，受到各国妇女代表团成员的热烈赞扬。

1955 年五一国际劳动节前，蔡畅以全国妇联的名义邀请国际民主妇联主席戈登夫人来我国参加五一节纪念活动，并进行了三天的访问。蔡畅陪同戈登夫人拜会了周恩来总理，还邀请戈登夫人到她家做客。1955 年国际妇联执行局莫斯科会议提出，1956 年春在中国召开国际妇联理事会。1956 年 2 月 10 日，蔡畅以中华全国民主妇女联合会主席的名义，在《世界妇女》杂志上发表公开信，“竭诚欢迎国际妇联理事会在中国北京召开”。先后有 48 个国家的 49 名理事，111 位代表和 58 名工作人员怀着喜悦的心情到达北京。4 月 24 日大会开幕。蔡畅代表中华全国妇联致欢迎词。会议期间，蔡畅和各国理事、代表进行了广泛接触与交谈，交换了意见，增进了友谊。

1957 年 9 月，全国妇联召开中国妇女第三次代表大会时，邀请了国际民主妇联和苏联、越南、印度、捷克斯洛伐克、波兰、朝鲜、阿尔巴尼亚、民主德国、罗马尼亚、南斯拉夫、匈牙利、保加利亚、蒙古国等国家的妇女代表团，以及驻北京的各国使节夫人出席大会。蔡畅在开幕词中，向她们表示热烈欢迎，并说她们的光临“对我们是一个很大的鼓舞和支持”，“有助于进一步加强各国妇女的亲切团结和合作”。各国妇女代表在向大会致贺词中，都以亲身体会高度赞扬了中华全国民主妇女联合会“在如此短的时间在改善妇女、儿童生活方面所取得的卓越成就”。

蔡畅在领导全国妇联开展国际交往活动中，特别重视亚洲、非洲、拉丁美洲国家人民和妇女代表团。从建国到 1966 年，全国妇联先后接待了来自中、南美洲和加勒比海地区的 22 个国家、69 批各界妇女来访，还两次派中国妇女代表团参加拉丁美洲妇女大会。蔡畅十分重视对资产阶级上层社会妇女的接待。1961 年 7 月，她以全国妇联主席的名义，邀请比利时王太后伊丽莎白来我国访问。这位王太后怀着喜悦的心情，在我国访问了 24

天。蔡畅亲自到机场接送，亲切地交谈、热情地款待，对促进中比两国建交，起了积极作用。

“文化大革命”开始后，蔡畅和她领导的全国妇联，被迫停止了一切外事活动。1973 年，外交部、中联部为纪念三八国际劳动妇女节设宴招待驻京的外国使节夫人和各国在京的妇女朋友时，周恩来特别请蔡畅出席招待会。会上，周恩来向外宾介绍说：“这位是我们的蔡大姐，她是最敢于同外国朋友交往的人，她为中国妇女和各国妇女的友好交往作出了重大贡献。”与会的各国朋友和客人，对蔡畅报以热烈的掌声。

十一

“文化大革命”初期，蔡畅担任全国妇联机关“文革”组长。她遵照中共中央的有关文件指示精神，领导妇联机关的“文革”运动。1966 年 8 月 1 日，中共中央召开八届十一中全会。毛泽东在讲话中严厉批评了派工作组的错误，印发了他写的《炮打司令部——我的一张大字报》，成立了中央文革领导小组。接着，全国各条战线上，出现了大批判、大斗争、大破坏、大动乱。蔡畅被造反派赶下台，夺了她的权，“打倒蔡畅”的大字报，贴到了天安门前。毛泽东得知后也感到恼火。他说：“蔡畅是个老实人，连蔡畅也要打倒，那就‘洪洞县里没好人’了。”此后，虽不再提“打倒”二字，但造反派仍然经常围攻蔡畅，批判她执行的所谓资产阶级反动路线。

李富春是另外一种情况。“文化大革命”发动后，周恩来由于这个运动带来的繁重的接待工作应接不暇，经中央同意，请李富春协助他领导国务院经济建设工作。8 月 1 日，在党的八届十一中全会上，补选李富春为中央政治局常委。1967 年 2 月，在周恩来主持召开的中央政治局常委、中央军委副主席、中央文革小组成员碰头会议上，叶剑英、谭震林等老同志批评江青、陈伯达等煽动群众破坏生产、反军乱军的罪行。林彪、江青反革命集团以种种罪名，诬陷在会上反对他们的老同志为“二月逆流”。李富春因经常约几位副总理在家开会商议工作，被康生等指责为联络副总理搞地下串联，反对中央文革，是“反党俱乐部”，李富春被扣上“反党俱乐部老板”的帽子，并株连蔡畅，诬蔑她是“俱乐部老板娘”。在党的一些会议上，要蔡畅表态同李富春划清界限。1968 年 10 月 26 日，林彪在八届十二中全会上，指责“二月逆流”是一次严重的反党事件。会后，林彪、江青又编造谎言，说“二月逆流”这个反党集团，除谭震林被批倒外，其余的人分成两摊子：一摊是李富春、李先念、陈毅；一摊是叶剑英、徐向前、聂荣臻。还说，李富春是牵头的，陈毅是联络员，两边跑，他们是有计划、有组织、有纲领地进行反党活动。再一次掀起批判“二月逆流”的高潮。

1969 年 10 月，中共中央根据战备的需要，决定让在北京的一些老同志疏散到外地。蔡畅、李富春和董必武夫妇被通知去广东从化，要他们迅速离开北京。他们到从化后，活动受到许多限制，实际上没有什么自由。蔡畅、李富春心情沉重。为了不影响秘书和服务人员的情绪，蔡畅组织大家一起学习《毛泽东选集》，李富春还给大家做辅导。蔡畅、李富春在工作人员面前从不流露内心的痛苦，但他们越是克制自己，工作人员就越是为他们担心。他们白发增多，面容憔悴，特别是李富春咳嗽越来越严重，牙痛得难受，晚上不能入睡。1970 年 8 月 23 日，中共九届二中全会在庐山召开，蔡畅、李富春出席了会议。周恩来见到他们面容消瘦到那种程度，心里很难过，便以李富春牙痛严重为由，批准他们回京，并介绍天津著名的口腔科专家韩宗琦给李富春治病。1971 年初，蔡畅、李富春回到北京，中央文革江青等人仍要李富春一面治病，一面接受批判。在极端困难的日子里，蔡畅安慰李富春：保重身体，治病第一，“留得青山在，不愁没柴烧”，黑暗总会过去的。

在那怀疑一切、打倒一切的岁月里，叛徒、特务、假党员的帽子满天飞，搞得草木皆兵，人人自危。蔡畅接待过许多“专案组”、“调查组”，几乎都是调查老同志的政治历史问题。她态度严肃认真，本着实事求是对同志负责的态度，给对方回复，对那些节外生枝、强词夺理的人，严加驳斥。有个“专案组”向她调查张鼎丞已故夫人范乐春的问题，诬陷范是叛徒，张包庇叛徒，指责几年前《中国妇女》杂志发表的介绍范乐春事迹的文章，是所谓“为叛徒唱赞歌”。范乐春在30年代是中央苏区一位女县长，她英勇刚强，不畏强暴，屡次领导群众同敌斗争，后因病过早去世。蔡畅和范有过接触，听说过她的斗争事迹，很赞扬范的革命精神，对张鼎丞则更加了解。因此，当她听到“专案组”一派胡言后，非常恼怒，当即严肃地指出：“范乐春同志为革命出生入死，她是党的好女儿，张鼎丞有这样的好妻子是很光荣的。”又说：“我过去是全国妇联的领导人，《中国妇女》发表歌颂范乐春的文章，是经过我同意的，难道提倡学习她的革命精神、优秀品质也有错?”这个调查人员听到了蔡畅铿锵有力的证言，只好退走。蔡畅由于年岁增高，记忆力减退，三四十年前的有些往事记混了的也有，但她坚持实事求是的态度，记不清就说记不清，记错了一旦发现就马上改正过来。

1974年春天，蔡畅感到李富春身体状况越来越差，劝他一定要设法到医院检查。经医生诊断，李富春患有肺癌，心脏肿大，住进三〇一医院。由于种种原因，耽误了诊断和治疗，1975年1月9日凌晨，病情骤然恶化。当蔡畅赶到病房时，李富春已停止了呼吸。她抚摸着富春的遗体，悲痛呼唤着：“富春啊！我来晚了！”李富春丧事办完后，蔡畅抑制住自己的悲伤，接见从各地来京奔丧的亲属，殷切地叮嘱他们，要学习富春的革命精神，化悲痛为力量，继承富春遗志，努力工作。

3月17日，蔡畅遵照李富春的遗愿，以夫妇两人的名义，把节省下来的工资连同银行存款利息一共10万元作为特别党费交给党组织。秘书请示蔡畅：要不要给孩子们留下一部分？蔡畅果断地说：“不，这钱是党和人民给我们的。富春去世了，我们应当把它交还给党和人民。孩子们要靠他们自己去劳动。”1977年4月8日，在富春逝世后两年，她第二次向党交纳特别党费3万元。她说：这3万元算不了什么，只表示一个老共产党员一颗心系祖国建设大业的心。

1975年6月15日，蔡畅到北京饭店理发，正好周恩来也去理发，两位老人高兴地相互问候。周恩来消瘦憔悴的面容引起了蔡畅的无限忧虑和不安。她诚挚地提出："总理，我们认识已50多年了，让大姐亲亲你好吗！"[①] 周恩来立即爽朗地回答："好啊！大姐，我们是老战友了，我也想亲亲你。"于是，他们像亲姐弟那样相互亲吻了面颊。在场的人，都为这种崇高的革命感情所感动，有的人眼泪都流出来了。不久，周恩来病重住院，"四人帮"禁止所有敬仰总理的人去探望，蔡畅也同样受到限制。她再也没有机会会见总理了。

1980年以后，蔡畅80多岁了，经常生病住院。她对在她身边的工作人员说："你们该离退休的可以回家休息，有条件升调的可以调到别的部门发挥更大的作用，我的生活组织上会照顾好的。"但身边的工作人员都不愿意离开，他们对蔡畅都有着深厚的感激之情。秘书秦毅敏生过一个孩子，孩子死了，秦毅敏多年不孕，后来听说怀孕了，蔡畅马上找来食堂管理员交代：快买只肥大的老母鸡，再买些鸡蛋、桂圆，煨汤给秦毅敏一人吃。秦毅敏生下小孩后，她爱人工作忙，照顾不过来，蔡畅就把帮助自己照料生活的陈嫂派去照顾秦毅敏母女，住在她家。炊事员张师傅的爱人有病，儿女都小，家境困难，蔡畅从她的工资中定期给张师傅补助。警卫员田立仁，年龄小，没文化，蔡畅亲自教他识字、写字，教他怎样给客人泡茶、送茶和接送客人应注意的文明礼貌。在她身边工作的秘书、警卫员、公务员、汽车司机、炊事员等，她都当一家人看待，常说："我们是一个革命大家庭。"对这个"家庭"每一个成员，她都关心备至，从而赢得了他们的信赖、爱戴和尊敬，即使在蔡畅、李富春遭"四人帮"迫害，身处逆境时，也不离开她。她的老炊事员已经70多岁，有一手好手艺，有的饭

---

① 中共中央许多领导同志包括周恩来在内，习惯地尊称蔡畅为大姐，实际年龄蔡畅比周恩来小。

店愿意高资聘用，他不去，每餐亲自动手给蔡畅做饭菜。蔡畅生病，有时大小便失禁，服务员总是耐心给她清洗得干干净净，保证她生活得舒适愉快。

1980 年 8 月，蔡畅积极响应中央关于干部“四化”的号召，主动申请辞去了全国人大常委会副委员长的职务；1982 年 8 月，中共十一届七中全会召开前，她又申请辞去党中央委员的职务。七中全会给蔡畅发了致敬信，信中说：“由于年龄和健康状况，您不能再参加即将召开的党的第十二次全国代表大会，也不能继续担任党和国家的领导职务。您的光辉的革命业绩，您的崇高的革命品德，将激励全党广大党员和干部，提高自己的历史责任感，同心同德，奋发图强，为共产主义的远大理想而努力奋斗！”蔡畅不再担任党和国家的领导职务，但她关心国家建设大业。那几年，她天天要秘书为她念文件、读报纸，重要的段落要反复听，早晚从没间断过听新闻广播。每当听到党和国家提出重大的符合国情的决策，了解到国家在某些方面取得重大成就时，她就容光焕发，由衷感到欣慰。

80年代末期，蔡畅病情日趋恶化，记忆力严重衰退。她平常爱唱的革命歌曲都不会唱了，唯独《东方红》这首歌颂毛泽东的歌词，还能记得起来，会唱。[①] 1990 年 9 月初，蔡畅病危前几天，在她生命火花很微弱的时候，还在小声唱着“东方红，太阳升，中国出了个毛泽东……”9 月 11 日凌晨，蔡畅，这位为中国妇女解放奋斗一生的先驱，与世长辞了。

---

① 蔡阿松：《蔡大姐永远活在我们心中》，《我们的好大姐蔡畅》，中央文献出版社 1992 年版。

范鸿劼

杨存厚

范鸿劼，1897 年出生于湖北省鄂城县一个职员家庭。在北京大学求学时，参加过五四运动、马克思学说研究会、共产党早期组织。中国共产党诞生后，任中共北方区委宣传部部长，主编《政治生活》周刊，组织领导北方革命群众反对帝国主义、反对军阀的斗争。1927 年 4 月被捕，28 日与李大钊等 20 人一起面对刽子手的绞架，镇定自若，从容就义。

一

范鸿劼，1897 年出生于湖北省鄂城县一个职员家庭，自幼受到良好的教育，深受胞兄范鸿勋和族兄范鸿江的影响。范鸿勋于清朝末年参加了湖北革命团体日知会，在 1905、1906 年，联合四旅栈以为各省党人会合之所。“辛亥首义前走宁、沪、京以达关外，所至以鼓吹革命为事，民国成立返鄂。”① 范鸿江于“辛亥春，被挑为保定入伍生队教官。武昌起义，他立刻纠合入伍生、队员生，南下参战”②。他们二人的革命活动，使少年的范鸿劼直接受到了“推翻专制、建立民国”的旧民主主义革命思想的熏陶。

范鸿劼初在家乡读私塾，1911 年考入黄州的一所“洋学堂”，1914 年小学毕业后考入武昌中华大学中学部，1918 年 8 月考入北京大学文预科。当时，北京大学校风较差，腐败陋习很深。师生中不少人追求物质享受，讲究吃喝玩乐，饱食终日，无所用心。学生中流行一种叫《消闲录》的日刊，系私人团体主办，专门鼓吹怎样过生活，宣扬最好的娱乐是听戏、捧名角。教师中也有人公开宣传混世主义，引导学生混文凭。针对这种情况，校长蔡元培倡导学生组织进步团体，于 1917 年亲自主持成立了进德学会。这个团体提倡生活简朴，号召会员不做官、不纳妾、不狎妓，以收移风易俗之效。范鸿劼响应蔡元培校长的号召，入校后便主动申请参加进德学会，并发誓坚决遵守“本会基本三条约”。由于他注重修养，认真读书，因而深得同学的信任，通过民主选举，初任班长，继任英文系学生会负责人。

---

① 中国人民政治协商会议湖北省委员会编：《辛亥首义回忆录》第 1 辑，湖北人民出版社 1957 年版，第 76 页。

② 贺觉非编著：《辛亥武昌首义人物传》（上册），中华书局 1982 年版，第 29 页。

1918年11月，为庆祝第一次世界大战和俄国十月革命的胜利，北京各校放假3天。北京大学还在天安门前搭起台子，举行讲演大会。参加大会的有北京各校男女生三万人[①]。这是北京学界，也是中国学界空前盛大的集会。蔡元培亲自主持讲演大会，先后发表两次演说，指出："此后的世界，全是劳工的世界呵！"[②] 李大钊也在北京各界于中央公园（即现在的中山公园）举行的集会上发表演说。他把欧战的结束同十月社会主义革命联系起来考察，指出，德国在战争中的失败，"是庶民的胜利"，"是资本主义失败，劳工主义战胜"[③]。范鸿劼聆听了蔡元培和李大钊的讲演，懂得了"劳工神圣"的基本道理，对十月革命也有了初步的了解。

1919年5月1日，巴黎和会中国外交失败的消息传到北京。当日晚上，北大学生代表在西斋饭厅召开紧急会议，决定5月3日（星期六）晚上在法科大礼堂召开全体学生大会，邀请北京各大专院校派学生代表参加。范鸿劼是这次会议的发起人之一。5月3日晚，他和北大的大部分学生参加了集会。会议由北大法科四年级学生廖书仓主持，推文科学生黄日葵、孟寿椿作记录，推许德珩起草宣言。大会最后决定次日上午在天安门前召开北京各校学生联合大会并举行大规模游行。会后，范鸿劼等爱国学生通宵达旦赶做旗帜，书写标语，草拟传单。

5月4日，北京十几所学校的学生3000余人，手持小旗，高呼"取消二十一条"、"还我青岛"、"外争国权，内惩国贼"、"宁为玉碎，勿为瓦全"等口号，冲破军警阻拦，齐集天安门广场。北大学生代表登上一张方桌，宣读了《北京学生界宣言》。宣言中写道："中国的土地可以征服而不可断送！中国的人民可以杀戮而不可以低头！国亡了！同胞们起来呀！"然后，举行浩浩荡荡的示威游行。范鸿劼参加了集会游行。

在五四运动的暴风雨中，北京大学学生干事会宣告成立。干事会内设

---

① 1918年11月16日《申报》。

② 《劳工神圣》，《蔡元培选集》，第65页。

③ 《庶民的胜利》，《李大钊选集》，第110页。

总务、文书、交际、会计、庶务、纠察、讲演等股。范鸿劼负责总务股，主要任务是筹集活动经费。经过他的动员，许多学生踊跃捐款，很快筹资“达数千元”[①]。与此同时，范鸿劼还积极参加了营救被捕学生的活动。当蔡元培校长“引咎辞职”时，范鸿劼又在李大钊教授指导下，投入挽留蔡校长的斗争。

1920年初，天津学生为反对日本帝国主义而遭到反动军警镇压，被捕多人。消息传到北大，范鸿劼等立即以学生会名义发出“万急通告”，并召开学生代表会议，决定以罢课、外出大讲演来声援天津被捕学生。2月4日，当范鸿劼带领几十名学生在前门讲演时，反动军警驱赶、殴打学生。范鸿劼等当场被捕，是夜被押送到卫戍司令部。消息传出，蔡元培等北京大专院校校长联名呈文质问教育部，指责军队逾越常规。在群众舆论的强大压力下，反动军警才不得不全部释放被捕学生，范鸿劼亦重新获得了自由。

二

1920年3月，邓中夏、罗章龙、范鸿劼在李大钊、陈独秀的支持下，在北京大学成立了马克思学说研究会。这是我国最早出现的“以研究关于马克思派的著述为目的”的革命团体。

1921年11月17日，《北大日刊》公开登载了由邓中夏、罗章龙、黄日葵、范鸿劼等19人联名的《北京大学发起马克思学说研究会启事》。《启事》声明：“马克思学说研究会，以研究关于马克思派的著述为目的”；欢迎对马克思派学说研究有兴趣的和愿意研究马氏学说的人踊跃参加，并详细介绍了入会手续和办法。这一《启事》刊出后，报名者甚为踊跃，仅一个多月的工夫，会员便增至50余人。随后制造了新会章，并改选了干事

---

① 1919年5月6日北京《晨报》。

会，黄绍谷、范鸿劼、李骏、王有德 4 人当选。干事会的主要任务是：(1) 搜集马克思和恩格斯的中外文各种版本图书。据统计，到 1922 年 2 月，“已有西方书籍四十余种，中文书籍二十余种”。(2) 组织讨论会。会员分组活动，每星期六晚开一次会，探讨马克思学说的一些观点及其精神实质。如唯物史观、阶级斗争、剩余价值、无产阶级专政、暴力革命等。(3) 召开讲演会。每月终开一次，邀请名人学者教授演讲。如李大钊在北大第二院礼堂给会员作了唯物史观、马克思经济学说的讲演。(4) 编译、印刷马克思、恩格斯的有关著作。据罗章龙多次回忆，他们将搜集到的德、英等外文版的《共产党宣言》分头翻译，范鸿劼负责英文组，并兼任该会图书经理；罗章龙是研究会的第一任书记，并负责德文版本的翻译。

在参加马克思学说研究会活动的过程中，范鸿劼还先后参加了北京的共产党早期组织和社会主义青年团的活动。北京的共产党早期组织是 1920 年 10 月成立的。据罗章龙多次回忆说：“北京共产主义小组最初的成员有：李大钊、张国焘、罗章龙、刘仁静、李梅羹等人。后来加入的有邓中夏、高君宇（即尚德）、范鸿劼、缪伯英、吴汝铭、王仲一、宋天放等。当时我们已明确几点：第一，我们是信仰马克思主义的；第二，我们是拥护俄国十月革命的；第三，我们是要搞工人运动的。在这三点上，我们与无政府的看法有根本的不同。”[①] 1920 年 11 月底，北京的共产党早期组织举行会议，决定建立中国共产党北京支部。李大钊被推为书记，张国焘负责组织工作，罗章龙负责宣传工作。与此同时，“在李大钊的指导下，由邓中夏、罗章龙、刘仁静、张国焘等负责发起组织社会主义青年团。青年团的第一次会议是在北京大学的学生会办公室举行的。参加会议的有邓中夏、高尚德、何孟雄、缪伯英、罗章龙、刘仁静、李实、罗汉、朱务善、黄日葵、李骏、杨人杞、范鸿劼、吴汝明、王有德、高崇焕、周达文、刘维汉、黄绍谷、郑振铎等 40 人左右。当时他们都是北京各大专院校学习马克思主

① 罗章龙：《椿园载记》，三联书店 1984 年版，第 77 页。

义、积极参加爱国运动的活动分子。会上，张国焘致开幕词，北京大学学生会负责人高尚德当选为书记，北京社会主义青年团正式成立”①。

1921年7月，中国共产党正式成立。北京大学的党组织，亦是中国共产党的北京第一个支部。范鸿劼是这个支部中的活跃分子。他常和邓中夏、罗章龙等深入工人之中，宣传马列主义、办夜校，帮助工人提高文化水平和阶级觉悟，以推动北方工人运动的发展。

1922年8月，范鸿劼和高君宇等根据中共组织的指示，在北京发起成立了民权运动大同盟，以便同国民党及其他社会团体和爱国人士结成反帝反封建的联合战线。在北京民权运动大同盟的筹备会上，高君宇、缪伯英、蔡和森、范鸿劼、刘仁静等8人被选为筹备员，负责起草章程、筹备成立大会等各项事务。② 接着，即以北京民权运动大同盟的名义，在报上发表了《启事》，宣告了“凡有志民权运动的兄弟姊妹都一律欢迎”③。8月24日下午，在北京大学三院大礼堂召开成立大会，到会者400余人。范鸿劼参与和组织了这次大会，推动了北方民权运动的发展。

中国共产党第一次全国代表大会后，中共中央决定成立北京区委、广东区委、江浙区委、湖北区委、湖南区委等，以便更好地领导各地中共组织的工作。

北京区委的组织有个由简到繁、其管辖范围由小到大的演变过程。开始称北京区委，领导北京、唐山、石家庄等顺直地区的中共组织。据1922年6月30日中共中央执委会书记陈独秀给共产国际的报告称，全国有共产党员195人，其中“北京二十人”。1923年11月24日至25日召开的中国共产党第三届第一次中央执行委员会会议文件记载：京区方面“现范、高亦甚努力”，“自韦青云为王正廷收买，造谣损坏范、高二同志在学生会的信用，并借以使学联分裂，此项工作吾人应急加入得力分子去整顿”④。这

---

① 李新、陈铁健主编：《伟大的开端》，中国社会科学出版社1983年版，第355～356页。

②③ 1922年8月21、25日北京《晨报》。

④ 《中国共产党党报》第1号。

段北京区委的报告内容，不仅反映了范鸿劼认真负责的工作；而且他在学生会中居于左翼势力，因而常受右翼学生干部的攻击、造谣中伤，亦说明他革命的坚定性。

1924年5月召开的中国共产党第三届第三次中央执行委员会会议文件记载：北京区委，3月8日改组，李大钊任委员长，蔡和森任秘书，张昆弟任工农部部长，何孟雄任国民运动委员会秘书，范鸿劼任会计。

1925年秋，中共北京区委改称中共北方区委，李大钊仍任书记，范鸿劼任宣传部部长，主编区委机关报《政治生活》。这时区委领导的地区，除京、津等顺直省地区外，还包括河南、山东、山西、陕西、东北、内蒙古和全国各条铁路。据1926年12月5日中央局报告称，北方区有共产党员2069人，北京有400余人，大部是三一八以后加入的，多是知识分子，“北方区所辖地面太大，近已将东三省完全划除由中央直辖，以后西北亦可自成一区”①。

中共北方区委的机关刊物《政治生活》，创刊于1924年4月27日。发刊旗帜鲜明公告：“本刊的使命，便是要领导全国国民向奋斗反抗的政治生活走!”② 该周刊初创时赵世炎曾任主编，主要撰稿人蔡和森、罗亦农、高君宇、范鸿劼等。当范鸿劼任中共北方区委宣传部部长后，主编《政治生活》的责任就落在他的身上。他用一鸿、鸿的笔名写了不少宣传马克思主义、反对帝国主义、反对军阀的文章。如1926年1月20日“纪念列宁专号”中，范鸿劼赞扬了列宁的丰功伟绩。他撰写的《不平等条约一览》一文，连载《政治生活》周刊10余期。

---

① 中央档案馆编：《中共中央政治报告选辑》（1922—1926年），中共中央党校出版社1981年版，第122页。

② 《政治生活》第1期，1924年4月27日。

三

1924年国共合作的统一战线建立后，根据中共中央指示，范鸿劼以个人身份参加了国民党，成为重建国民党北京特别市党部的积极分子。他认真从事国民党老党员的重新登记工作，竭力发展国民党新党员，努力宣传孙中山先生联俄、联共、扶助农工的三大政策。1924年12月，高君宇陪同孙中山到达北京。高君宇约范鸿劼、赵世炎共同筹划国民会议促成会，范鸿劼欣然同意。1925年3月1日，在北京召开了国民会议促成会第一次全国代表大会，推动了国民革命运动蓬勃发展。

1926年1月，中国国民党第二次全国代表大会在广州召开。到会代表256人，其中共产党员占100人左右。范鸿劼作为北京特别市的代表出席大会，并担任宣传报告审查委员会委员。在讨论《中央党务报告决议案草案》关于国共合作条款时，国民党右派提出，共产党应公布所有组织及其党员名单。范鸿劼和毛泽东等一起，坚决反对。他旗帜鲜明地说，“共产党员负有两种革命的担子，一是国民革命，一是共产主义。我们现在只有问他是否实行国民革命，其他秘密组织和信仰不必问及，只要问在这种政策之下，是否应该合作？不必横生枝节”①。针对一些朋友惧怕国民革命成功后，会推翻国民政府、实行无产阶级专政的忧虑，范鸿劼笑着说：“早哩，早哩，中国的无产阶级专政……走罢，大家携着手前进”。会议期间，范鸿劼还担任海外国民党党部代表发言的翻译。

1926年初，全国人民展开了反对日本帝国主义、反对军阀张作霖的斗争。中共北方区委团结国民党左派，组织和领导了多次国民示威大会。1月初，范鸿劼发表了《起来，打倒万恶的日本帝国主义》一文。他首先指出，五卅惨案的起因，“是由于日本人在上海、青岛对中国同胞的虐杀”；

---

① 《政治生活》第63期，1926年1月6日。

接着，揭露了日本帝国主义与奉系军阀张作霖互相勾结、狼狈为奸的罪行，文章号召广大民众起来，“打倒万恶的日本帝国主义，联合革命的武力以驱除恶魔！”① 3 月 14 日，北京举行了 30 万人参加的反日大会。17 日，北京各学校、各团体代表召开紧急会议，决定于 18 日在天安门前召开国民大会。会后分为两组，分别到外交部和国务院请愿。李大钊率领赵世炎、陈乔年、范鸿劼等 100 余人，到国务院去见段祺瑞和贾德耀（国务总理）。守卫不许进去，并用刺刀刺伤多人，更加激起了群众的愤怒。

3 月 18 日，北京总工会等 200 多个团体，10 余万群众，齐集天安门广场，举行反帝示威大会。李大钊是大会主席之一。他发表演说，号召大家用五四的精神，五卅的热血，反抗帝国主义的侵略、反对军阀的卖国行为，并组织了 2000 多人的请愿团。范鸿劼也是请愿团的领导人之一。当李大钊、范鸿劼等率领请愿团走到执政府的东辕门时，突遭反动军警袭击，一时血流满地，死者 47 人，李大钊和范鸿劼等 199 余人受伤。

三一八惨案后，北京一片白色恐怖。北洋军阀政府命令京师警察总监“严速查拿”李大钊、范鸿劼等人。同志们曾劝李大钊、范鸿劼到南方工作，以便“逃出虎口”。但李大钊、范鸿劼不顾个人的安危，仍坚持继续在北方区委工作。3 月底，李大钊和范鸿劼把国共两党在北方的领导机关都迁入东交民巷苏联大使馆旁边的旧俄兵营内，秘密领导两党在北方的工作。

由于敌特伪装工友打入内部，并诱使在李大钊身边工作的李渤海叛变，因此，很快摸清了李大钊、范鸿劼等人的情况。1927 年 4 月 6 日，新上任的“安国军”总司令、原奉系军阀头目张作霖，不顾国际公法、国际惯例，悍然下令调动大批军警，闯进苏联大使馆驻地旧俄兵营内，逮捕了李大钊、范鸿劼等革命志士和革命群众 60 余人。据 1927 年 4 月 7 日北京《晨报》报道：“昨日军警包围、搜查共产党大本营，逮捕中俄男女六十

① 《政治生活》第 63 期，1926 年 1 月 6 日。

名，搜去手枪、炸弹、文件数车。李大钊、路友于、范鸿劼等被捕。”

范鸿劼入狱后，在敌人的严刑拷打面前，坚不吐实，始终没有泄露共产党北方区委组织的秘密，而是慷慨陈词，极力宣传爱国无罪，反对帝国主义、反对封建军阀有功的政治主张。

反动派见一切手段都不能征服李大钊、范鸿劼等共产党人和国民党左派，于是决定对他们下毒手。1927 年4 月28 日，刽子手将李大钊、范鸿劼等20 人一齐绞杀。

李大钊、范鸿劼等英勇就义后，中共中央机关报《向导》周刊发表悼念文章，称赞李大钊等20 人是“最勇敢的战士”，将为中国人民“牢记不忘”。

严图阁

曾长秋

严图阁，生于 1903 年。土地革命战争时期湘鄂赣苏区一位叱咤风云的人物。他在宁都起义后参加革命，先后担任红十八军军长、湘鄂赣省军区参谋长和司令员，1936 年为坚持南方三年游击战争献出了宝贵的生命。

一

严图阁，河南省沈丘县刘庄店人，1903 年 9 月诞生在一户普通农民的家庭。①

沈丘地处豫皖边境，颍河横贯全县，一马平川，十年九涝。严家虽有祖遗耕地 10 余亩，但土质贫瘠，产量不高。其父亲辛勤耕作，母亲整日纺纱，全家仍不得温饱。②

严图阁是家中长子，自幼下地帮父亲干活。他听到村头小学的琅琅书声，往往发愣，忘记了手上的活儿。父母不忍儿子再三央求，便节衣缩食，在他 9 岁那年，送他入刘庄店小学堂启蒙。他深知家境艰难，求学不易，读书格外发奋，3 年后跳级考入沈丘县立高小。1918 年，15 岁的严图阁考取百里之外的淮阳县立中学，他扛着一个铺盖卷，徒步走到学校。可是，由于家乡连续两年遭灾，收成大减，家庭经济不支，他被迫于 1920 年春辍学。③

水灾过后，豫东平原洼地很多，盐碱严重，农业生产很难恢复，不少人离乡背井，逃荒要饭。严图阁已长成一条汉子，毕竟又是个读书人，不愿与难民为伍。他打听到驻开封的冯玉祥部第十一师招兵，为了谋一条生路，征得父母同意后，于 1921 年冬外出投军。④ 他先在第十一师学兵连当兵，不久，因冯玉祥在直皖战争中打败段祺瑞，便将学兵连由河南调往河北整训。冯玉祥治军纪律严明，不讲情面，使许多人忍受不了，加上这支队伍是从西北远道而来的，粮饷征集不易，待遇十分低下。一些士兵吃不了这份苦，不断开小差离去。可是，严图阁很崇拜冯玉祥，认为他跟其

①② 作者在中共河南省委党史研究室和沈丘县委党史办公室的调查笔记。

③④ 中共沈丘县委党史办公室：《严图阁烈士传略》，未刊稿。

他军阀不一样，能以民众为“衣食父母”，比较体恤民情。如吃饭的时候，冯玉祥就要问大家：“我们吃的饭是谁给的?”士兵们齐答：“民众给的!”严图阁佩戴着冯玉祥发给全师有“不扰民、真爱民、誓死救国”字样的臂章，精神上受到鼓舞，硬是从苦难磨炼中挺过来了。他对出操、演习、抬土、筑城等规定学兵的训练科目，都认真完成。他不爱多说，办事踏实，为人稳重，又有一定的文化知识，能为官长和士兵写信念报，赢得了上下欢迎。

从学兵连出来，严图阁随冯玉祥转战，担任过班长、排长、连长。1924年10月，冯玉祥部发动北京政变，推翻贿选总统曹锟，严图阁第一次到了北京。不久，他由鹿钟麟将军带领，把清朝末代皇帝溥仪驱逐出紫禁城。他严厉管教士兵，不许动故宫的一草一木。北京政变后，冯玉祥电请孙中山和各派系军阀进京“共商国是”，严图阁也一度兴高采烈，以为看到了中国的希望。可是，冯玉祥的建国希望很快破灭，北方各派系军阀携手击溃了冯玉祥的国民军第一军。严图阁随部退出北京，参加了南口战役，最后退到了内蒙古“风吹草低见牛羊”的大草原上。

1926年9月，冯玉祥从苏联回国，召集旧部成立国民军联军总司令部，响应广东国民政府发动的北伐战争，在绥远省五原县举行了誓师大会。严图阁受到国民革命高潮的感染，精神振奋。出征前，全体国民军联军将士集体加入了国民党，严图阁也是其中一员。刘伯坚、邓小平、萧明等从苏联派回的共产党员，随军做政治工作，给了严图阁等官兵很深的印象。国民军联军从五原出师，连下银川、兰州、平凉、乾州、咸阳数城，进入古城西安。1927年春，严图阁又随军东出潼关，转战河南，一直打到他6年前的投军地——开封，有力地策应了南方北伐军的进军。

不久，蒋介石、汪精卫相继背叛革命，冯玉祥极力促成宁汉合作，反对共产党。但是，冯玉祥与蒋介石也有矛盾，为争中原地盘，于1929年5月爆发了蒋冯大战。严图阁在第二集团军手枪旅任营长，这是冯玉祥的精锐卫队，每人均配有长枪、短枪和马刀，战斗力较强。他们在旅长季振同的指挥下，在陇海线上的开封、商丘一带抗击蒋军。1930年，蒋冯阎中原大战爆发，冯玉祥联合阎锡山、李宗仁等军阀部队共同倒蒋，把战线拉得更长。由于兵力不够，冯玉祥不得不把卫队也拉上去投入战斗。有一次，严图阁率大刀队夜袭商丘，杀得蒋军血肉横飞。混战中，他见蒋军一个军官举枪瞄准了季振同，立即手起刀落，将那个军官手臂劈断。事后，季振同挑选了一支英国造的手枪赠他，感谢他的救命之恩。尔后，这支手枪伴随他战斗了一生。

尽管这样冲冲杀杀，他静下来一想，总感到军阀混战，遭殃的是老百姓，使他内心充满了苦闷和彷徨。

由于冯玉祥战败，被迫下野，其部在非常苛刻的条件下被蒋介石改编为第二十六路军。第二十六路军由孙连仲统领，辖第二十五、二十七两师。其中第二十五师的第七十三、七十四旅是主力，分别由董振堂、季振同任旅长。严图阁在第七十四旅第一团第三营任营长，官兵仍有盒子枪、马枪、大刀三件兵器，是第二十六路军最有战斗力的部队。该团的正、副团长黄中岳、苏进均是日本士官学校毕业生，另外两个营长是卢寿椿、孙士荣，他们与严图阁一样，都是行伍出身的知识分子，关系十分密切。

二

1931年1月，蒋介石施行消灭异己的政策，命令第二十六路军开往江西苏区“剿共”。

第二十六路军驻扎的宁都是座孤城，坐落在赣江支流梅江的西岸。两座木桥横跨江面，出城10里就是游击区。宁都四周都是苏区，有一条公路通往南昌，这条唯一的交通线经常受到红军和游击队的袭扰，给养非常困难。加上第二十七师一个旅已被红军歼灭，第二十六路军士气低落，不断有人开小差。[①]

时隔不久，九一八事变发生，中日矛盾上升，第二十六路军官兵开始发出“回北方，打日本”的呼声。同时，他们对到处可见的“打土豪，分田地”的标语感到说出了自己的心里话，纷纷私下议论：“咱们能分到田就好了。”在这种情况下，共产党派王超、刘振玉、袁汉澄（袁血卒）、李肃等人在第二十六路军开展兵运工作。他们发展了总指挥部参谋长赵博生入党，联络了包括季振同、董振堂在内的一批官兵，准备发动武装起义。[②]

红军连续粉碎国民党军的三次“围剿”后，1931年11月7日，中华苏维埃共和国中央工农民主政府在瑞金成立，苏区军民斗志高昂，声威大震。第二十六路军总指挥兼第二十五师师长孙连仲和第二十七师师长高树勋不愿困守宁都，长期吃苦，更害怕战败当俘虏，无脸见人，便借口养病，住到上海去了。在宁都的军官，除代理指挥李松昆等少数人外，多不愿与红军打仗。中共地下党员还在士兵中做了许多策反工作，并教唱歌曲：

红军来了，缴枪吧！
每人三块大洋，回家吧！
红军来了，都欢迎，
打倒卖国奸臣回北方。
红军来了，齐欢唱，
打倒日本军阀，得解放。[③]

严图阁看到红军留下的标语，听到俘虏兵回来后对苏区的宣传，加深了对共产党和红军的了解。早在五原誓师时，他就背诵过“国民革命之目

①② 作者对中共宁都县委党史办公室和宁都起义纪念馆的访问记录。
③ 袁血卒：《忆宁都暴动》，《回忆宁都起义》，人民出版社1982年版，第41页。

的，以国民党之主义，唤起民众，铲除卖国军阀，打倒帝国主义，以求独立自由，并联合世界上以平等待我之民族共同奋斗”的誓词，对国民军联军政治部副部长刘伯坚等共产党员深表佩服。国民党背叛革命，成为勾结帝国主义的新军阀，使他失望。这时，他听说刘伯坚在苏区，联想起北伐战争期间与共产党人相处的难忘岁月，萌发了投奔苏区当红军的念头。

一天晚上，他与几个军官在团部喝闷酒，大家窝了一肚子气，不约而同地骂了起来。他们骂蒋介石推行“攘外必先安内”的政策，借刀杀人；骂张学良奉行不抵抗主义，将东北拱手让给日本；骂南京政府把西北军当牺牲品，克扣第二十六路军粮饷。黄中岳已和季振同、董振堂串通好，与中共地下组织有往来，此时故意气冲冲地说：“搞不好，老子把队伍拉到山上去。”严图阁本来与他们无话不谈，立即补充：“上山作土匪，不如当红军。”如捅破了一层纸，把在座其他军官到嘴边的话说出来了，他更加得到季振同、黄中岳的信任。

他们在宁都驻防半年，没有出城与红军打过一仗，还利用电台收听红色中华的广播。为了敷衍南昌行营，经常编一些假情报从电台发出。南昌行营主任何应钦开始信以为真，同意他们相机行事，后来察觉他们是虚报军情，借故避战，便发起火来，电令第二十六路军总指挥部“立即进剿，不得有误”。恰在这时，中共第二十六路军地下组织派王超去南昌接关系，误入特务机关。南昌行营得知真情，向宁都拍发十万火急电报：“严缉刘振玉、袁汉澄、王铭亚三名共匪分子”，还派飞机到宁都上空，放入了蒋介石“清查军中反动分子”的手令。时迫事危，中共地下组织立即派人请示中共苏区中央局和中革军委，作出了宁都起义的决定，推选赵博生、董振堂、季振同、黄中岳等军官公开出面领导起义，并以严图阁的第三营为主力。

12 月上旬，第二十六路军的两万套冬衣和 11 月份的薪饷已运到广昌，不日即可来宁都。起义领导人主张推迟起义，争取给全军发了军衣和薪饷再去当红军。因此，赵博生等一面给南昌行营复电，对隐藏军中的“共党分子”立即“遵令逮捕，速解南昌”；一面加紧准备起义。严图阁命令第三营官兵“兵不离班，枪不离手，随时准备紧急集合”。晚上，他还要大家“不要解开包袱毯子，和衣而卧，枕戈待旦，以备万一”。

紧张的气氛延续到12月14日下午，严图阁老是掏出怀表看时间，觉得时间走得特别慢。下午两点钟，他接到了旅部的通知，去参加第七十四旅营以上军官会议。旅部设在宁都县衙东侧，有一个较大的院落。季振同主持了会议，他神情严肃地宣布起义。严图阁随之表态：“行！没别的出路了，遵照旅长的办！”季振同下达了具体任务：曹金声、吴子罕率第二团对全城戒严；黄中岳、苏进率第一团包围县衙和李松昆的指挥部，并由严图阁带第三营先去接替总指挥部特务营的防务。

下午4时，赵博生在总指挥部“宴请”团以上军官。宁都给养困难，生活很苦，大家听说参谋长请客，有炮台烟、白兰地酒，还有水果……来得很齐。先来的一边摸麻将，一边等客赴宴。据苏进（新中国成立后任炮兵副司令员，授中将军衔）回忆这天的情况：“总指挥部设在一座两层楼的西式教堂里，营长严图阁率第三营其余部队（缺机炮连），和平时练习跑步一样，来到总部驻地周围，秘密而迅速地把总指挥部包围得水泄不通。这时，那些团长、旅长们，身后跟着传令兵，或者骑兵，或者步行，神气活现地前来参加总部为他们举行的‘宴会’。……严图阁从旁边看见他们一个个趾高气扬地走进总部大门，就像猎人盯着猎物落进了自己埋伏的圈套，甭提心里有多高兴了。”①

开餐了，大家正满面春风，举筷夹菜。严图阁派第九连焦连长带人上楼，把枪口对准了宴会厅，演了一出“杯酒释兵权”的好戏。那些军官还以为士兵们饿坏了，有意扫他们的酒兴，刚想板起脸训斥一顿，却听到宣布：“你们被逮捕了！”与此同时，严图阁自己率第七连包围了楼下和走廊上的护兵，卸了他们的枪，把他们赶到厅屋里看管起来。不出半个小时，

---

① 苏进：《从黑暗走向光明》，《回忆宁都起义》，第53页。

一枪未发，兵不血刃，总指挥部的战斗就结束了，严图阁率第三营为宁都起义的胜利立下了头一功。

另外，卢寿椿率第一营解决了驻苏家祠堂的第二十五师师部，孙士荣率第二营去包围南门口的第二十七师师部。整个起义进展非常顺利，做到了“一呼百应，秩序井然”，和平时的演习一样。第二十六路军除代理总指挥李松昆翻墙逃掉，以及驻宁都城外石上村的一个团因路远未能参加外，全军1个军直、2个师直、6个旅直、11个整团，携带2万多件轻重武器，集体参加了起义。

苏区军民在固厚举行了隆重的欢迎会，刘伯坚在会上引用列宁关于“起义是一种艺术”的话，高度赞扬宁都起义的巨大成功。他和萧劲光还分别代表中央工农民主政府、中革军委宣布：授予起义部队中国工农红军第五军团的番号，任命季振同为军团总指挥，董振堂为副总指挥兼第十三军军长，赵博生为军团参谋长兼第十四军军长，黄中岳为第十五军军长。从此，红军又一支坚强的战斗部队迎着革命的风暴光荣地诞生了。当晚，红色首都瑞金的电台还向全国广播了这一震撼人心的消息。

三

宁都起义后，新成立的红五军团开赴瑞金整训，中革军委还给红五军团派来了刘伯坚、萧劲光、何长工、黄火青、左权等政治工作干部。有一些军官对参加红军缺乏思想准备，不愿意留在苏区。部队组织他们在瑞金参观后，发路费和路条准其回家。严图阁甩掉了大盖帽，换上了红军的八角帽和灰布军装，表示要革命到底，他留下来在第十五军任师长。[①] 1932年初，他在瑞金附近的九堡，由左权、高自立介绍，参加了中国共产党。[②] 军政委左权勉励他：“从今以后，你是无产阶级先锋队的一员，革命利益

①② 苏进对中共沈丘县委党史办公室访问者的谈话，未刊稿。

就是第一生命。”左权还送给他几本介绍马列主义和苏区红军的小册子，帮助他从一名旧军官转变为红军指挥员。

3月初，中革军委从红五军团抽调了严图阁、谭凤鸣等军事干部，随苏区中央局派往湘鄂赣苏区的代表团，在团长林瑞笙、副团长陈佑生的率领下，从瑞金出发，经过10余天跋山涉水，抵达中共湘鄂赣省委驻地——江西修水县上杉村。一起到达的，还有湘鄂赣省出席瑞金全国苏维埃第一届工农兵代表大会的成员孔荷宠、刘建中、徐洪等人。不久，在上杉又成立了湘鄂赣省军区，以孔荷宠为司令员、林瑞笙为政委、严图阁为参谋长、刘学昊为政治部主任①，直接指挥红十六军及地方武装作战。

3、4月间，中央代表团按王明“左”倾错误领导的意图，改组了中共湘鄂赣省委和省苏维埃政府，增选严图阁等14人为省苏维埃政府执行委员。执委会以王显德为主席，刘建中、彭德怀（已率红三军团去中央苏区）为副主席。鉴于敌情严重，省级机关由修水县上杉迁往万载县小源，加紧进行反“围剿”的动员和准备。

为配合中央苏区的第四次反“围剿”斗争，6月12日，湘鄂赣独立第一、二师和红十六军联合进攻铜鼓县丰田镇。丰田在铜（鼓）浏（阳）边境，大围山东麓，打好这一仗，可以影响湘赣两省。这是严图阁调湘鄂赣军区后指挥的第一仗，他提出的“围点打援”策略在战斗中获得了成功。他命令独立第一、二师围攻丰田附近的排埠，以调动国民党军去救援，然后由红十六军在途中打伏击。两支人马派出去后，他将前线指挥部设在两地之间的鹅公山，随时了解情况，协调部署。战斗打响后，他从远处传来的枪声中判断：“排埠已被打下来了！”便派人通知红十六军：“立即作好打援的准备。”又命令独立第一、二师：“赶快乘虚进攻丰田。”过了一会儿，两处枪声大作。他仔细辨明枪声，嘘了一口气，对周围的人说：“好了，丰田也打下来了。”周围的人感到吃惊，既没有接到报告，用望远镜

① 李宗白：《关于湘鄂赣省的工作报告与过去所犯的错误及其责任》（1932年），存湖南省档案馆。

又不能看到，参谋长怎么会知道已经打下了丰田。不久，丰田方面的报告送到，证实了严图阁判断的正确性，大家由衷地感到佩服。① 此役，独立第一、二师连克两镇，红十六军打援也战果显赫，共缴步枪300多支、机关枪6挺。为此，指战员们都称严图阁是“神机军师”。

接着，严图阁率部转战湘东赣西，伺机打击国民党军。10月，其部一举攻占靖安县城，缴获了大量银饷和布匹，受到群众的拥护和欢迎。

1933年初，湘鄂赣省发出《为成立红六军团告全省工农劳苦群众书》，决定按中革军委统一颁发的编制，重新组合湘赣、湘鄂赣两省红军部队。具体方案是：将湘鄂赣省红十六军（后改红十六师），湘赣省红八军（后改红十七师），湘鄂赣独立第一、二师合编的红十八军（后改红十八师）合组红六军团。红十六军和红八军早已成立，红十八军的组建任务就由中共湘鄂赣省委托严图阁承担。2月10日，湘鄂赣省在浏阳县小河乡田心村召开了红十八军的成立大会。会场布置在清溪湾牛形下山坳，山麓搭了一个木板台，牌楼两边挂着“扩大百万铁的红军”和“庆祝红十八军成立”的大幅标语。台上坐着中共湘鄂赣省委、省苏维埃政府和省军区的负责人，台下的草地上站着3000多名穿灰布军装的荷枪战士。当地群众围在四周敲锣打鼓放鞭炮，表示热烈祝贺。红十八军由严图阁兼军长，原独立第一师政委徐洪任军政委。② 严图阁代表全军指战员讲话：要在反“围剿”斗争中“打出红十八军的威风，创造红十八军的业绩”。

3月上旬，中革军委命令湘鄂赣红军沿锦水向东行动，进逼南昌，援助中央苏区的反“围剿”斗争。湘鄂赣省军区将红十六、十八军和鄂东南红三师（即湘鄂赣独立第三师）共2.5万人，集中于万载县高村誓师，摆出一副进攻南昌的阵势。4月初，部队进抵宜丰县港口，打掉国民党军罗霖第七十七师一个团又一个营。此役，红十八军担任主攻任务，遇上了重机枪火力的阻挡，阵亡了团长潘益霜。严图阁命令停止强攻，布置了第二

---

① 吴泳湘：《战斗在湘鄂赣的红十六师》，《湖南党史通讯》，1982年第12期至1983年第3期连载。

② 《湖南省志》第1卷：《湖南近百年大事记述》，湖南人民出版社1979年版，第660页。

天拂晓的偷袭战术，从而顺利地拿下了港口。

港口之役后数日，国民党军第十六师师长彭位仁派旅长陈铁侠率两个团从浏阳进犯万载，威胁湘鄂赣省驻地小源。严图阁接到情报，率部星夜折回，与敌会战于株木桥。当时，大雨滂沱，路隘泥深，双方兵力不能展开，对阵了两天一夜，传来一个消息：敌人援兵迫近，红军有被包围的危险。严图阁当机立断，撤出正面战斗，率红十八军冒雨打援，出其不意地在小洞设伏，歼灭国民党军第六十二师陶广部1个营。

6月16日，红十六、十八军在小源集结，正式改编为红六军团的第十六、十八师。嗣后，红十八师由师长兼政委徐洪率领，南下永新，去湘赣省协同红十七师作战。严图阁离开了这支他亲手组建的部队，留在湘鄂赣省仍担任省军区参谋长。他与红十六师师长高咏生挑起了保卫湘鄂赣省苏区的重任，并发动了破坏南（昌）浔（浔阳，即九江）铁路的战斗。南浔铁路是蒋介石“围剿”中央苏区的一条主要运输线，中共苏区中央局和中革军委对此役很重视。红十六师出征时，于11月中旬收到了第二次全国苏维埃代表大会赠的锦旗，上书“坚强苦战”4个大字。严图阁和高咏生当即指示：要以这4个字为主题谱写一首军歌，在全师教唱。师政治部当晚就赶写了这首军歌：

全苏大会赐我旗：“坚强苦战”。
鲜红旗帜招展兮，光荣灿烂。
几年艰苦血战兮，精神不变。
今后如何贯彻兮，工农利益。
坚强苦战，光荣灿烂，万岁，万万岁！①

全师指战员情绪高昂，摩拳擦掌。他们在严图阁、高咏生的指挥下，

① 《湘鄂赣苏区史稿》，湖南人民出版社1982年版，第213页。

转战万载、宜春、分宜，连续打了几个胜仗。然后，沿袁水东进，经新余入高安，在灰埠打垮敌两个团，乘胜攻克清江县临江镇，进抵南昌近郊万寿宫。国民党军为保南昌，急派飞机对红十六师狂轰滥炸。红十六师猝不及防，受到一些损失，严图阁在指挥防空时，被弹片炸伤。[①] 红十六师退入奉新县九仙汤山区，与萧克领导的红十七师会合。1934 年 2 月，两支部队协同作战，取得了宜丰县黄沙之役的胜利，歼敌第十八师朱耀华和第六十二师陶广部各 1 个团，并击伤敌旅长钟光仁。不久，红十七师南返湘赣根据地，严图阁率红十六师护送到萍乡，然后回到小源，迎击空前激烈的第五次反"围剿"战争。

四

由于省委书记林瑞笙执行中共苏区中央局的指示"发生偏离"，加上省军区司令员孔荷宠、政治部主任刘学昊先后叛变，苏区中央局决定改造湘鄂赣省，派陈寿昌、徐彦刚等赴湘鄂赣苏区担任省委和省军区的主要负责人。

1934 年初，国民党通过叛徒了解到湘鄂赣根据地的军事部署，派第十六师彭位仁部占领排埠，使小源失去了西部屏障。军区司令员徐彦刚率独立团反攻排埠，受挫而返。敌军又趁势夺取了高村、株木桥，步步进逼苏区腹地，直接威胁小源，迫使省级机关撤退到铜鼓县幽居村。这时，严图阁刚率红十六师从南浔线返回苏区，阻击敌人的追击。由于敌人来势凶猛，红十六师便保护着省级机关继续向修（水）铜（鼓）宜（春）奉（新）边境的龙门山区转移。

5 月，国民党军第五十、三十三、二十六师及修水县保安团 3 万余众一齐扑向修水河西岸。为了掩护省级机关突围，红十六师东拼西杀，牺牲

---

① 中共岳阳地委党史办公室：《湘鄂赣根据地大事记》，未刊稿。

惨重。师长高咏生阵亡，队伍基本上被打散。

严图阁断后掩护，见省级机关突出重围，心里悬起的一块石头总算落地。为了把敌人吸引到自己的方向，他带领一部分战士边打边撤，一直退到鄂东南，与方步舟领导的独立营和谭凤鸣领导的红三师第七团余部会合，在九宫山地区坚持游击战争。

8 月，省委派手枪队护送省委副书记傅秋涛到鄂东南，在通山县冷水坪寻找到严图阁，传达了省委关于重建红十六师的决定，调鄂东南部队南返平江县黄金洞。沿途，他们在通城、崇阳、阳新、临湘打掉几支团防武装，缴到 100 多支枪，还在新市街、南江桥缴获一批物资，给部队补充了给养，战士换了新装。

10 月，严图阁率部抵达平江县斑鸠坳，与陈寿昌、徐彦刚率领的省级机关相遇。湘鄂赣军区在黄金洞集中了 1100 余人，正式恢复红十六师建制，由徐彦刚、严图阁指挥。不久，他们从国民党的报纸上知道中央苏区的红一方面军已向湖南做战略转移，为了策应中央红军西进，红十六师计划向西南出击。可是，部队在老虎洞与敌遭遇，省委书记兼军区政委陈寿昌牺牲。出师受挫，只得撤回黄金洞休整。①

黄金洞地处平（江）浏（阳）边境连云山的北麓，山高林密，群众基础好，是湘鄂赣根据地的主要依托。1935 年上半年，省委以黄金洞为中心，深入平浏修铜万边境地区发动扩红运动，红十六师 3 个团的建制得到恢复，全师 2000 多人，准备恢复苏区被敌人占领的土地。国民党军第五十五师岳森部是蒋介石的嫡系，特别是该师第 300 团进犯苏区非常凶残。严图阁决定打击这股敌人的嚣张气焰。他向红十六师指战员动员："留下开花子，专打三百团"，将敌包围在大源桥。鏖战一昼夜，严图阁率部冲入敌群，枪击刀劈，敌第 300 团的 3 个营被歼灭了两个半营，还缴枪 300 多支。第 300 团被歼，国民党武汉行营极为震惊，派来一个高级参议，由

① 作者对中共平江县委党史办公室的调查和在平江的实地考察记录。

一营士兵保护，作战地调查。严图阁获得这个情报，立即率1个团去截击，以迅雷不及掩耳之势，将敌人包围歼灭，剩下的全部活捉。

6月，蒋介石将原进攻中央苏区的主力汤恩伯、樊松甫部调到湘鄂赣边，会同湖南军阀何键的部队，以60个团的兵力“清剿”红十六师。形势异常严峻，省委和省军区在平江县长庆召开紧急会议，商讨对策。严图阁主张翻越幕阜山，突围过长江，但没有被会议接受。

6月16日晚，国民党军以3个师兵力包围平浏苏区，红十六师仓促应战，保护省级机关分3路向北突围。徐彦刚、方步舟率中路第四十六团和左路第四十八团连夜从麦市渡河，冲出重围（后在鄂东南受损失，余部返回黄金洞）；严图阁、刘玉堂（省委组织部长）率右路第四十七团渡河时，已是凌晨，敌人用机枪封锁了河面，傅秋涛率领的省委机关和特务团也被隔在南岸。他们合兵一道，掉头向南，在平江黄金洞、辜家洞、芦洞一带，利用熟悉地形与敌周旋，开展游击战争。

省级机关唯一的一部电台已被打坏，加上中共白区地下组织的联络点基本上被破坏，红十六师各部与外界的消息断绝。严图阁曾带领一个小分队，化装插入敌后，到长沙、醴陵、株洲收集情报。年底，他为了与徐彦刚取得联系，又不顾危险，带着一名连长和一个警卫员去鄂东南。在蒲圻县城郊，他遇见准备赴平江向省委请示工作的张藩，双方交换了意见。可是，负责接待他们的中共蒲圻中心县委书记李济平，借口外出接关系，叛变投敌，几小时后领着敌人便衣队赶至。严图阁等正在开会，听门口警卫员喊“有情况”，立即与张藩等把守门窗，伺机突围。敌人围了上来，却不敢近前，发出号叫：“严图阁、张藩，你们被包围了，赶快投降吧！”严图阁沉着地观察屋外动静，看清地形，示意大家作好冲出去的准备。张藩对此回忆：只见严图阁“手握一支英国造的手枪，一个猫腰冲出门外，吸引了敌人的火力”①。他负了3处枪伤，击毙拦路之敌，打开一条血路，把

① 张藩对中共沈丘县委党史办公室访问者的谈话，未刊稿。

大家接了出去。

严图阁带着枪伤在鄂东南转了半个月，始终未见到徐彦刚。返回时，他打听到徐彦刚已在永修县云居山牺牲，便在沿途寻到第四十六、四十八团保存下来的六七十人，将他们带回平江县黄金洞。

五

1936 年 3 月，中共湘鄂赣省委决定再次重建红十六师，任命方步舟为师长、刘玉堂为政委。对省军区的领导成员也进行了调整，由严图阁任司令员，省委书记傅秋涛兼军区政委。①

国民党集中数十倍于红十六师的兵力，继续“清剿”湘鄂赣苏区，实行层层封锁，分割包围，扬言要“车干塘里的水，活捉塘里的鱼”，将红军一网打尽。严图阁将红十六师的 1000 多名指战员，以连排为基本作战单位派遣出去，分散游击，他自己则带领着特务团（实际只有 200 多人）保卫着省级机关的安全。

由于战斗频繁，物资菲薄，食无定时，居无定所，严图阁多次负伤的身体被拖垮了。此时，他已瘦骨嶙峋，只是清癯的脸庞上，一双眼睛炯炯有神，显示出不可屈服的光芒。他是司令员，可仍和战士们一样：赤足草履，衣不蔽体，经常用野菜、草根和竹笋充饥。不幸的是，他枪伤未愈，又患了肺病，经常吐血。部队缺医少药，他只得忍受着伤病的折磨。尽管条件恶劣，他还是谈笑风生，打起仗来照样在战场上奔跑。有时作战失利，他总是率一个排或一个班在后面掩护。战士们对严图阁的多谋善断非常佩服，常说：“严司令料事如神，跟着他打仗，只管放心。”

6、7 月间，两广军阀李宗仁、陈济棠利用全国人民日益高涨的抗日爱国情绪，打出“反蒋抗日”的旗号，发动了两广事变。南京政府后院起

① 王健英：《中国共产党组织史资料汇编》，红旗出版社 1983 年版，第 274 页。

火，不得不暂缓对苏区的“清剿”。红十六师见时机有利，提出“飞兵前进，横扫敌人”的口号，并以司令员严图阁、政委傅秋涛的名义，发表《湘鄂赣省军区对两广出师抗日讨蒋的宣言》，谴责蒋介石“攘外必先安内”的政策，表示愿意与一切抗日军队订立“反日、反蒋作战协定，推翻卖国贼统治，一致共同抗日”①。接着，严图阁相对集中了部分兵力，转入外线作战，在万载县株潭、潭埠和书堂3次战斗中，各歼江西省保安旅一部。他还派人佯攻奉新县城，以“围城打援”的战术，伏击前来救援的江西省保安第九团，歼敌600余人。红十六师纵横驰骋，速战速决，在湘鄂赣10余县到处留下了他们的足迹。

11月初，严图阁率第四十七团和特务团在万载县东坑作战，病情突发，不能随军行动，连夜被送上担架担往后方黄金洞，由于伤病交加，无药医治，卒于平浏边界的连云山大光洞，时年33岁。②

在艰苦卓绝的三年游击战争中，中共湘鄂赣省委与中共中央失去了联系。1937年，省委先后派罗其南、邓洪等赴延安汇报湘鄂赣根据地的工作，中共中央和毛泽东对中共湘鄂赣省委和红十六师坚持斗争、浴血苦战的精神作了充分肯定。后来，毛泽东在接见原宁都起义干部时，又一次对苏进等人说：“严图阁同志后来表现很好！”③ 毛泽东高度评价了严图阁的后半生，肯定了他从旧军官转变为红军将领的正确方向。

附　本文主要参考资料：

1. 中共沈丘县委党史办公室：《严图阁烈士专辑》，未刊稿。

2. 中共宜春县委党史办公室：《湘鄂赣三年游击战争》，未刊稿。

3. 中共平江县委党史办公室：《平江人民革命史》，国防大学出版社1987年版。

① 《湘鄂赣革命根据地文献资料》第3辑，人民出版社1985年版，第235页。

② 刘玉堂：《关于严图阁同志革命事略》，未刊稿；作者对罗其南的访问记录。

③ 《鞠躬尽瘁为人民》，1981年12月2日《河南日报》。

4.《回忆宁都起义》，人民出版社 1982 年版。
5.《湘鄂赣革命根据地回忆录》，人民出版社 1985 年版。
6.《湘鄂赣革命根据地文献资料》（第 1、2、3 辑），人民出版社 1985 年版。
7.《湘鄂赣苏区史稿》，湖南人民出版社 1982 年版。
8.《中国工农红军发展史简编》，解放军出版社 1986 年版。
9. 萧劲光、姬鹏飞、李达、黄火青、黄镇、孙毅、苏进、袁血卒、王幼平、郭如岳、钟期光、傅秋涛、罗其南、刘玉堂、张藩等老同志的回忆录，以及宁都起义纪念馆、湖南省档案馆的有关资料。

冷云和“八女投江”

温　野

冷云，1915 年出生于黑龙江桦川。1931 年考入桦川县立女子师范学校。1934 年加入中国共产党，在佳木斯等地从事秘密抗日活动。1936 年任教于悦来镇南门里初级小学。1937 年调到抗联第五军妇女团，担任小队长、政治指导员。1938 年，冷云随五军一师部队西征。10 月下旬，部队经长途行军抵达牡丹江支流乌斯浑河西岸，但日伪军千余人跟踪而至。师首长命令八名女同志先行渡河，就在她们将要下河时，突然枪声大作，在冷云率领下，她们一齐向敌人开火。此刻，日伪军一面以火力阻止抗联主力部队的回援，一面向冷云等据守的河岸阵地扑来。冷云等八人投出最后一颗手榴弹后，集体投江，壮烈牺牲。

1938 年 11 月 4 日，东北抗日联军第二路军总指挥周保中将军，在深山密林中写下了一页军事日记，记录了后来名闻中外的抗联“八女投江”事迹：“又讯，我五军关师长书范于西南远征归抵刁翎。半月前在三家方向拟渡过乌斯浑河，拂晓正渡之际，受日贼河东岸之伏兵袭击。高丽民族解放有深久革命历史之金世峰及妇女冷云（郑 × ×）、杨秀珍（应为杨贵珍——引者）等八人悉行溺江捐躯。宝清有我联军第五军三师八团一连激战日贼蒙古军之烈士山，乌斯浑河畔牡丹江岸将来应有烈女标芳。”

一

冷云，是“八女投江”的领导人。她乳名郑香芝，又名郑致民，1915 年生于黑龙江省桦川县悦来镇一户贫苦平民家里。自幼天真活泼，聪颖刚毅。女孩喜欢的描龙画凤、剪纸绣花等针线活，她都学得很娴熟；男孩子激烈的活动也少不了她。家里人和邻居们又都说她是个“假小子”。

冷云 10 岁进悦来镇北门里两级小学读书，学习努力认真。一次因为未按照老师的意图画画，老师责问她时还敢顶嘴，被老师打了手板，手心手背都肿了，她却没有哭一声，回家也背着手不让家人看见，照样帮助嫂子刷碗洗衣。

旧社会少男少女共同的命运，冷云也是躲不过的。就在她念小学时，由父母包办，与邻居孙家的儿子订了婚。她的未婚夫叫孙翰琪，是她的同学，这使她经常处于羞怯焦烦的心境，也给她以后的生活带来了不幸。

1931 年春，冷云以优异的成绩考入了设在佳木斯市里的桦川县立女子师范学校。女师只有一个班，有女学生 30 余人，都离家住校，过集体生活。学校有两位进步教师徐子良和董仙桥，都是在关内求学的大学毕业生，受过大革命的影响，接触过马克思主义和新文化思潮。他们在每周周会课上，有意地向学生宣讲孙中山的三民主义；在讲国文课时，也讲新文化运动和反帝反封建的革命精神。这在封建军阀统治的东北边远县城里是十分新鲜的思想，犹如春风吹拂着闭塞的女学生的心房，冷云非常惊奇，她完全被吸引住了。她和同班好友高明世、范淑杰经常在一起谈论老师讲的政治时事，主动向老师请教，越来越关心祖国的兴衰和时局的动态。老师们讲到日本帝国主义正在加紧侵略中国东北，朝鲜亡国的悲惨情景很可能在中国重演，同学们个个义愤填膺。冷云十分仰慕朝鲜爱国志士安重根刺杀日本前首相伊藤博文，以身殉国的壮举。她决心效法秋瑾等巾帼英雄，为中华民族的独立强盛而贡献自己的力量。为此，她把自己的原名郑香芝改为郑致民（有时也写成郑志民）。

九一八事变爆发后，桦川县城镇各界爱国群众无比义愤，纷纷集会游行，抗议日本帝国主义的侵略罪行。冷云更是仇恨满腔，一面积极参加抗日宣传活动，一面计划着去投奔在佳木斯附近活动的李杜抗日义勇军，但因该部不收女兵，没有去成。

1932 年 5 月，日本侵略军的炮舰顺松花江开到佳木斯，当地中国守军不战自溃，地方政府随之解体，桦川女师被迫停课，学生四散回家。冷云临走时又到董仙桥老师家，诉说心中的无限忧愤。董老师劝她不要因失学而痛苦，要振作起来，回家去多看一些有意义的书报，注意观察时局的动向。

二

由于国民党蒋介石的不抵抗政策，东北的大好河山很快沦于敌手。桦川县被日军占领后，1933 年建立起伪县公署，由日本参事官宾韦卓次执掌统治权。为了美化日伪反动统治，宣扬“王道乐土”，对中国人进行奴化教育，伪县公署下令各校复课。冷云接到董老师的通知，又回女师就读。

日伪在学校的反动统治，激起广大师生的强烈不满，董仙桥以秘密曲折的形式，继续向学生们宣传爱国思想，激励大家的爱国热忱。冷云思想敏锐，爱国热情强烈，经常在同学中进行抗日救国思想的宣传鼓动工作，她和高明世等在同学中享有较高威信。

当年秋天，原桦川县立男、女两个师范学校均合并于桦川县立中学，改为师范班。冷云和高明世、范淑杰3人以义勇刚毅、敢于表露对日伪统治的憎恨，被同学们誉为“女师三杰”。

这时，董仙桥等秘密地加入了中国共产党，同时建立起中共佳木斯西门外地下小组，1934年改为支部。随着中共组织的不断发展壮大，1935年又正式成立了中共佳木斯市委。中共组织的建立，使原先自发的抗日救国活动有了明确的政治方向和统一的领导。中共组织也有计划有目标地培养和发展一些思想进步的爱国学生入党。1934年夏，冷云和高明世一起来到董仙桥老师家，提出入党要求。因当时正式党员较少，组织决定，先由董仙桥和李淑云介绍高明世入党，接着再由高明世和董仙桥介绍冷云入党，同时举行入党宣誓。不久，冷云和高明世又介绍范淑杰入党，3人组成第一个女生党小组，秘密开展抗日活动。

冷云多才多艺，性格开朗，温文大方，善说笑话和表演，经常逗得同学们哈哈大笑。同学们说她“一身兼有男子汉和闺秀两种美德”。她尤其喜爱音乐美术，会吹口琴、弹风琴，也能演奏长箫、短笛，又会跳舞，还是网球、篮球场上的健将。

1935年秋，师范班学生进行毕业实习，由讲“教育学”的董仙桥老师带队指导，由伪县公署的日本司学官中古监视，去奉天（即沈阳）师范学校和几个小学校参观。时值九一八事变4周年，她们来到事变发生地沈阳，更是触景生情，引起冷云和同学们的亡国恨。她借用安徽凤阳花鼓的曲调，用碗筷作乐器，向同学们演唱：“说奉阳道奉阳（指奉天和其原名沈阳），奉阳本是好地方，自从出了土皇帝（指溥仪），十年倒有九年荒，大户人家卖田地，小户人家卖儿郎，奴家没有儿郎卖，身背着花鼓走他乡”。同学们都被冷云的悲愤演唱所感动，泪流双颊，同声唱起来。日本司学官中古前来制止，冷云和同学们对他冷眼相视。

毕业实习结束回到佳木斯。年末，冷云毕业，被分配回悦来镇任小学教师。临行前，她与中共党员同志和好友到照相馆合影留念，还怀抱精装本《全唐诗》，手持花束拍了一张照片。

三

1936年初，冷云回到悦来镇，到南门里初级小学任教。这时，包办婚姻的暗影向她压来。她和未婚夫孙翰琪没有感情，而且孙小学毕业后当了伪警察，沾染上吃喝嫖赌、欺压百姓等恶习。因此，她毕业前就多次闹着要退婚。但守旧意识浓厚的父母，说什么也不应允。孙翰琪常到佳木斯桦川中学纠缠要结婚，当时冷云以等待毕业为词拖延。现在毕业了，已无理由继续推托。万般无奈，她到佳木斯，向已任中共地下市委书记的董仙桥和师母李淑云（市委机要秘书），倾诉愁肠，要求组织送她去参加抗联队伍。董仙桥考虑到日伪已对中共领导的抗日斗争特别注意，严密监视，而且以前送走过几个同志已引起当局怀疑，曾向学校进行调查，如冷云再逃婚出走，很可能暴露组织，造成大的损失。为此，董仙桥召开了党的会议，研究了这件事，决定还是规劝冷云先和孙翰琪结婚，争取他转到人民这边来。[①] 冷云虽然内心不快，但服从党的决定，回到悦来镇，于1936年1月中旬（春节前）和孙翰琪结了婚。

冷云到校后，担任二年级班主任。由于她知识面宽，教学能力强，一个人就包揽了算术、语文、图画、音乐和体育等全套课程。日伪统治时期的学校施行打骂体罚等野蛮的制度，冷云却总是谆谆教导，耐心帮助，对学习差的学生把着手一笔一画地教。她常用孟母教子的故事鼓励学生们用功学习，将来成为国家有用的人才，还向学生讲岳飞、杨家将抗击外族的故事，教育学生热爱祖国，仇视日本侵略者和汉奸。这年夏天，她带领本班学生去佳木斯参加全县小学运动会，由她编导，学生们演出了歌舞《燕

① 董仙桥的回忆。

双飞》。其歌词为：

燕双飞，画槛人静晚风吹；
只记得，去年巷风景依稀，
绿扶庭院，细雨润花花枝翠。

雕梁沉，冷簷入梦燕未归；
且衔得，草青泥重筑新巢，
捧垂危姿，其香隐约引人醉。

楼台静，烟云缭绕燕双飞；
流当速，青春即逝何时归？
风雨逐阳，杜宇声声催人泪。
燕双飞，燕双飞，风暴雨狂难阻归！

歌词中蕴含着她忧国忧民，渴望早日挣脱不幸婚姻羁绊的情怀。

四

这时，悦来镇也建立了中共地下支部。支部设在北门里两级小学校，支部书记是冷云的同学马成林，有党员 4 人。中共支部秘密开展抗日救国活动，要求党员有意识地接近周围的教员和学生，了解他们的心理动态，有目的地谨慎地启发他们的觉悟，激励他们参加抗日救国斗争；同时，也要特别小心地与伪警宪特子弟接触，利用他们掩护抗日活动，并千方百计地从他们中间得到日伪情报。有一位青年男教师叫吉乃臣，其父是伪保长，他本人很正派，有爱国忧民思想，痛恨日本侵略者和汉奸走狗，敢于在公开场合大骂敌人。这是个可以争取的对象。党支部决定让冷云去接触他，和他交“朋友”，对他进行启发教育。冷云和吉乃臣是邻居，上下班经常见面，接触比较方便。她经由好朋友、进步教师董若坤（董仙桥的女儿，吉乃臣的同事）介绍，与吉乃臣相识，一起下棋、打网球，有时也一块吃饭，相处十分“密切”。通过吉乃臣，冷云了解到许多日伪情报，及时转送给抗联队伍。1937年春，得知悦来镇伪警察要跟日本守备队去鹤岗一带“讨伐”抗联，冷云及时向组织报告。抗联部队接到情报后，趁敌人内部兵力空虚，连夜袭击了悦来镇，打开“德增盛”等奸商店铺，获得大批军需物资，然后从容撤走。

冷云与孙翰琪结婚后，逐步对他进行思想工作，组织上也教给她一些办法。时间过去了一年多，仍无效果。孙翰琪非常顽固，恶习难改，对当汉奸警察不以为耻，反以为荣。而且他对冷云的社交活动也开始管制，对她与吉乃臣的接触也产生了恶感，对有些人的秘密抗日活动也有所察觉，由此两人关系逐步恶化。有一次，孙翰琪恶狠狠地对冷云说：“你们那几个人总在一起鬼鬼祟祟没好事，别以为我不知道，你们都思想不良，别拿鸡蛋往石头上碰！”冷云感到这不是一般的吵嘴，孙翰琪已怀疑到他们的政治活动，于是质问他：“你凭什么说我们思想不良，我们都是同事还不许在一块？”孙翰琪冷笑着回答：“你还问我，你们干的什么事自己知道，哼！把我惹急了，没有你们好！”①

冷云赶紧把这个情况向组织做了汇报，认为他们夫妻关系已无法再继续下去，孙翰琪是个死心塌地的汉奸，不仅无法争取，再拖下去就有暴露组织的危险。这期间，日伪也不断强化“治安肃正”，实行残酷的政治、经济高压政策，实行保甲制，连坐法，归屯并户，只要一人被怀疑有反满抗日行为，就要杀害全家，株连很多人。警特宪兵也经常到学校搜查，还去过冷云的家，检查过她的书籍衣物。中共支部向佳木斯市委做了汇报，市委感到问题严重，于是决定同意送冷云去部队，但不能随便就走，那样还是会暴露。

① 董若坤的回忆。

正好这时孙翰琪因给日军效劳有功，由警长提升为警尉，从悦来镇调到富锦。中共支部书记马成林和冷云、董若坤三人多次研究，怎样才能使冷云顺利出走，不使地下党组织暴露，也保证她家里人不受牵连。正好董若坤听到吉乃臣在同事中说他要去沈阳治病，便和马成林商量，可以利用吉乃臣去沈阳的机会，送冷云出走，日伪追查，就放风说他俩“私奔”了，把日伪的注意力引到男女关系上去，就能保护中共组织和不牵连家人。他们觉得这个办法最妥当，遂找冷云商量。冷云觉得以“男女私奔”的名义去欺骗日伪，有损自己的人格，对家庭的名誉也有影响，但除此又拿不出更好的办法，便红着脸思忖许久，最后下定决心，服从组织安排。

马成林将这个打算汇报给中共佳木斯市委，市委认为可行，同时指示马成林要尽力做吉乃臣的思想工作，最好把他争取过来，然后送他俩一起去部队，不然吉乃臣去沈阳治病只是短时间，他一回悦来镇还会引起麻烦。

马成林回到悦来镇，抓紧进行工作，一方面冷云与吉乃臣更加频繁地来往，关系也更“火热”，给周围的人造成一种明显“暧昧”关系的印象；另一方面则给吉乃臣讲解抗日救国的道理，动员他参加抗联部队。吉乃臣原来就有思想基础，经过教育认识上更有提高，加上对冷云也有感情，同意尽快出走。

五

1937 年 7 月下旬，孙翰琪提出要冷云也调到富锦去。经中共支部同意，7 月 28 日，冷云到伪桦川县公署教育科办了去富锦的调令，并去富锦报到。在那住了十来天，又借口回娘家取过冬的棉衣返回悦来镇。

出走的条件已全部成熟。正巧中共勃利县委干部易恩波来佳木斯市委，带来抗联第五军军长周保中要求中共下江特委给抗联五军输送知识分子干部的信件。于是市委通知中共悦来镇支部，赶快安排冷云和吉乃臣出走。马成林接到通知后，先安排吉乃臣离开悦来镇，表面说是去沈阳，实际是到了佳木斯。接着安排冷云离家，对周围的人就说是去富锦。8 月 15 日下午，马成林和董若坤送别冷云。冷云改杜甫《春望》诗句与战友告别："国破山河在，城春草木深，恨别（原为'感时'）花溅泪，重逢（原为'恨别'）鸟欢（原为'惊'）心。"在赠董若坤的书里留言："两山不能迁，两人能相见，盼那天，相逢日，祖国换新颜！"①

冷云和吉乃臣出走半月后，孙翰琪到郑家吵闹要人。伪《三江日报》姓何的特务记者也到悦来镇北门里两级小学找董若坤调查冷云的去向，董若坤按照事先的计划与他们周旋。这个特务记者相信了"男女私奔"之说，没有再深追，他在《三江日报》上一连 3 天刊登《悦来镇女教师×××桃色一束》的文章了事。中共地下党组织为进一步迷惑日伪，安排马成林去沈阳治病。董仙桥特意写了一首词《告登徒子·调寄西江月》："闺房怨偶相对，枕边吵骂惊邻，积恨成仇无术解，别求生路作人。新爱原是故友，两心相印情深，比翼双飞凌空去，告尔枉想追寻。"马成林把这首词带到沈阳，以冷云的口气写了一封假信寄回悦来镇学校，散布开来。马成林从沈阳回到悦来镇后，又在教师中说他在沈阳街上看见冷云和吉乃臣在一起买东西，他喊他们，他俩见是他就扭头走开了。这样一来更加逼真，闹得悦来镇满城风雨，都在议论这件新闻，日伪更确信无疑。冷云安全地到了部队，最后由家人办了与孙翰琪的离婚手续。这件事的真相，一直到解放后才公开，悦来镇人知道他们的身边出了一位抗日女英雄，感到无上光荣。

六

在易恩波的带领下，冷云和吉乃臣经勃利县境，转道刁翎三道通的深山密林中。这时郑致民改名冷云，是取唐诗名句"冷云虚水石"诗意境，又与"凌云"二字谐音。吉乃臣更名周维仁。

---

① 董若坤的回忆。

8月18日，他们见到了第五军军长周保中。周保中向他们表示了热烈的欢迎，对他们投笔从戎，给予高度赞扬。为使他们熟悉部队情况，发挥他们的特长，安排他们先去后方密营军部秘书处工作。周保中在当天的日记里曾写下了这件事：“送转地方工作同志冷云、周维仁入队。”

冷云和周维仁在不断地接触中加深了感情，到部队后不久，经组织批准，正式结为革命伴侣，实现了他们隐藏在心底的夙愿。

冷云在秘书处做文化教育工作。她针对抗联部队战士文化素质较低的实际情况，自己编写文化课本和宣传材料，给战士们上课。用剥掉皮的大树干当黑板，用烧黑的树枝当笔，用桦树皮作纸。她又能歌善舞，对活跃抗联部队的文娱生活起到很大作用，受到领导和战士们的欢迎。后冷云调到五军妇女团担任小队长和指导员。当时冷云已怀孕，部队的生活很艰苦，但她仍顽强工作。1938年春，她在密营里生下了一个小女孩，由于缺乏营养，身体很虚弱。不久，又得知周维仁在一次战斗中牺牲的不幸消息，冷云非常悲痛。但她忍受住感情上的沉重打击，坚持工作。

这时，中共吉东省委和东北抗联第二路军总指挥部决定，为了冲破日军日益加紧的军事“讨伐”，粉碎日军企图将活动在松花江下游地区的抗联部队“聚而歼之”的阴谋，跳出日伪军的包围圈，四、五军向西南的五常地区远征，与在吉林地区活动的抗联第一路军和第二路军所属的第十军打通联系，开辟新的游击区。

5月间，四、五军开始集结行动。由于不断遭到日军的阻击，直到6月下旬才到达远征集结地牡丹江下游刁翎地区。五军妇女团也奉命参加此次远征。冷云为了远征行动方便，只得忍痛将刚生下两个月的小女儿，求军部谢清林副官抱送给依兰县土城子的一位朝鲜族农民抚养。

7月初，西征军袭击牡丹江岸三道通小镇，缴获一批给养和武器弹药。接着由四道河子向西进，穿越150多公里荒无人烟的高山密林地带，越过老爷岭，于上旬进入苇河县境。冷云和妇女团的战友们，与男战士一样，跋山涉水，战胜许多困难。7月12日，妇女团参加了攻打楼山镇战斗。之后，护送西征的五军军长柴世荣率教导团及部分队伍返回刁翎地区活动，四、五军分兵两路继续西进。原属四军的女同志并入冷云所在的五军妇女团，随五军第一师行动。

8月间，西征部队进入苇河、五常县境，遭到日伪军重兵围追堵截：空中有飞机侦察、扫射轰炸，地面有3000多步兵围攻，抗联部队伤亡很大，五军一师只剩下100多人，决定返回牡丹江下游刁翎地区寻找军部，进行休整。这时，原有30余人的妇女团大部牺牲，只剩下指导员冷云、班长杨贵珍、胡秀芝、原四军被服厂厂长安顺福（朝鲜族）和战士郭桂琴、黄桂清、李凤善（朝鲜族）和王惠民等8名同志了。她们年龄最大的23岁，最小的才13岁。8名女战士都经过长期艰苦的行军和多次战斗的考验，个个意志坚强，充满革命乐观主义精神。她们跟随部队，穿行在人迹罕至的原始森林中，衣服和鞋子早都破烂不堪，没有粮食吃，就以野菜、野果、树皮和河沟里的鱼虾、蛤蟆充饥。

七

这支队伍历尽艰辛走到海林县佛塔密沟里时，已快过中秋节了。他们继续往北走，过了头道河子，在半砬子截获日伪伐木场的3只船，渡过牡丹江，到了山东屯。这里没有日军，群众对抗联队伍非常热情，特意杀了一口猪招待他们，大家才算吃上一顿饱饭。

10月下旬的一天夜里，这支队伍露宿在刁翎县三家子屯附近乌斯浑河西岸柞木岗山下的河滩上。乌斯浑河是牡丹江的支流，距牡丹江入口处只有七八里路，平时水浅，车马人都能涉过。他们准备从这里过河，再绕道去克斯克山里，寻找五军军部。深秋季节，冷风阵阵，寒气逼人，有些水坑已结成薄冰。队伍需要取暖，又无处弄柴火，只好把一个姓费的木把头放在沙滩上准备冬天运走的木栟子垛拆开，分散燃起了十几堆篝火，大家围着火堆休息。长期饥饿行军和战斗，战士们极度衰弱、疲乏，一躺下很快就进入了梦乡。

冷云等8名女同志，围着靠近河边的火堆休息，大家互相依偎着用体温取暖，有的抓紧时间借着火光缝补撕破的衣裳。

13岁的小姑娘王惠民，由于生活艰苦，严重缺乏营养，身体非常瘦弱，经不住这寒夜的冰冷，尽管在火堆前，也还是蜷曲着身子，瑟瑟发抖。冷云怜惜地把这个小妹妹搂在怀里暖着。王惠民的父亲参加抗联在五军军部任军需副官。

她参军不久，爸爸就牺牲了。她更加仇恨日本强盗，工作也更加卖力，经常给伤病员唱歌，进行宣传。

杨贵珍才18岁，长得很秀气。她是刁翎东柳树河子人，从小丧母，17岁出嫁，不久男人病死，婆家人打骂她，还要把她卖到远地去，使她受了许多苦。五军妇女团活动到柳树河子时，她毅然参加了部队。她在家时连名字都没有，参军后，同志们认为她参军不容易，很宝贵，就给她取名“贵珍”。她在部队里进步很快，无论是学军事、学文化，还是做军衣，都积极认真。1937年秋加入中国共产党。她和爱人宁满昌一起参加了西征，并任妇女团班长。

安顺福是原四军被服厂厂长，与冷云同岁。她是朝鲜族，牡丹江东部穆棱县人。九一八事变后随父兄参加革命活动，1933年加入中国共产党，次年参加抗联第四军。她丈夫朴德山是四军四团政委，在战斗中英勇牺牲了。她化悲痛为力量，努力搞好被服厂工作，在西征途中，帮助冷云做女同志的思想工作，与冷云成为亲密战友。

就在冷云她们围火休息的时候，日本密探、大特务葛海禄从附近的样子沟下屯到上屯去找情妇寻欢，在岗梁上望见西山河滩处有几簇火光在闪动。凭着他多年的山林生活经验和为日军当走狗的反动嗅觉，他判定定是露营的抗联队伍，因为老百姓是不会在深夜燃起篝火的。于是赶忙跑回下样子沟，向日本守备队报告。日军队长桥本根据葛海禄讲的火堆数，推断抗联人肯定不少，光靠他的百十来人怕对付不了，于是急忙用电话向他的上司、驻刁翎日军司令熊谷大佐报告。熊谷当即命令所属各部和伪军赫团千余人的“讨伐”大队，连夜向一师露营地扑来。由于摸不清抗联底细，未敢夜间攻击，遂潜伏在附近，待天亮看清楚后再进攻。

八

第二天拂晓，抗联队伍整装待发。关师长命令会泅水的师部参谋金世峰带领8名女同志先行渡河。当他们走到河边时，只见洪水已吞没了原先的渡河道口。金参谋只得先下河试探深浅，让冷云带领7名战友随在后边。冷云等人正要下河时，突然枪声大作，潜伏的日伪军开始发动攻击，战斗异常激烈。一师队伍仓促应战，队伍处在河滩上地形很不利，于是边还击边向西边的柞木岗子密林地带退却，冷云等8名女战士被隔在了河边。

冷云见大队突围西走，为了掩护大队快些冲出去，她让同志们隐蔽在柳条丛后边，断然地下令：“同志们快向敌人射击！把敌人火力吸引过来，让大队冲出去！”

“是，让大队冲出去！我们牺牲了也值得！”7名女战士异口同声地回答。于是8支长短枪一齐向日伪军开火。一师大队趁势冲了出去，进入树林。

已突围的大队领导，发现冷云等8名女战友为掩护突围，据守河边，处境非常危险。于是又率队折转回来，向日伪军反击，力图把她们接出来。但为时已晚，在日伪军猛烈炮火阻击下，队伍伤亡很大。冷云等看见大队为救援她们，又不惜冒死折转回来，很受感动，但也意识到，如果大队为了救她们而与日伪军硬拼下去，损失必会更大，有全军覆没的危险。于是，她领着7位战友，对着远处齐声高喊：“同志们！快冲出去！不要管我们！保住手中枪，抗日要紧！”大队几次冲击都没有成功，伤亡很大，只得忍痛向柞木岗密林深处撤去。

日伪军见大队撤上山去，追赶不上，就集中火力向冷云等据守的河岸阵地猛扑过来，企图活捉她们。冷云等8位女战士，虽然人少力单，使用的又都是轻武器，弹药也很少，但她们却有与侵略者血战到底的英雄气概。在日伪军的疯狂进攻面前，她们没有丝毫怯懦，沉着、坚定地向敌人还击。冷云告诉大家要节省子弹，等敌人靠近了再打。她指挥同志们分散开，隐蔽好，这一枪，那一枪，使敌人误以为她们有很多人。日伪军号叫着冲上来，冷云让大家准备好手榴弹。待敌群逼近时，她大喊一声：“打！”一排手榴弹抛出去，日伪军被炸倒一片，没死的敌人吓得连滚带爬地退了回去。

天亮后，日伪军连连用迫击炮向河边轰击，树丛和荒草被炮火打着了，一处处冒着浓烟和火苗。8名女战士已经有几个负了伤，子弹也快打光了。怎么办？前面是凶恶的日伪军，后面是波涛汹涌的大河，她们8个人都不会泅水。摆在她们面前的只有两条路：被俘或战死。而被俘受凌辱，是她们绝对不愿走的路。冷云瞪着布满血丝的眼睛，看着战友们，大家的眼睛也都看着她，等待着她的命令。

冷云最后下定了决心，刚毅地对大家说：“同志们，咱们是共产党员、抗联战士，宁死也不做俘虏！现在咱们已弹尽援绝，只有蹚水过河。能过去，就找到军部继续抗日，战斗到底；过不去，就跟乌斯浑河水永生吧！为祖国的解放事业而战死，是我们最大的光荣！”安顺福等7名同志齐声回答：“咱们宁可站着死，也不跪着生！过河！”

这时，日伪军发现河边只有几个抗联战士，就疯狂地冲了上来。

“同志们，下河！”冷云站起来，把空匣枪插进腰里，和杨贵珍把最后两颗手榴弹奋力扔向冲上来的敌群。战友们互相搀扶着下到河里。突然，从对面远处飞来一串机枪子弹，小战士王惠民身子一歪倒下了，殷红的鲜血涌出来。冷云刚要去抱她，一颗子弹打中了她的肩头，胡秀芝连忙把她扶住。安顺福抱起小王，眼睛里没有泪水，只有仇恨的怒火。原来河对岸小关门嘴子山头也被日军抢占，他们用机枪火力封锁江面，阻止抗联渡河。

冷云用手捂着伤口，坚定地说：“走！”胡秀芝搀扶着冷云，杨贵珍和李凤善背起负伤的小黄和小郭，大家手挽着手，高唱着《国际歌》，向河心走去。“满腔的热血已经沸腾，要为真理而斗争!”水深浪急，寒流刺骨，悲壮的歌声回荡在乌斯浑河的上空。

万恶的日伪军看见把他们上千人马拖在河边三四个小时，击毙了十数名日伪军的竟是几个女抗联战士，真是气得发昏。桥本歇斯底里地命令齐射，冷云和战友们忽而倒在水里，忽而又挣扎起来。这时，一颗迫击炮弹在她们的身边爆炸，巨浪冲天而起，复轰然落下，水面上再也看不见女英雄们的身影，只有汹涌的波涛，向远处的牡丹江流去……

1982年10月，中共林口县委、县人民政府在乌斯浑河东岸的小关门嘴子山西坡上，建立起雄伟的烈士纪念碑，上面镌刻着抗联老战士、前黑龙江省省长陈雷的亲笔颂词:“八女英魂，光照千秋!”1984年，牡丹江市为筹建“八女投江”纪念馆，特请全国政协主席、老革命家邓颖超大姐题写了“八女投江”四字。1986年9月17日，由国家批准修建的巨型雕塑“八女投江纪念碑”奠基仪式在牡丹江举行，全国政协副主席、全国妇联主席康克清，专程从北京来牡丹江为奠基石培土，并亲笔为工程奠基题词:“八女英灵，永垂不朽!”

附　本文主要参考资料:

1. 东北烈士纪念馆藏冷云烈士及“八女投江”档案。
2. 东北抗联第二路军总指挥周保中将军当年的军中日记。
3. 冷云烈士的亲人、老师、同学、战友郑殿臣、董仙桥、董若坤、徐云卿、金世峰等的回忆录。
4. “八女投江”事迹实地调查材料。

吕惠生

周　蕙

吕惠生，安徽无为县人。1901 年出生于一个寒士家庭。他从一个普通知识分子、激进的革命民主主义者，经过长期的探索和奋斗，转变为一个共产主义者，1945 年为人民的解放事业献出了自己的生命。

一

吕惠生的父亲吕仲藩是晚清秀才，但家境却并不宽裕，一家人仅靠吕仲藩教书的收入维持生活，有时甚至落到没有饭吃的地步。吕仲藩生性耿直，宁愿典衣救急，也不肯向人低首乞怜。他常以“志士不嫌茅屋小，英雄总是布衣多”、“组织仁义，琢磨道德”等语砥砺节操，教诲子女。吕仲藩待人宽厚，与世无争，但又古道热肠，好为乡邻排难解纷，常年乐此不倦，因而声名远播，深得人望。父亲的言行教诲，使吕惠生从小就养成了急人所难、正直耿介的品格。

吕惠生少年时代从他的老师周佛航那里，接受孙中山的资产阶级民主主义革命思想的影响。周先生曾参加过孙中山领导的推翻清王朝的革命斗争，常在课堂上向学生们慷慨陈词，痛诉中华民族的厄难，鼓吹资产阶级民主革命，赞颂孙中山的革命业绩；倡导实业救国。吕惠生受其影响，立志学习国外先进的农业科学技术，冀图从发展农业着手振兴中华。他在岳父的接济下，读完小学就考入安庆第一甲种农业学校。农校毕业后，吕惠生前往南京投考东南大学。平时在家乡“昂然傲然，颇觉自大”① 的他，在考场上竟然“举笔无措”，“名落孙山”，为此精神上受到巨大刺激，从此得了一种头痛的痼疾。在父亲的宽慰和鼓励下，吕惠生很快从痛苦中解脱出来。经过1年时间的发愤苦学，1922年夏，他径赴北京报考国立农业专科学校（后改为国立农业大学）。这是当时中国的第一所高等农业专门学校，“宫墙万仞，殊不易入”②。在有2500名考生报考，只能录取150名学生的激烈竞争中，吕惠生以良好的成绩被录取。他十分珍惜这来之不易

①② 吕惠生：《自传》。

的学习机会，在学校里刻苦用功，勤奋攻读。不久，吕惠生接到父亲病重，要他立刻回乡的电报，等他赶回无为时，他的父亲已辞世7天。对父亲极其崇敬的吕惠生，为未能最后再见父亲一面而悲痛欲绝，几乎中止了学业。

1924年11月，孙中山到达北京，左派国民党人空前活跃。吕惠生也被卷入了时代的潮流。他“平生只习自然科学，自是才开始看社会科学书为首一书，乃三民主义”①。对孙中山著作的研读，使吕惠生迅速地接受了资产阶级民主革命思想。正如他在自传中所述：“盖我是纯洁书生，感情丰富，民族意识最易唤起也。”②

在大革命的高潮中，吕惠生由同学黄人祥、卢光娄介绍，加入了国民党。黄人祥，安徽六安人，是中国共产党北农大农艺系支部书记。卢光娄是吕惠生的同乡，也是共产党员。所以，吕惠生所在的国民党小组，“实系共产党小组”。当时的吕惠生对此一无所知：“然我幼稚至极，全然不知；党中有国共之分，亦全无知道。”③

二

1926年秋，吕惠生大学毕业了。平生只务书本字句，对社会世故一窍不通的吕惠生，天真地以为从此海阔天空，可以为发展中国农业一显身手。在报国利民的事业心里，他又掺杂着谋取官职，发财享乐的私心。为此，他“小心在意”地去投谒当时中国农业界“大佬”、农林部司长许庆玑。此人门庭显赫，家道阔绰，对吕惠生改造中国农业的抱负和设想及其规划，却毫无兴趣。到吕惠生第三次登门求见时，他终于抛开礼贤下士的假面，闭门不纳，拒绝再与晤谈。吕惠生“鼠窜愧赧而归”④。

其时，吕惠生寄居在他的大哥吕兰生家。吕兰生在冯玉祥部下任财政专员，颇得信用，曾管辖过京畿8个县的税收事务，家里高门大户，有自

---

①②③④ 吕惠生：《自传》。

备小轿车，还娶了一个小老婆。但他吝啬成性，嗜财如命，从不给自己的同胞兄弟吃一顿饭。仅靠无为家里一点微薄的接济过活的吕惠生，常常每顿饭只能啃一个馒头。北京的冬天是寒冷的，兄嫂住在面南向阳的正屋内，明灯暖炉，高朋满座。吕惠生却被安置在没有炉子的阴冷的下屋里，晚上睡觉呼出的鼻息竟在被头上结成了冰。

报国无门和兄嫂的势利，使吕惠生“于忧患中，始渐知社会黑暗”[①]。个人发财，家庭安乐的迷梦打消。两个月后，他由海道归里。

北伐战争的节节胜利，激起了无为人民极大的政治热情。无为县的左派国民党人秘密组成了以胡竺冰为首的临时县党部，吕惠生被选为县党部秘书。临时县党部积极开展支持北伐的革命宣传活动。此间，吕惠生结识了无为县早期著名的共产党人宋士英、邓逸渔、何际堂等。在与共产党人日益密切的交往中，吕惠生开始接触到一种比孙中山的三民主义更光明、更合理想的新思想——共产主义思想。

1927 年初，无为发生了一桩刑事案。农民邢学年因抗拒北洋军阀的抓丁拉夫，被县长刘朝纲的卫兵枪杀。刘朝纲纵凶不问，邢学年亲属无处申冤。疾恶如仇、血气方刚的吕惠生闻知此事，满腔义愤。他与好友胡竺冰等深入摸清案情后，在无城老衙口召开群众大会，讲明事实真相，与会者无不愤慨，当即推举胡竺冰、吕惠生等人成立了邢学年刑事案件后援会，与县长刘朝纲交涉。群众激于义愤，将刑学年尸首抬至县府大堂示威，声援刑案后援会的谈判。在与恶势力的斗争中，吕惠生赢得了群众的信任。

无为县向来民气闭塞，地方封建势力极为雄厚。在时代潮流的影响下，一批受过现代教育的有识之士，如金稚石、朱子帆、胡竺冰等逐渐形成一股进步力量，人称“新派”。吕惠生自然与之同气相求，同声相应。他一回乡，便成为“新派”中的“健者”。对自己人生道路的选择，吕惠生是

① 吕惠生：《自传》。

这样自我剖析的："时间和事务长久的锻炼着我，社会科学与自己的观察悟觉唤醒着我，使我更加成为刚正不屈富于正义与反抗性的人。""我以纯洁的心地，勇猛的精力，'不要钱，出力气'，在污浊的社会里和别人斗争。"①

是年 3 月，北伐军第七军三师二营途经无为，无为各界群众欢欣鼓舞。以胡竺冰为首的国民党无为县党部转入公开活动，与无为各界群众组织了一次盛大的集会，欢迎北伐军入城。在北伐军的支持下，县党部逮捕和审判了徇私枉法，放走刑学年案件主犯并企图武装对抗北伐军的无为县新任县长高寿恒。根据北伐军的主张，县党部与各界人士经过多方磋商，成立了一个由 5 人组成的无为县临时行政委员会，行使无为县的行政职权。胡竺冰任主任委员兼司法科科长；吕惠生任委员兼第一科科长，参与执掌无为县的革命政权。

蒋介石蓄意策动上海四一二反革命政变以后，无为县反动势力的代表人物、富商卢瑞麟与混在革命政府中的自卫团团长王绍震（县行政委员兼军事科科长）勾结起来，经过一番密谋策划，封闭左派掌权的国民党县党部，逮捕县党部工作人员，宣布解散县行政委员会，下令通缉胡竺冰、吕惠生等 4 名县行政委员会委员，破坏和禁止县工会、农会等群众组织的活动，把反动县长高寿恒从监狱里放了出来。胡竺冰、吕惠生等得知消息，携带县府大印，连夜翻越城墙逃走。

轰轰烈烈的大革命失败了。无为和全国一样，处于国民党新军阀的反动统治之下。

三

1928 年间，无为城里发生了轰动一时的无中择师运动。

---

① 吕惠生日记。

在五四以来的新文化、新思潮影响下，无为中学的一些学生积极追求进步。中共无为地下组织因势利导，在学校里成立了学生会，组织学生阅读进步书刊，向他们宣传革命思想，引导他们参加社会上的政治活动。不久，学生会就在学校里团结了一大批进步青年，形成一股进步势力。国家主义派校长金唤狮激烈地反对学生会的活动，限制学生的一举一动，严厉禁止学生中革命思想的传播。为了争取言论和行动的自由，学生会先礼后兵，向校方进行了多次说理斗争。金唤狮蛮横地拒绝学生的一切合理要求，暗地里又去收买学生，企图从内部分化学生会。阴谋暴露后，激起了无中师生的更大愤怒。一场罢课斗争不可避免地爆发了。

学生们响亮地喊出了“择师自由如同耕者有其田”、“金唤狮薄学无能贻误青年”、“金唤狮不走决不复课”等口号。金唤狮惊慌失措，求助于当局。县长张正纯亲自带着武装警察来到无为中学。但是，诱骗和威吓都没有能动摇无中学生的斗志。在学生会的领导和进步舆论的支持下，无中学生坚持了为期12天的罢课斗争。金唤狮终于被迫以“身染沉疴”为托词呈文辞职。学生会又趁机驱逐了几个很坏的教师，并提出“拥护吕惠生来校任校长”。由于吕惠生在社会上的声望，当时的无为县政府已撤销对他的通缉令。这时，迫于学生运动的压力，县政府只得任命吕惠生为无为中学校长。在学生们的欢呼声中，吕惠生上任了。

吕惠生怀着对教育事业的一片热忱，大力整顿校治，支持学生们的进步要求，补充了一批包括有共产党员的进步教师来校任教，还聘请了中共无为特支委员刘仿鼎、张泰康任校图书管理员、总务管理员。无中择师运动的大获全胜，使无中的政治面貌大为改观。不久，无城的各中小学都相继成立了学生会，并组成了一个统一的组织——学生联合会，进步青年刘更如担任了学联主席。中共在无城中小学的活动转入半公开状态，无为中学呈现一派生气勃勃的新景象。

吕惠生任职期间，县教育局局长林汝南勾结财务科科长刘继祥贪污教育经费的丑行被揭露。县政府对此拖而不决，无中破败的校舍亟待整修却得不到应有的经费。吕惠生当机立断，决定领导师生展开斗争。他组织学生罢课、请愿，发动教师罢教，要求严肃处理克扣教育经费的不法行为。为争取社会的同情，他邀请无为各界人士视察无中。在墙塌梁歪的校舍前，他愤慨地指出：贪污犯们监守自盗，肆意挥霍教育经费。他们如此不顾学校师生的生命安全，天理难容，良心何在！由于吕惠生带领师生们所做的坚决斗争，得到了社会各界的大力支持，县政当局罢免了林汝南、刘继祥的职务。

为筹集校舍修建经费，吕惠生不辞劳苦地四处奔走，向县商会、粮行、银行等单位募捐资金。同时，他又发动全校学生自己动手改善住宿条件。在很短的时间内，无为中学便整治一新。吕惠生自己却因过度劳累而病倒了。

1929 年，无为圩区发生水灾，粮食歉收。为牟取暴利，地主勾结外地粮商将大批粮食贩运出境，致使新谷登场，粮价上涨，一场严重的粮荒已迫在眉睫，全县城乡，人心浮动。在中共无为县委的领导下，人民群众开展了禁粮出境的斗争。吕惠生见义勇为地联络了一批地方人士，支持群众的斗争。在一次阻拦粮商运粮出境的斗争中，他挺身而出，仗义执言。在群众团结斗争的压力下，粮商被迫以平价就地出售了这批抢购来的粮食。

1929 年 10 月，共产党员刘仿鼎等创办濡江书店，经销发行进步书刊。为扩大书店的信誉和影响，他们特聘请吕惠生出任董事长。吕惠生欣然应聘。书店秘密发行《共产党宣言》和《社会主义进化史》（蔡和森著）等各种进步、革命书刊，受到了当地青年学生和进步人士的欢迎。

1930 年春，无为又发生了一起烧当事件。无为县城米字街当铺是李鸿章家族开办的。当铺老板朱昌和偷偷地将民众典当的贵重财物转移之后，深夜放火烧了当铺，谎报“火灾”，谋图借此侵吞民财。广大受害群众怨声载道，社会舆论也深以为非。中共无为县委决定抓住这一事件，发动一次群众斗争。共产党员刘静波、刘沛生等人出面组织了被烧当人联合会，发动农协会员和其他群众 2000 余人，举行抗议示威。为努力争取这一斗争的胜利，中共无为县委决定动员吕惠生等知名人士参与这一斗争。吕惠生激于义愤，慨然应允。他不顾自己病弱的身体，热心发动社会舆论予以支持。他会同无城有关人士同县政府交涉，经过义正词严的据理力争，终于迫使县政府责成当铺赔偿被烧当人的损失，并释放了因领导这次斗争而被捕的共产党员刘静波等人。

吕惠生主持公道、彰明正义的所作所为在赢得民众敬仰的同时，自然也遭到地方黑暗势力的仇视。贪官污吏们纠集土豪劣绅，散布流言蜚语，诬陷吕惠生，并屡屡向他寻衅闹事。吕惠生于愤怒之中，以900元贱价将全家赖以为生的30亩洲地尽行卖去，于1931年夏离开无为。

此后，吕惠生在凤阳女中、贵池乡村师范等校任教。

其时，中国革命正处于低潮。白色恐怖的加剧，使吕惠生的精神也陷入苦闷和彷徨之中。1935年春，他进入安庆棉茧场工作。在百无聊赖中，他栽育了一亩矮冬青，将一行行矮冬青布置成一个迷惑人的“方阵”。当人们走进“方阵”转着圈子走不出来时，他就为之指点“迷津”，告诉别人该从哪条路上走出来。同时，他对自己发出了深沉的自嘲：我现时是踏进了人生的“方阵”，陷迷途而不能自拔，该走哪条路呢？

尽管如此，踏上人生道路以来的磨难和挫折，并没有使倔强的吕惠生意志消沉。他对现实还抱有一定程度的幻想。他曾与胡竺冰相誓约：不管社会环境如何黑暗，一定要洁身自好；不论做什么事，都要主持正义，廉洁奉公。他曾说：“我生来不做亏心事，生来不善阿谀逢迎人，穷死亦不能失却生平的几根穷骨头。”[①]

1935年秋，吕惠生旧病复发，不得不回无为养病。不久，便受聘出任无为县政府建设科科长职。一次，县府公议决定在东门外的一块公地上建造一座仓库。豪绅宋、杨两家多年非法霸占着这块公地，在公地上盖房打墙，自成一统。得知这个决议后，这两家豪绅也不以为意，认定自古以来

---

① 吕惠生日记。

“有钱能叫鬼推磨”。他们凑了200块银元，派人偷偷地送到吕惠生家中，请他从中“通融”，设法取消这项公议。吕惠生把宋、杨两人喊来，当面痛斥他们私行贿赂，蓄意陷人以不义的丑行。他辞色俱厉地说：“贪污是丧心病狂的人所干的！我虽是寒士，绝不愿不顾公家的利益，得你们的黑礼。”他坚持要宋、杨两家拆房让地。

事后，吕惠生用这笔贿款在县城绣溪公园观震潮堤岸盖了一座茅亭，题名为“洗心亭”。他意欲借此表达心志，惩戒他人。“洗心亭”的出现，自然引起了那些贪赃受贿者的嫉恨。吕惠生在愤懑之中，作诗一首：

孳孳货利已根生，
哪得人人肯洗心。
只有铲除私有制，
人心才可不迷金。

四

九一八事变以后，国民党蒋介石集团对外实行不抵抗政策，使日本帝国主义的侵略气焰愈益嚣张，国土大片沦亡；对内则严厉镇压人民的抗日救亡运动，调集重兵“围剿”革命根据地。吕惠生对国民党早已绝望，1936年，他愤然退出国民党。而共产党顺应民心，以大局为重，反对内战，坚持团结抗日的正义立场，使吕惠生深悟光明和真理在共产党这一边，他在思想上完全确信共产党领导的人民革命事业一定会取得胜利。

1937年，七七事变发生，抗日战争兴起。随着国民党军的步步退却，民族危机日甚一日。吕惠生为此忧心如焚：“倭人在华北大肆侵凌，国已不国，如此大陆，其将奈何！”① 日本帝国主义燃起的战火迅速地蔓延到了

① 吕惠生日记。

中国腹地，无为也可以看到大批从南京等大城市逃出来的难民。

是年秋，吕惠生从安庆回无为，因难民太多，他踏上船板又被人挤了下来。不料这艘客船半路上被日军飞机炸沉，大批旅客罹难。这场惨祸使吕惠生亲身体验到了什么是亡国之痛。他惊觉个人安危必须系于民族的兴衰。天下兴亡，匹夫有责！吕惠生一腔热血地投入了抗日救国运动。他办起《无为日报》，大声疾呼宣传抗日救国。他参加了共产党领导的无为民众动员委员会（简称动委会）的工作。一次，他与胡竺冰、高莫适等契友商议，在无为东乡拉一支民众抗日武装，高莫适却不赞同。毫无个人杂念、满怀赤忱地要拯救国难的吕惠生，认为高莫适侈谈爱国，却无舍身纾难之心，自私可鄙，从此与之疏远。此后，吕惠生即主动寻求与共产党、新四军的联系。

1937年8月，共产党员张恺帆从国民党苏州监狱获释后，受南京八路军办事处派遣，回到家乡无为担任中共皖中工作委员会委员，从事恢复中共组织的工作，领导开展抗日救国活动。吕惠生闻讯登门拜访。他恳切地陈述了自己对时局的观点，愤怒指斥国民党的弄权误国。张恺帆十分赞赏他的爱国热情，高度评价了他在抗日救亡运动中所做的工作，两人谈得甚为融洽。1938年，吕惠生又与中共无为县委书记胡德荣和皖中工委委员桂蓬接上关系。

1938年9月，胡竺冰被国民党安徽省政府任命为无为县县长，吕惠生因而当上了县政府的秘书。胡竺冰上任后，就与吕惠生一起，将共产党员胡德荣、何际堂、周心抚、阮振础等安排到县政府的各个部门工作。

无为县的常备队，实际上是一支官办的土匪队伍，军纪松弛，经常外出骚扰民众，打劫民财，四乡为之切齿。在共产党的指导下，吕惠生利用自己的合法身份，把胡德荣等10多名共产党员安插到县政训处和县常备队的5个中队里从事政治思想工作。经过大量艰苦细致的思想教育，县常备队得到初步改造，于1939年秋宣布抗日。

为动员民众抗日卫国，在共产党人的大力协助下，胡竺冰建立了一支以共产党员张学文为司令的无为县抗日人民自卫军。此事引起了国民党安徽省政府的注意。不久，胡竺冰便被以“擅起兵端”之名撤职。吕惠生因此事变，赴立煌（今金寨县）参加省动委会工作。

国民党安徽省政府当局企图拉拢吕惠生，聘请他任皖西《大别山日报》主编。吕惠生洞悉其奸，断然拒聘。他冷冷地嘲讽道：“当局以为只要几文臭铜便可收买，这是如何的幼稚、无理，可恶可笑！”[①] 国民党当局恼羞成怒，竟造谣诬陷吕惠生就任了伪安徽淮南道尹，阴谋以“汉奸”的罪名加害于他。吕惠生再一次认清了国民党反革命派的狰狞面目，毅然返乡。

1938 年底，新四军参谋长张云逸从皖南军部北渡长江，来到江北无为，统一领导新四军在江北的部队，并组建新四军江北游击纵队。张云逸登门拜访吕惠生，共商抗日大计。吕惠生受到极大的鼓舞，决心为抗战竭尽全力。在新四军江北游击纵队的初创阶段，武器和给养十分困难。吕惠生利用自己在当地的社会声望，四处奔走募捐，不遗余力地为之筹集粮饷弹药。

五

在日本侵略军的猖狂进攻面前，国民党顽固派不顾天怒人怨，发动了第一次反共高潮。无为的顽固派也蠢蠢欲动。他们为限制共产党和共产党所领导的抗日力量的发展，开展了所谓对“异党活动”的秘密调查，并阴谋镇压一批知名爱国人士。吕惠生因积极参加抗日工作，早就被顽固派视为眼中钉。在这次反共高潮中，他的名字被列入国民党安徽省政府主席李品仙的黑名单上，准备对他加以杀害。

1940 年 2 月上旬，国民党无为县县长马钧以晚宴为名，邀请吕惠生等

---

① 吕惠生日记。

一批有名望的爱国进步人士，企图一网打尽。中共无为地下组织的同志得知消息，及时通知了吕惠生。他与妻子沈自芳紧急商量后，借口去城外吕家巷给母亲上坟，只随身带了一个小包袱就匆匆先走了。为了掩护吕惠生，沈自芳在家里把东西整理埋藏后，到傍晚快关城门时，才带着4个孩子悄悄出城。一家人在城外会合后，马上投奔新四军江北游击纵队所在地严家桥。那一晚，无为城内吕惠生家中，沈自芳临走时故意点着的灯一直亮到深夜，所以当时没有人怀疑到吕惠生家已是人去房空。而那些不知内情，应邀到马钧家中赴宴的爱国人士，以后都被残酷地杀害了。①

到了严家桥后，吕惠生暂时被安排在新四军江北指挥部印刷厂工作。

1940年4月，新四军江北游击纵队在国民党顽固派制造反共摩擦而挑起的照明山战斗中失利。为了保存力量，江北游击纵队向淮南津浦路西根据地撤退。吕惠生一家跟随部队行动。这时，吕惠生的4个孩子中，最大的女孩吕晓晴12岁，最小的女孩吕学文才4岁，沈自芳又是一双放开的小脚，每天要跟着部队行军七八十里。吕惠生和沈自芳常常劳累得几乎要晕厥过去，但跟着新四军走的信念却从来没有动摇过。4月底，部队终于在淮南路东根据地中心半塔集驻扎下来。

中共组织和抗日军民热烈地欢迎吕惠生的归来，对他表示了极大的信任和重视。吕惠生当即被淮南抗日根据地津浦路东各县联防办事处分配任科长。5月，方毅又亲自分配他任仪征县县长。

当时，仪征还是一个游击区，敌情十分严重。在仪征工作期间，吕惠生经常随身带着一个小包袱，随时随地准备转移住宿地点。

1940年7月间，仪征月塘曹集一个叫朱松林的青年农民，到抗日民主政府告大地主曹察秋不遵守政府减租减息的法令，依旧例向佃户收租收税。吕惠生接待了朱松林，问清了曹察秋抗拒减租减息的实情后，说：“减租减息是政府的法令，是抗日救国的大事，人人都得遵守。抗日民主政府是

① 访问吕晓晴记录。

人民的政府，是为人民谋利益的，你们不用担心，政府会把这件事情办好。”没过几天，吕惠生就派人下乡多方调查，核实了案情。为实行抗日民族统一战线，吕惠生亲自登门向曹察秋宣传中国共产党的抗日救国纲领，教育他遵守政府法令。在中国共产党的政策的感召下，曹察秋承认了自己的错误，并当众退还了向朱松林多收的租子和旧债。此案的正确处理，既保护了农民群众的利益，又教育团结和争取了当地的地主。曹察秋以后参加了一些抗日工作，还被选为公田管理委员会成员。不久，朱松林也响应中共和政府的号召，参加了抗日队伍。

同年9月，吕惠生调任路东8县联办的半塔联合中学副校长。

1941年4月，新四军皖南突围部队到达无为，开辟皖中抗日根据地。吕惠生奉调任无为县县长，负责组建无为县的抗日民主政府。回无为前，吕惠生在苏北新四军军部受到了陈毅的亲切接见。陈毅热情地勉励吕惠生，并送给他一支漂亮的德国造小手枪。

1942年5月13日，在无为县政府的基础上，成立了皖中行政公署，吕惠生被任命为行署主任。由于他一贯的进步立场，特别是参加革命后对抗日救国事业的无限忠诚和热爱，经中共皖中区委宣传部副部长周新武和无为县政府秘书陆学斌介绍，1942年底，吕惠生光荣地加入了中国共产党。入党以后，他更加兢兢业业地工作，使皖中根据地民主政府的各项建设取得了出色的成绩。他曾在日记中写道：我“要把革命事业做好，革命事业就是生命！”

在抗日战争中，皖中根据地是全国19个抗日根据地之一。经过艰苦的斗争，皖中根据地曾“发展、扩大为沿江两岸从东（江浦）到西（安庆附近）长250多公里，由南（南陵、青阳）到北（合肥）长150多公里的广大游击区”，包括安徽、江苏30余县的范围。解放国土面积约十五万平方里，解放人口二三百万。“其中巢无、和含、皖南（铜繁、无东、无南)、沿江(白湖东南、桐东)等处是较为完整和巩固的根据地"[1]。在敌、伪、顽的三面夹击中，皖中行政公署担负着头绪繁多的任务。对此，吕惠生无不恪尽其职。

为适应当时的战争环境，皖中行政公署实行精兵简政，工作人员很少。吕惠生经常轻装简从，戴一顶斗笠，穿一双麻草鞋就下乡工作。由于他熟悉农村，熟悉群众，善于运用群众的语言深入浅出地宣传讲解中国共产党和抗日民主政府的各项方针、政策和法令，所以，不习惯于听长篇大论的政治报告的农民群众，对他往往长达两三个小时的讲演却听得津津有味。在他的家乡无为县，他更是深受群众的爱戴。只要听说是"吕三爷"(吕惠生在弟兄中排行第三，这是当地俗称)来了，人们无不奔走相告，扶老携幼而来。对此，他不无自得："我很有些农民朋友，相处甚笃敬。"[2]

吕惠生重视做好抗日民族统战工作。他经常找地方上的一些上层人士，向他们阐述中共和民主政府团结抗日的大政方针，晓以共御外侮的大义。他不计前嫌，数次致书原无中校长金唤狮，动员他出来参加抗日工作。为表示他尊重、团结金唤狮的一片至诚，他耐心细致地将每一期《大江报》(中共皖中区委机关报)都邮寄给金唤狮。吕惠生的姐夫齐丹九原在国民党县党部任职，为了发挥他的作用，吕惠生动员他出来参加皖中根据地的水利建设工作。他真诚地与他们交朋友，恳切地谈自己的思想转变过程："起初不满封建势力而与之不断搏斗，继而了解到新的黑暗，觉察到改良主义之无功，乃渐皈依于现实主义，衷心的信仰共产主义的制度。"吕惠生与无为县的一批著名进步人士金稚石、叶玑珩、金笑侬、王试之等，更是多年的至交。他们常常聚会在一起，认真商讨建设皖江的大计。1943年3月，在日军发动的"扫荡"中，参议会及水利会的负责人陈可亭、叶玑珩两先生不幸殉难，吕惠生极为

① 曾希圣：《皖江的抗日斗争》，《新四军在安徽》，安徽人民出版社出版。

② 吕惠生日记。

痛心。他代表皖中行政公署沉痛联挽陈可亭、叶玑珩及在“扫荡”中牺牲的诸烈士：

八千里路江山，方共策同筹，收拾平章臻上理；

四百兆民意志，看磨金炼铁，开张挞伐靖群妖。

吕惠生还经常以自己投奔革命的切身体会，宣传中国共产党在中国革命中的地位和作用。在1943年4月28日皖中行署召开的宪政会上，他热情洋溢地指出：“中共是新世纪的创造者，人民的救星、真正的上帝。”[①]他热烈颂扬新四军在抗战中立下的丰功伟绩和伟大的献身精神：“此种精神，可以动天地，泣鬼神，新四军凭这些功劳全可自许是中华民族的优秀子孙。”[②]

在政权建设中，吕惠生坚决执行“三三制”的原则，发动各界人士参政。他还认真主持选举参议员的工作，成立了皖中参议会，并发挥其积极作用。

在农村工作中，吕惠生认真执行减租减息政策，提高农民的生产积极性。同时，以极大的精力来从事根据地的水利建设。在严酷的战争条件下，吕惠生仍然视兴修水利为关系发展农业生产、改善人民生活、巩固民主政府的大事，紧抓不放。他根据农民的实际负担能力，制定出“地主出钱，农民出工”的原则，亲自规划了无为县的三闸（季家闸、陈家闸、黄树闸）的改建方案，还领导了和县境内江边新桥闸等水利工程的修建。这些水利工程的顺利完成，使数十万亩农田受益。

1943年秋，经皖中行署和皖中水利委员会讨论决定，由吕惠生主持进行皖中根据地最大的一项水利工程——黄丝滩大堤修建工程。黄丝滩位于长江北岸，是长江的重要堤防之一，与安庆同马大堤齐名。它关系

---

① 吕惠生：《在宪政座谈会上的讲话》。

② 吕惠生日记。

到无为、庐江、舒城、和县、含山、巢县等7个县广大人民群众的生命财产安全，素有“一线单堤，七邑生命”之谓。明末以来近300年间，大堤曾决口96次，是皖中地区的一大祸患。民国初年和1931年，大堤又先后两次出险，无为等7县洼地尽成泽国，数百万人民惨遭浪劫。其时，无为大堤的黄丝滩一段，由于江水的长期冲刷，已露裂痕，急需退建。

10月6日，各县水利代表在无为汤家沟镇开会，成立了黄丝滩退建工程委员会和退建工程局。受皖中参议会和党政机关重托，吕惠生主持了黄丝滩大堤的修建工程。施工前，他与行署副主任张恺帆会同有关部门及临江行政办事处的负责干部，不畏风险，通过伪军刘子清占据的地段，赴工地勘察退建基线，决定了工程起讫点，并商定了施工前的种种准备事宜。为保证工程质量，工程局特地从外地请来了工程师，负责勘测、设计、估算等方面的技术性工作。吕惠生和张恺帆还专门对工程师进行了一番思想工作，教育他为国家抗战建国创大业，为老百姓兴利除害作贡献，并向他提出3点要求：（1）勘线要少压民田，避开险段；（2）要加快进度，尽量缩短工期；（3）要革除陋规旧俗，不准借端敲诈民众财物。

黄丝滩工程委员会和工程局先后动员了无为、临江、湖东、含巢等有关地区民工21万人。有感于共产党和抗日民主政府的造福于民，并不受益的山区群众和远在江南的铜陵、繁昌两县人民，也踊跃出夫支援工程。工程于1943年11月底动工，到翌年5月初胜利竣工。前后104天，费工100余万，挑土400万余方。江堤全长6.5公里，高6米，底宽36米，成为保护无为、巢县、和县、含山、舒城、庐江、合肥7县200余万人民的生命财产安全，使300万亩良田免遭水患的坚固屏障。这条江堤是在没有任何现代化机械的条件下，完全靠人力一锹一筐地修建起来的。尤其值得指出的是：“修建期间，日寇伪军不断进行骚扰，企图破坏黄丝滩大堤的建设工程。我师（新四军七师）提出了‘武装保卫修堤’的口号，不仅派出大批部队参加修堤，并且屡次打退了敌伪的武装扰乱，保证了修堤工程的胜利完成。”[①]

新四军七师政委曾希圣在庆祝黄丝滩新堤落成时，热情洋溢地著文指出：“其规模的宏大，成绩的优异，出乎人们想象。不仅在皖中是个史无前例的大工程，即在华中，也是一件与人民生活切肤相关的大工程”，“这是皖中劳动人民的惊人奇迹，更是敌后水利建设中的一个新创造，新记录”[②]。华中《大众日报》和延安《解放日报》也都报道了黄丝滩大堤胜利竣工的消息，表扬皖中抗日根据地政府领导人民所做的出色的工作。

为了表彰吕惠生在兴建大堤中作出的杰出贡献，由皖中参议会会议提议，经中共皖中区委研究同意，将黄丝滩新堤命名为“惠生堤”。“其理由是：吕惠生为皖江行署主要领导干部，政绩卓著，他为这项退建工程，花了不少心血，而且惠生二字含有惠及民生的意义。”[③]

为了全民动员，抗击日伪顽的骚扰和进攻，中共皖中区委提出了“武装抗日”、“保卫家乡”和“防奸防匪”的号召。吕惠生积极抓好组织群众武装的工作，根据地内普遍组织起抗日自卫队和基干民兵。1942年10月，行署政府举行了全区民兵大检阅，同时成立了皖中民兵联防司令部。吕惠生任司令员，区党委副书记李步新任政治委员。为搞好群众武装组织的建设与发展，吕惠生经常教育干部要充分认识“寓兵于农，寓兵于民”的重要性。群众武装组织的建设与发展，有力地加强了根据地军事斗争的力量。

在根据地的财政、经济、文教、卫生等各项政务中，吕惠生也做了很多工作。行署大力兴办工厂，积极发展商业贸易，成立了根据地金融机构大江银行，发行了大江币，保护了皖中根据地人民的经济利益。抗日民主政府在搞好生产、发展经济的基础上合理地征粮征税，在经济上做到了自给有余，不但保证了新四军七师的军需供应，而且向苏北新四

① 曾希圣：《皖江的抗日斗争》。
② 曾希圣：《庆祝黄丝滩新堤落成》。
③ 蒋伯举：《黄丝滩退建工程纪事》。

军军部源源不断地提供了数量可观的钱财物资。在战争硝烟中，皖中根据地恢复和开办了一批中小学和民办小学，还办了民众识字班、农村夜和冬学，一派欣欣向荣的景象。

对群众的生死温饱、利害痛痒，吕惠生无不关注。1943 年春，他了解到出现了群众倒毙街头的事时，立即召开财经会议，专门研究解决粮食问题及民间米荒问题，并作了严厉的自我批评："曩年破坝，饿死人之事，怕不多，今乃并不十分荒歉，竟至饿死人了，其原因在于管理之不善，以致粮食冻结，此实政治上之失败也。愧愧，若不立即设法挽救，前途将有不堪。"

在无为赫店，吕惠生亲自处理过一起民事纠纷。赫店村民刘希代自恃族旺势大，毒打单姓的许姓青年。吕惠生得知此事，很是生气。他在赫店会同基层干部召开群众大会，宣传抗日政府的法制，责令刘希代当众检讨，并赔偿医药费。此事的公正处理，得到群众的一致拥护。民主政府爱人民。吕惠生以自己的模范工作在广大群众中树立起民主政府的崇高威望。

吕惠生严于责己，从善如流。他曾自勉道："我之所见所闻，一概要无余的反映给上级，以作参考材料。若说怕碰包，专门以迎合上级的心理为事，那我便是小人，便对不起良心，对不起革命。"①

为了维护党的抗日民族统一战线政策，反对统战工作中的"左"的思潮，吕惠生曾与新四军七师的个别领导发生过激烈的冲突。在一度被错误地停止工作的情况下，他还是忍辱负重地坚持向上级领导反映自己的正确意见。因为，他认为："我们的劲敌是中国落后的国民党顽固派，只有克服了它，我们的革命才能走上胜利完成的大道。我们何以战胜它？只有精心刻意，把中央所给我们的法宝——政策，研究好，施行好，才能战胜它。既如此，我们还能稍有主观吗？还能稍稍自以为是，不向坏的倾向斗

① 吕惠生日记。

争吗?”

吕惠生顾全大局，将个人的恩怨置于革命大业之下：“我是一个人，而且是一个受了社会高深教养的知识分子，当这样国家民族空前困难，且是国家民族空前转变，将要抛弃一切坏的东西，变成一个崭新的万世幸福光明的局面的时候。在这时候，我不能尽心竭力地担负起我人民一分子的历史使命吗?！我是一定要担负起来的。”“我只想得（的）是，安分自勉，做一个中华国民，尽力快跑，做一个老老实实的革命拥护者，所谓鞠躬尽瘁，死而后已。”①

对子女的培养教育，完全从革命需要出发。刚到津浦路东时，新四军二师抗敌剧团急需一批小演员。吕惠生的长女吕晓晴和长子吕其明都是被物色的对象。当时，吕晓晴 12 岁，吕其明 10 岁。沈自芳舍不得让孩子小小年纪就离开父母，想让他们继续上学，但吕惠生一口答应了抗敌剧团。他耐心地开导妻子，要想开一点，想远一点，让孩子们到革命队伍里去经受锻炼，闯出自己的人生道路来。年幼娇憨的吕晓晴害怕陡然失去母亲的卵翼，3 次哭着让剧团同志送回家来。吕惠生坚决地第 4 次送走了稚弱的女儿。他还严肃地批评当时一些干部出于溺爱，把子女留在机关和自己身边的做法。以后，他的次子吕道立也在 13 岁时，就参加了新四军七师大江剧团的工作。

在抗战行将胜利的曙光中，吕惠生更加意气风发、斗志昂扬地投入愈益繁重的工作中。他不辞劳苦地深入铜陵、繁昌、湖东、临江、无为、和含等县指导工作。每到一地，即召开各级干部备战动员大会，号召全体干部和群众积极行动起来，切实做好备战工作，从精神上、物质上做好充分的准备，以迎接抗日大反攻阶段的到来。

1945 年 8 月 17 日，新四军七师的健儿解放了位于皖江中心区的无为县城。无为城解放当天，吕惠生就下令开仓放粮，赈济贫民。在无为县政府

---

① 吕惠生日记。

召开的各县人士千人祝捷大会上，吕惠生发表了鼓舞人心的讲话，并号召军民团结一致，为建设统一富强的新中国而奋斗。

六

八年抗战，全国人民历尽艰难困苦，终于取得了胜利。为了避免新的内战，满足人民要求和平的强烈愿望，中共做出重大让步，决定撤出包括皖中、皖南在内的8个解放区。1945年9月，皖江行政公署和新四军七师奉命北撤。吕惠生因病不便陆路行军，他与家眷、警卫员及部分伤号、医护人员共25人，分坐两只木船，从无为姚王庙渡口上船向江苏六合进发。船行至和县西梁山江面，与尚未受降的汪伪无为县县长胡正纲部的轮船相遇。在被拦住去路并受到开枪威胁的情况下，吕惠生等乘坐的木船被迫停靠接受“检查”。在第一条船上，伪军查到了乘坐这只木船的新四军独立旅参谋王惠川夫妇穿新四军军装的照片和一些子弹。在吕惠生等乘坐的船上又查出了两支短枪。尽管吕惠生的警卫员赵先勇挺身而出，承认枪是他的，他是到南京去贩枪的，伪军还是断定这两条船上的人都是新四军，遂把两条船上的乘客都赶上岸去搜查拷问。

赵先勇首当其冲，受尽酷刑，被伪军残忍地折磨至死。但赵先勇始终严守党的机密，没有暴露自己的真实身份。因为事先做了周密的准备，吕惠生沉着镇定地应付敌人，出示了化名“余四海”的身份证，说是去南京治病的乘客，所以他最初并未引起敌人注意。不料，在芜湖大孤山受审时，一个被新四军俘虏过的伪军认出了吕惠生：“你不姓余，你姓吕，你是新四军皖江行政公署主任吕惠生。”胡正纲闻讯大喜，当晚赶来面见吕惠生。吕惠生大义凛然地谴责他卖身投敌的前愆和继续为非作歹、残害民众的罪行。胡正纲辞穷理屈，扫兴而去。

吕惠生被捕的消息传出后，中共皖江组织立即派员赴芜湖设法营救。曾希圣指示有关人员不惜一切代价营救。为增加营救力量，已北撤至山东的民主人士王试之等人携带一批活动经费专程南下；同时还通过中共上海地下组织的关系，在芜湖进行多渠道活动。经各方努力，除吕惠生和王惠川外，沈自芳与王惠川爱人李云芳及其他被捕人员，都先后获释。但此时胡正纲以重金贿赂，使自己的部队改编为国民党江苏省保安团。1945 年 10 月中旬，胡正纲部移驻南京市江宁镇郊外。吕惠生被胡正纲交送国民党关进南京监狱。在狱中，国民党反动派使用了种种手段来威胁利诱吕惠生。吕惠生毫不为动。无为县臭名昭著的国民党特务以同乡和相识的关系来劝降，亦被吕惠生骂得狗血喷头，狼狈而去。他在日记中写道："人当争取人格。洪承畴降清只是一念之差。我若陷于不幸，决不做洪承畴。"对于为革命而牺牲生命，吕惠生早有充分的思想准备。他在狱中曾赋诗明志：

忍看山河碎，愿将赤血流。
烟尘开敌后，扰攘展民猷。
八载坚心志，忠贞为国酬。
且喜天破晓，竟死我何求？

在芜湖狱中时，有一次，胡益鑫前往探监，看见吕惠生正在牢房门口痛斥胡正纲一伙厚颜无耻、祸国殃民的罪行。胡益鑫吓了一跳，连忙上前小声劝阻道："吕先生，你尚在虎口之中，千万别发脾气。"吕惠生却坦然大声回答道："我早已将生死置之度外，有何畏惧！"专司看押吕惠生的副官王一富也不得不承认："我们的胡团长讲不过吕主任。"吕惠生坚守着"清洁明白，死而无臭"的人生座右铭。在法庭上，国民党的法官问他："你不怕死吗？"吕惠生回答说："你可以问问，共产党中有几个怕死的？"敌人黔驴技穷，使出了最后一招："马上就枪毙你！"吕惠生冷冷地说："那好，现在就请吧。"说着，往外就走。弄得敌人目瞪口呆，毫无办法，终于对吕惠生下了毒手。

1945 年 11 月 13 日，吕惠生在南京郊外江宁镇被残酷杀害，终年 44 岁。

倪志亮

孔繁军　刘　波　彭玉龙　刘东元　毕　成

倪志亮，生于1900年。1926年考入黄埔军校第四期，同年加入中国共产党，1927年参加广州起义。曾任红军团长、师长，红四方面军参谋长，八路军第一二九师参谋长、晋冀豫军区司令员，辽北、嫩南、嫩江军区司令员，西满军区副司令员，东北军政大学、中南军政大学副校长，中国驻朝鲜民主主义人民共和国首任大使，后勤学院副教育长，人民解放军武装力量监察部副部长等职。参加创建红四方面军和鄂豫皖苏区，参与领导开辟川陕苏区，率部参加长征，领导开辟晋冀豫抗日根据地，率部参加解放东北和进军中南等战役战斗。是人民军队优秀高级军事指挥员，在作战指挥、司令部建设、后勤保障、军队院校建设和干部培养以及外交工作等方面建树颇多。是第四届全国政协委员。1955年被授予中将军衔。曾荣获一级八一勋章、一级独立自由勋章、一级解放勋章。1965年逝世。

一

倪志亮，1900年10月出生于北京市一个贫民家庭。全家父母弟妹共6人，靠父亲做小买卖维持生活，经济拮据，常负债务。倪志亮8岁入私塾，学了4年，后在市立高小读书至15岁毕业。1916年，倪志亮因家贫辍学，到杂货店当学徒，受尽老板的奴役和虐待。他不堪忍受这种牛马不如的生活，决定到军队中去找出路。

1917年春，倪志亮到京郊北苑皖系军阀吴光新部第二混成旅当兵。后随该旅开赴四川重庆和湖北宜昌等地。其间，倪志亮曾入学兵营受训，任过班长、司务长、排长等职。经过几年的军旅生活，倪志亮感到军阀部队争权夺利，混战不息，政治腐败，军纪涣散，没有前途，因而决心另寻出路。

1925年秋，黄埔军校在河南开封招生。倪志亮听说这是一所革命的学校，是专门培养打军阀人才的，就以极大的热情去报考，被录取。1926年1月，他到达广州，被编入黄埔陆军军官军校第四期入伍生第一团受训。当时，广州是革命的中心，倪志亮在这里受到了轰轰烈烈的大革命的熏陶，对一些共产党员同学非常羡慕和尊敬。他如饥似渴地学习革命理论，阅读有关介绍社会主义、共产主义的书籍和《中国青年》等进步书刊，特别是受共产党员恽代英、孙炳文等政治教官的影响，思想发生了很大变化，初步认识到中国为什么要革命，革谁的命，谁能领导中国革命等问题，萌发了要求加入中国共产党的强烈愿望。他积极参加中共领导的中国青年军人联合会，同蒋介石操纵的孙文主义学会的反动分子进行了坚决的斗争。通过这些斗争，倪志亮进一步提高了阶级觉悟和思想认识，更加积极主动地靠拢中共组织，努力完成党组织交给的各项工作。10月，第四期入伍生训练结束，倪志亮被编入步兵科第一大队第二中队学习。[1] 这时，黄埔军校中的中共组织，根据他的要求和表现，由徐怀云、冷启英介绍，吸收他为中国共产党党员。

1927 年 4 月，广东军阀支持蒋介石发动四一二反革命政变，并在广州“清党”，制造四一五惨案。4 月 18 日，黄埔军校进行“清党”，倪志亮等 130 余名共产党员被逮捕。先是被关押在学校附近的木船上，一个多星期后转到虎门要塞。同年冬，粤桂军阀冲突爆发后，倪志亮被转押至广州市公安局。半年多的铁窗生活，他不仅没有屈服，反而意志更坚强、信念更坚定。他认定自己所走的路并没有错，革命并没有就此完结，新的斗争风暴定会到来！

12 月 11 日凌晨 3 时许，突然枪声大作，中共领导的广州起义爆发。当起义军攻入广州市公安局，打开监狱的铁门时，倪志亮热泪盈眶，激动地和起义士兵久久拥抱。他随即拿起武器，参加起义部队的工人大队，投入到激烈的巷战之中，不幸左腿受伤，但他忍着剧痛，继续坚持战斗。

广州起义爆发后，反动势力立刻同帝国主义勾结起来，向广州猛扑。起义军经过 3 天的浴血奋战，最后撤出广州。倪志亮在随起义部队开赴东江至增城的途中，因长期坐牢和受伤，身体虚弱，旧病复发，加之伤势过重而掉队。后来，他流落到广州大东门燕塘一个卖小吃的摊棚打工三个月，挣到几块钱路费。此时，广州的白色恐怖十分严重，在街上只要听到外乡人的口音就抓。倪志亮在这里找不到中共组织，又担心被黄埔军校的反动分子认出，便离开广州，于 1928 年 3 月来到河南省新蔡县友人耿遵滨家暂住。

在新蔡期间，倪志亮多方打听，设法同中共组织取得联系。一个偶然的机会，他遇到了武汉政府解体后离队返乡的黄埔同期同学刘道立、卢象禹。经他们介绍，倪志亮同中共新蔡县委取得了联系，被分配在城关区委工作。后来，他又辗转千里来到上海，找到了中共中央。这期间，各地的

---

① 倪志亮：《历史思想自传》（1953 年），存总政治部档案馆。

武装起义此起彼伏，他主动提出做军事工作。中共中央批准了他的请求，派他到鄂东根据地开展武装斗争。倪志亮装扮成一个商人，避开敌人的搜捕，历经艰险，于10月到达鄂豫边区，同当地中共组织取得了联系。

二

1928年10月5日，倪志亮受中共中央军委派遣来到鄂东北，接替徐其虚担任红十一军第三十一师第三大队队长，参加领导当地的武装斗争。第三十一师，师长由军长吴光浩兼任，党代表戴克敏，对外号称四个团，实际是四个大队。第一大队队长晏仲平，党代表王树声；第二大队队长廖荣坤，党代表江竹青；第三大队队长倪志亮，党代表吴先筹；第四大队队长程昭续，党代表江子英。全师仅有120多人，90多支长枪，10多支驳壳枪。

在师部的直接领导下，倪志亮率部致力于柴山堡苏区的创建工作。他和大队党代表吴先筹密切配合，努力加强部队建设。由于多数指战员都是没有军事素养的贫苦农民，倪志亮将黄埔军校的训练方法和自己的军事经验传授给他们，教他们射击和简单的战术运用，提高了部队作战能力和军事素质。王宏坤后来回忆说："倪志亮是北京人，黄埔生，1928年底被中央派到鄂豫皖，他是来得最早的。那时游击队的战士大都来自黄麻暴动的农民红枪会、赤卫队，他们对打仗还不熟悉，倪从最基础的队列操练、射击、刺杀等教起，到单兵、班排进攻、掩护等基本战术，使队伍很快掌握了打仗的本事；他要求部队非常严格，不能容忍散漫、吊儿郎当，那时打游击，年轻人爱漂亮，蓄着小分头，他就要求立即剃光，并从作战负伤后便于救治和军容整齐方面予以说明。"①

1929年2月中旬，国民党军第十八军两个团由黄安、麻城北上，进攻柴山堡地区，冯玉祥驻豫东南的部队也在北面积极配合，加紧堵截。第三

① 王宏坤:《我的红军生涯》（上），人民出版社1991年版，第41页。

十一师兵分三路突围，沿黄安、麻城两县边界向国民党军侧后进击。王树声、倪志亮率第一、第三大队为第一路，从黄安北部向西活动，在禹王城歼敌仙居区“清乡团”，缴枪 28 支。接着，又攻下地主坚固围寨熊家畈、涂家湾和高桥区萧元家寺民团，缴获长短枪 20 余支。这个时期，倪志亮还做了瓦解敌军的工作。驻黄陂的国民党军一个工兵连，为桂系部队缩编而成，对蒋介石的苛刻待遇甚为反感。倪志亮派人去做工作，后该连由左福桀领导投奔红军，同第三大队会合。

6 月，中共中央派徐向前到鄂豫边，负责第三十一师的军事指导工作。徐向前是黄埔军校第一期毕业。倪志亮对徐向前的到来感到特别高兴，表示坚决听从徐向前的指挥，支持徐向前的工作。从此两人在战斗中结下了深厚的革命情谊。

当时，国民党军罗霖、李克邦部企图围歼红军第三十一师于黄安、麻城、光山交界地区。徐向前指挥部队采取与敌周旋、避强击弱的作战方针，很快就粉碎了“罗李会剿”。战斗中，倪志亮率领第三大队英勇作战，并在兄弟部队的配合下，收复了被国民党军占领的柴山堡。7 月 1 日，红军第三十一师和光山农民武装进攻白沙关，倪志亮率部为东路，和其他几路一举攻占白沙关，歼灭反动民团数百人，巩固和扩大了鄂豫边苏区。8 月中旬，国民党军又发动了“鄂豫会剿”。徐向前率部在白沙关反击，歼国民党军 60 余人。后因内线作战不利，遂向麻城北部转移，实行外线出击，先后消灭了黄陂的长堰、夏店，黄安的八里湾，麻城的谢店等地方反动民团，配合第三十二师粉碎了国民党军的“鄂豫会剿”。这期间，倪志亮和大队党代表吴先筹率部艰苦转战。战斗中，吴先筹身负重伤，仍坚持杀敌。倪志亮命人用担架将他抬下火线，战后又到医院看望战友。但囿于当时的医疗条件，吴先筹伤势恶化，为革命献出了 23 岁的生命。10 月，在徐向前指挥下，倪志亮率大队和兄弟部队一起，又粉碎了国民党军“徐（源泉）夏（斗寅）会剿”。红军三战三捷，极大地鼓舞了苏区群众，壮大了红军和地方游击队，巩固扩大了鄂豫边苏区。12 月，鄂豫边军事委员会成立，徐向前任主席兼第三十一师师长，倪志亮仍任该师第三大队（对外称第九十三团）大队长。

1930年3月，根据中共中央的指示，第三十一师与在商南武装起义基础上组建的第三十二师和在皖西六安、霍山农民起义基础上组建的第三十三师，合编为工农红军第一军，辖第一、第二、第三师，许继慎任军长，徐向前任副军长兼第一师师长。倪志亮任第一师第三大队队长。

5月，倪志亮由于作战英勇，战绩突出，被推选为鄂豫边红军的代表，参加在上海召开的全国苏维埃区域代表大会，并带去了他撰写的提案。

同月，蒋（介石）冯（玉祥）阎（锡山）军阀混战在中原地区爆发。鄂豫皖边区周围的国民党军纷纷北调，留下的少数军队都缩进县城，地主民团武装亦据守寨堡。红军第一师领导认为，这种局面很利于红军的发展，为积极发动群众斗争，扩大土地革命运动，决定率部队向平汉铁路南段开展游击战争。

6月中旬的一个夜晚，倪志亮率第三大队从二郎店奔袭20公里外的杨家寨车站，同兄弟部队配合，全歼守军郭汝栋部两个连，缴获步枪100余支，俘虏士兵数十名。为了迅速转移部队，对被俘士兵每人发给两块钱，予以释放。战后，部队转驻黄柴畈休整，将根据地一批地方武装和新兵补入，全师扩编为3个支队和1个特务大队，每个支队辖4个大队，兵员达1200余人。倪志亮任第三支队队长。这是第一师第一次扩编。

同月26日，国民党军郭汝栋部的一个团从广水进至杨平口以南的郑家店。他们认为红军游击队是“乌合之众，不堪一击”，并声言要向杨平口一带进攻，找红军游击队报两个连被歼之仇。另一个团也从花园进至小河溪地区，企图南北夹击第一师。根据这种情况，第一师召开军事会议，决定在杨平口以东地区伏击国民党军。按照徐向前的部署，部队进入预定伏击区，王树声率第一支队在杨平口以东左翼山脚下埋伏，倪志亮率第三支队同第二支队一起在右翼山上埋伏，孝感县游击队配置在杨平口以西山上，师特务大队同孝感县游击队一部前出郑家店附近，引诱国民党军上钩。当国民党军进入红军伏击圈后，徐向前一声令下，冲锋号吹响了。倪志亮一跃而起，把枪一挥，高声喊道：“同志们，冲啊！”第三支队的战士们似猛虎下山，向国民党军猛扑过去。枪声、喊杀声顿时响成一片。郭汝栋部系四川杂牌军，由于地方军阀内部的矛盾被挤出川，投靠蒋介石充当“剿共”走卒。该部士兵多数吸食鸦片，号称“双枪兵”，哪里经得住这样的突然打击，一听枪声即丢掉背包、枪支，纷纷向后逃跑，跑不动的就跪在那里缴枪，哀告饶命。红军战士如同虎入羊群，横冲直撞。第一支队有个战士，一个人就缴获步枪18支。经过4小时的激战，共歼国民党军1000余人，缴枪800余支，取得了鄂豫皖红军成立以来首次歼国民党军1个整团的胜利。这次胜利，大大鼓舞了群众的斗争热情。在中共应山县委的领导下，杨家寨至王家店铁路两侧广大地区的几千农民，一夜之间就把那段铁路全部扒毁。这一行动积极配合了红军作战，使国民党武汉行营受到严重威胁。

杨平口战斗胜利后，第一师重返黄柴畈，进行第二次扩编。第一支队编成第一团（欠第二营），团长王树声，政治委员戴克敏；第三支队编为第三团（欠第三营），团长倪志亮，政治委员江竹青。第二支队分别充实进第一、第三团。全师编成4个营（12个连），每个营枪支充足，还有编余的步枪300余支。后方各县的赤卫军也积极要求参军，数日之内，部队就扩充到1500余人。

部队整编后，倪志亮指挥的第一次战斗是小河溪之战。一天夜里，他带领部队行军途中，一个农民来报告说，国民党军两个团已集合，正准备向黄陂出动。倪志亮请示师领导后，即指挥部队趁着夜幕向国民党军猛攻，出其不意地将其打垮，缴枪30多支、子弹200箱，俘国民党军100余人，并活捉副旅长刘夷。

小河溪战斗后，第一师接着围攻信阳。王树声率第一团担负前卫，倪志亮率第三团进攻车站并负责武胜关方向的警戒。战斗中，倪志亮身先士卒，带领部队迅速攻占了车站。为断敌援兵，倪志亮又指挥部队将离车站2.5公里处的铁轨拆毁。占领信阳车站对国民党军震动很大。

7月下旬，中共应山县委给第一师送来情报称：目前蒋冯阎军阀混战方酣，双方大军集结于陇海铁路东段决战。现在武汉驻军很少，平汉路上守军兵力薄弱，从武汉开到花园车站的国民党军钱大钧部教导师一个团，因初到，情况不明，白天挖壕，夜间坐更，赶筑工事，只求保命。根据这一情况，第一师决定夜袭花园国民党军。28 日晚，部队从青山口出发向花园前进。当部队到达花园车站东南 15 里的平头山时，天已快亮。师领导命令部队趁黎明前的宝贵时机，沿铁路两侧以农作物为掩护，奔向花园车站。

花园镇位于平汉铁路东侧，国民党军钱大钧部的兵力部署呈梅花形：步兵营的两个连驻镇内，另一连驻东南之曾家庵、丁家台子；重机枪营的两个连驻镇北车站东侧，另一连及团部驻车站西侧之北门外横街；迫击炮营驻镇西北之李家祠，团直步兵连驻罗湾。根据国民党军部署，第一师决定兵分两路，由王树声率第一团从东南方向进击，解决铁路东侧的国民党军步兵连、重机枪营、团部及罗湾的直属步兵连；由倪志亮率第三团与师直属特务大队一起从西南方向进击，解决镇内的国民党军；而后两个团一起夹击其迫击炮营。

在旭日方升之际，部队突然向钱大钧部发起猛攻，正在洗漱的国民党兵，当即乱作一团。有的丢了脸盆去拿枪，哪知道枪早被红军战士拿到手了。铁路东侧的重机枪营发觉红军后，立即用机枪封锁道路，企图掩护其主力展开。倪志亮命令一部分兵力正面吸引国民党军火力，团主力迅速从两翼迂回包抄，将重机枪营消灭。经过 3 个小时的战斗，红军除个别战士负伤外，无一牺牲，就把钱大钧教导师的一个团全部解决了。这次战斗，共毙伤俘国民党军团长以下官兵 1400 余人，缴枪 800 余支，并首次缴获重机枪 8 挺，迫击炮 5 门。

第一师在平汉铁路上取得的一系列胜利，大大鼓舞了人民群众的斗争情绪，广大青年农民争先恐后地报名参军。第一师进行第三次扩编，第一、第三团各补齐三个营的建制，各团增编特务连；还另编一个机炮混成团。从此，第一师在装备、编制上都进入了一个新的阶段。时隔三十多年后，倪志亮回忆起这段历史，仍心潮起伏，难以忘怀。他挥笔赋诗写道：

平汉游击五十天，

三战三捷三扩编。
红军声势震武汉，
革命烽火遍地燃。①

10月，蒋介石在调集10万大军“围剿”中央苏区的同时，又动用8个师另3个旅近10万人，对鄂豫皖苏区发动第一次大规模的“围剿”。

红军得悉国民党军“围剿”的情报后，决定先向南线之国民党军反击。10月上旬，红一军袭占光山，强攻潢川，16日占领罗山，歼灭了不少国民党正规军和反动民团，同时成立了光山、罗山两县的革命政权。

11月中旬，红一军攻打姚家集、黄安，因敌固守，两个攻坚战均未奏效，倪志亮所在的第一师第三团政治委员江竹青不幸牺牲。下旬，第一师奔袭黄安东南的谢店，消灭了立足未稳的夏斗寅部第十三师一个营。为进一步扩大苏区，倪志亮和郭述申去罗山红四军军部，向许继慎、曹大骏、徐向前、熊受暄等军领导提出南下作战的建议，得到采纳。

同年冬，雪花纷飞，红军战士还穿着单衣。红军得到情报，新洲城内空虚，只有一些民团。红一军领导决定攻打新洲，搞点物资回来好过冬。11月28日，第三团在倪志亮率领下，冒雪踏泥急行军，一口气跑了50多公里，到了新洲城下。国民党军因下雪天大意过了头，把城门岗哨都撤了。第三团没放一枪一弹，就进了新洲城。城内不仅有民团，还多了国民党军的一个旅。这个旅是郭汝栋的第二混成旅，他们也是刚刚进城，吃罢晚饭，正在安顿睡觉，乱糟糟的，毫无秩序，也不知道红军已经到了他们跟前。倪志亮一声令下，枪声随即响起。他指挥第三团协同兄弟部队干脆利落地全歼第二混成旅两个团，缴获大批枪支和军需物资。谢店、新洲两个胜仗，给国民党军以当头棒喝，大壮了红军的声威，揭开了反“围剿”的序幕。

新洲城是个大商埠，城内大的店铺不少。红军战士缴获了许多金银首饰，但战士们不识货的多，把金镯子当铜器耍，随地丢弃。倪志亮知道后，

---

① 倪志亮：《三战三捷》，《星火燎原》（选编之一），战士出版社1979年版，第461页。

立即让第三团第一营一连战士、在当铺当过学徒的王新亭前往辨认。王新亭鉴定出许多被弄坏的真金首饰。倪志亮说："王新亭既然能'鉴宝'，自然有文化，让他当连队指导员吧！"后来，第三团在麻埠阻击国民党军反扑时，第一连指导员徐其德牺牲，倪志亮遂命令王新亭担任第一连指导员。

随后，红一军又攻克罗田，转入商南、皖西地区。12 月 14 日，红一军夜袭金家寨。这一仗，第二师担任主攻，倪志亮率领的第一师第三团担负断敌退路的任务。第二师将国民党军击溃后，倪志亮指挥第三团勇猛追击，缴枪 200 余支，迫击炮 2 门，歼国民党军第十六师一个团及民团 1000 余人。接着，红军又兵分两路，直逼六安城下。

这时，国民党军急忙调兵从东、南、北三面合围，企图聚歼红一军。12 月 30 日上午，红一军与国民党军中路先头团在东香火岭遭遇。徐向前立刻命令王树声、倪志亮分别率第一、第三两团抢占南北两侧高地，居高临下，对国民党军侧击；命令第二师第四团从正面发起猛攻。乱如麻团的国民党军，很快被压到一条山沟里，全部被歼。国民党军后卫团见势不妙，慌忙掉头回窜。王树声、倪志亮分别率第一、第三两团乘胜猛追，在地方赤卫队的配合下，将其包围在同兴寺附近歼灭。此次战斗，共歼国民党军 3 个团，击溃 3 个团，毙伤俘 3000 余人，缴获沈阳兵工厂制造的新枪 1700 余支、迫击炮数门、电台 1 部，取得了粉碎蒋介石第一次"围剿"关键性一仗的胜利。

1931 年 1 月中旬，红一军与鄂东南蕲（春）、黄（梅）、广（济）地区发展起来的红十五军在商城南长竹园会合，奉命合编为中国工农红军第四军，下辖第十、第十一师，倪志亮任第十一师第三十一团团长。

红四军成立后，中共鄂豫皖临时特委决定转入进攻作战，命令红军肃清商城、光山之间的反动寨子及地主武装。倪志亮奉命率部队随主力围攻光山县境内的新集。新集三面依山一面临河，寨墙高筑，易守难攻。寨内有民团 1000 多人，是土豪劣绅和光山南部反动势力集聚的中心。红军部队围攻几日未破，倪志亮发动大家献计献策，终于想出了一条妙计。按照此计，表面上继续不断地向敌人挑战，吸引其注意力；暗地里却利用北门外的小商店作掩护，挖掘坑道接近寨墙，用棺材装黑色炸药300余斤及山炮弹数枚，点火后“轰”的一声，将寨墙爆破两丈多的缺口。随后，倪志亮率第三十一团冲进寨内，与王树声指挥的第三十团歼灭反动武装1000余人。

这时，蒋介石正抽调兵力准备对中央苏区进行第二次“围剿”，平汉铁路南段空虚。红四军决定乘虚而出，突击国民党军。3月2日，倪志亮所在的第十一师首先冒雪夜袭李家集车站，截住一列兵车，全歼兵车上的国民党军新编第十二师一个旅，击毙旅长侯镇华。

红军在平汉铁路的行动，使国民党军大为震惊。郑州“绥靖”公署主任刘峙和武汉“绥靖”公署主任何成浚联合指挥部队，企图夹击红军。各路国民党军中，以第三十四师师长岳维峻部最为冒进突出，已进抵广水东的双桥镇。根据红四军军部的部署，王树声指挥第三十团和倪志亮指挥第三十一团，分两路从北向南和从东向西实施正面突击。

9日拂晓，战斗打响。实施正面突击的部队像猛虎似的冲向国民党军阵地。倪志亮带领战士们一阵手榴弹，把顽抗的敌人炸得血肉横飞。红军正面突击部队很快突破了国民党军外围阵地，占领了部分高地。岳维峻慌忙指挥国民党军反扑，拼命争夺失去的阵地。双方反复冲杀，阵地几次易手。10时左右，红军迂回部队已到达预定位置，国民党军第三十四师已陷入红军的四面包围之中。11时左右，军部命令预备队出击。经过7小时激战，在罗山县独立团等地方武装和群众的支援下，全歼国民党军第三十四师，活捉师长岳维峻以下5000余人，缴获长短枪6000余支、炮14门，取得了红四军成立后的第一次大捷。

3月中旬，国民党军开始布置对鄂豫皖苏区进行第二次“围剿”。蒋介石限令在5月底“完全肃清”鄂豫皖地区红军。红四军采取避其主力、打其虚弱的方针，军部首先率第十、第十一师东出皖西，毙伤俘敌2000余人。之后，倪志亮率第三十一团随主力部队迅速西进，在新集以北之浒湾痛击敌人，歼其近1000人。随后又和地方武装一起乘胜横扫光山南部的地主武装，拔除了一些围寨。5月底，红四军又南下围攻黄安附近的桃花店，歼国民党军近两个团。至此，国民党军的第二次“围剿”被粉碎。

7月，蒋介石亲自出马，发动对中央苏区第三次“围剿”，而在鄂豫皖边区则暂取守势。这正是红军转入进攻、积极向外发展的有利时机。中共中央鄂豫皖分局书记张国焘提出，攻英山，出潜山、太湖，进逼安庆，威胁南京。徐向前、曾中生等红四军领导则认为，红军兵力有限，不宜远离苏区进行无后方作战，主张打下英山后，南下蕲春、广济地区，威胁长江，策应中央苏区反“围剿”斗争。倪志亮积极支持南下方针，同张国焘的错误意见进行了激烈的争论。之后，他率部随红四军南下作战。8月1日，红四军首战英山。当时，英山城内有国民党军张汉泉一个团和保安团共2000多兵力驻守。倪志亮率第三十一团、王树声率第三十三团与第十二师的一个团，相继攻入城内，同国民党军展开了激烈的巷战。经过两小时的激战，全歼守敌1800余人。接着，红军又攻克浠水，回扫罗田。后又派兵奔袭漕河镇国民党军新八旅，全歼该旅两个团，并乘胜进占广济，威胁蕲春、武穴、黄梅，同湘鄂赣苏区红军形成夹江呼应之势。

国民党武汉行营得悉鄂东告急，忙派第十军军长徐源泉部堵击。9月1日，红四军主力迎击国民党军4个团于英山、广济间的洗马畈，以第十、第十一师从南北两面进攻，第十二师从东西两面配合。战斗打响后，倪志亮等率所部以迅雷不及掩耳之势突入国民党军阵地。此战，国民党军除一个多团乘夜逃窜，其余均被歼灭，师长赵冠英被捉。倪志亮后来挥笔赋诗写道：

红军作战真英勇，打起仗来像生龙，猛打猛冲多机智，包围迂回又机动。

春天捉到岳维峻，冬天又捉赵冠英，潢南击败汤恩伯，耀汗匪部窜麻城。

一年活捉二师长，两月解放双县城，苏区解放大发展，军民团结似铁铳。

三

1931年11月7日，红四军和红二十五军在黄安七里坪合编为红四方面军，徐向前任总指挥，陈昌浩任政治委员。倪志亮任红四军第十师师长。

1932年1月19日，红四方面军发起商（城）潢（川）战役，控制商潢公路，包围商城之敌，诱歼潢川之敌。当国民党军第二、第十二、第七十六师及独立第三十三旅共19个团沿商潢公路推进时，红四方面军命令第十二师担任正面阻击任务，以第十、第十一师置于左侧，第七十三师置于右侧，担任两翼迂回包抄的任务。

2月8日上午，战斗打响。红军正面部队死死顶住敌人的疯狂进攻。激战至下午，倪志亮率第十师、王树声率第十一师从左侧迂回进攻，抵刘寨包围了国民党军第二师师长汤恩伯和第十二师师长曾万钟的两个指挥部，并抢占了傅流店渡口，切断了国民党军的后路。国民党军军心动摇，全线慌乱。红军各路部队则乘势向其猛攻。此役共歼国民党军4000余人，缴枪2000余支。商城守军于10日逃走，红军收复商城，改名为赤城，建立苏维埃政府。在这次战斗中，第十一师师长王树声负重伤。战后，倪志亮调任第十一师师长，第十师师长由王宏坤接任。

3月21日晚，红四方面军总部指挥第十、第十一、第七十三师秘密渡过淠河，发起了苏家埠战役。倪志亮率第十一师北进，直逼六安城郊。23日，六安之国民党军两个团出援苏家埠，至韩摆渡附近遭红军第十、第十一师各一部两面夹击，残部分别逃入苏家埠和韩摆渡。倪志亮指挥第十一师一部及六安独立团又将韩摆渡围住。至此，红军完成了对苏家埠、青山店、韩摆渡之国民党军分割包围的计划。之后，倪志亮又部署部队打援作战，在六安至韩摆渡、苏家埠之间的平岗头、樊通桥一线，占据有利地形，构筑工事，准备打击六安方向的援敌。

3月31日，国民党军第四十六师师长岳盛瑄指挥驻六安、霍山部队同时出援，企图解救被围之敌。由六安出援之国民党军共4个团，其先头部队两个团进至苏家埠以北之凉水井、桂家老坟时，倪志亮指挥预备队第二十九团和担任阻击任务的第十一师主力进行两面夹击，歼其一个团，击溃一个团，被击溃的国民党军窜入韩摆渡。国民党安徽省主席陈调元智穷力竭，连连发电向蒋介石求援。蒋介石于4月下旬任命国民党军第七师代师长厉式鼎为皖西"剿共"总指挥，调15个团共2万余人，从合肥大举西进。这时，红四方面军除以少数兵力继续围困苏家埠、韩摆渡，并监视六安之敌外，以第十、第十一师主力分置于防御阵地两侧，以第二一八团一个营及六安独立团进至陡拔河以东地区诱敌西进。

5月2日，国民党军一部援兵占领婆山岭等重要山头，居高临下，对红军构成了一定的威胁。在此紧要关头，倪志亮命令所属第三十三团立即投入战斗。团长吴云山和政治委员李先念率全团指战员浴血奋战，经过白刃拼杀，夺回了婆山岭。第十一师第三十三团在此次战役中立下了战功，战斗结束后，受到中共鄂豫皖中央分局军事委员会嘉奖，并授予"共产国际团"红旗一面。

在国民党军援兵大部被歼的情况下，苏家埠、韩摆渡之敌固守无望，军心动摇。倪志亮指挥包围韩摆渡的第十一师积极开展政治攻势，瓦解敌军，迫使国民党军乖乖派出谈判代表乞降。5月8日，苏家埠、韩摆渡的国民党军同时缴械投降，分别举行了投降仪式。韩摆渡的敌人以连为建制，把武器整齐地放在地上，向红军第十一师师长倪志亮投降。此时，蒋介石并不知道韩摆渡的部队已经投降，又派运输机到韩摆渡空投食品。倪志亮命部队换上国民党军士兵服装，示意国民党军飞机空投物品。当飞机超低空飞行，投完物品后，红军步枪、轻重机枪一齐开火，将飞机打下。这是红军历史上用轻武器击落的第一架国民党军飞机。

苏家埠战役后，红四方面军又挥师西进豫南，发起了第四个进攻战役——潢（川）光（山）战役。国民党军两个团由第七十六师参谋长李亚光率领，进驻潢川南的璞塔集。6月13日，倪志亮率第十一师围攻璞塔集之国民党军。他命第三十一团在东，第三十二团在北，第三十三团在南，对敌实行包围。下午2时，倪志亮下达进攻命令。顿时，枪声大作，炮声隆隆，整个璞塔集硝烟腾空，弹雨纷飞。战士们高喊着“拿下璞塔集，活捉李亚光”，似猛虎般地扑向国民党军。经过激战，全歼国民党军两个团和民团1000余人，活捉李亚光。

6月，蒋介石调集30万大军对鄂豫皖苏区发动第四次“围剿”。由于张国焘推行“左”倾冒险主义战略方针，红四方面军苦战4个月，未能粉碎国民党军的“围剿”。10月10日，中共鄂豫皖分局和红四方面军总部决定红军主力跳出国民党军包围圈，向西转移。

8月，倪志亮任红四军军长①兼第十一师师长。

10月16日，张国焘决定：为了保证部队轻装行军作战，营以下职务的伤员就地遣散，自找归宿；营以上的仍然用担架抬着随军行动。这一决定意味着，一些伤病员可能就要落入国民党军或民团手中，凶多吉少。倪志亮设法将第十一师第三十二团第三营营长陈再道、政治委员胡奇才，第十一师通信队排长滕海清等负伤人员带入西征的队伍中，边走边疗伤。

住在后方医院的陈再道，是8月8日在猛攻麻城陡坡山战斗中负重伤的，他被医生告知“好好养伤，过一两个月，你就可以出院”。一天，陈再道正在换药时，倪志亮来到医院找他。一见面，倪志亮就打趣道：“陈再道，大家在前面打仗，你小子不错，住在这儿不走了。”“他伤还没好，需要继续住院治疗。”医生如实地解释。倪志亮急促地说：“你别听他的。你能不能骑马？能骑马的话，就赶快跟我走！”他不顾医生的阻拦，硬是把陈再道接出了医院。回到部队后，陈再道才知道倪志亮的这番苦心，要是等到伤好再出院的话，恐怕就再也找不到部队了。陈再道每每念及此事，打心眼里感谢倪志亮。他由衷地评价倪志亮：“他心胸开阔，性格直爽，以管理部队严格而让战士们生畏，但他很爱护下级和战士。”

部队出发后，身负重伤、也在遣散之列的滕海清拄着拐杖，追上了后卫部队，随后来到野战医院。因上级有规定，医院院长感到安排滕海清随医院行动有困难。得知这一情况后，倪志亮对院长说：“通信队的一个排

① 倪志亮档案材料，存解放军档案馆。

长是管营连干部的，职务相当于副团级，要按营以上伤员待遇对待。”滕海清因此得以留在野战医院养伤随部队西征。伤愈后，滕海清被派到保卫队当指导员，几天后又被倪志亮派到清江渡东南组织游击队。多年后，滕海清成长为第二十一军首任军长，回忆红军时期的岁月，动情地说：倪志亮是我尊敬的首长、要求严厉的上级，又是我可以推心置腹的兄长、为将做人的良师。

红四方面军向川陕转移途中，将要经过的地区筹粮困难，上级要求每个战士多背些粮食。但有个战士觉得背粮是负担，悄悄地减少了背粮的数量。倪志亮在检查部队时发现了这个情况，就对这个战士进行了批评教育。还有一次，在部队紧急转移时，师部通信班长把负责保管的银元丢了。这些银元是指战员用生命和鲜血从国民党军那里夺来的，是部队仅有的经费，倪志亮十分心痛，他严厉地批评了这位班长，杜绝了类似事件的发生。由于他对部队严格要求、严格管理，所以他带领的部队拖不垮、打不烂，无论多么艰巨的任务都能完成，成为红四方面军最有战斗力的部队之一。

倪志亮带兵以严著称，但并不是严得不近情理，而是严中有暖，严中有爱。每次长途行军，部队一到驻地，他就不顾疲劳，一个连队一个连队地查看部队的吃住情况和伤员情况。他熟悉干部的情况，当团长时能叫出全团排以上干部的名字，甚至连哪个干部的老婆要生孩子，冬天缺少木炭，哪家的粮食吃完了，需要接济等等，他都知道。1929 年秋打麻城时，倪志亮看到路边有一个十三四岁的男孩，身上只穿了一条短裤，光着脚，在萧瑟的秋风中浑身发抖。倪志亮就带他参加了红军，放在身边当通信员，并在紧张的战斗间隙，给他讲革命道理，教他认字，后来又培养他入了党，成为一名高级指挥员。他就是曾任北海舰队副参谋长的冯仁恩。几十年后，冯仁恩谈起这段经历，心情久久难以平静。

10 月 19 日拂晓，红四方面军主力来到湖北枣阳以南 40 余公里的新集地区，准备稍事休息后再作下一步行动。不料刚过几个钟头，尾追之国民党军第八十三师便赶到了新集。倪志亮立即率第十一师在大梨树、三里旁一线展开，阻击尾追之敌。经过激战，打垮了敌人的多次进攻，并迫使国民党军后退数里。当晚，国民党军第十师和独立第三十四旅接踵赶来，并占领了南面的制高点乌头观，严重地威胁着红军右翼坚守的关门山、刀峰岭、吴家集等阵地。次日凌晨，国民党军倾巢出动，发起进攻。国民党军第十师在左，依托乌头观的有利地势，向关门山、刀峰岭阵地进攻；第八十三师、独立第三十四旅在右，向宋家集、吴家集阵地全力发起猛攻。倪志亮率领的第十一师同第十师一起，扼守在宋家集、吴家集一线。第十二师固守在关门山、刀峰岭阵地上，顽强地阻击敌人。下午4时，总指挥徐向前下令反击。倪志亮率领的第十一师与第十师一起向国民党军独立第三十四旅薄弱部位进攻，予其重创，击伤旅长罗启疆，该旅向后溃逃。

同月21日，国民党军发起猛攻。倪志亮指挥部队坚守阵地，打退了国民党军数次进攻。这时，国民党军的增援部队不断赶来。为了摆脱危局，红军当晚急速向西北方向突围转移。当行至枣阳西南的土桥铺地区时，第六十五、第六十七两个师凭借大沙河死命堵击，后面国民党军紧追紧逼，其第一师、第五十一师又从两侧疯狂扑来。徐向前命令部队杀开一条血路，向西北方向突围。第十一师担任前卫，倪志亮率第三十二团冒着国民党军的密集炮火，勇猛冲杀，打垮了前方敌人的拦阻，占领了土桥铺一带大沙河阵地。与此同时，该师第三十一团和第七十三师也分别击退了两侧的夹击之敌，为全军前进打开了一条通道。22日晚，全军通过了大沙河和襄花公路，继续向西北方向转移。

新集反击战和土桥铺突围战，是红四方面军向西转移途中的两场恶战。在红四方面军总部的指挥下，倪志亮率领的第十一师与兄弟部队一起打得英勇顽强。特别是新集战斗中，倪志亮和师政治委员李先念率部奋勇救总部的事迹，更是被传为佳话。在国民党军重兵攻占乌头观，红军一度陷于被动的危急时刻，一股国民党军甚至冲到了离方面军总指挥部仅50米的地方。当时总部只有300多人的机关人员和警卫、通信部队，情况十分危急。在这千钧一发之际，倪志亮、李先念命令全师调头回师，火速援救总部。第三十二团第三营本来是后卫，马上变成前锋，向身后包围总部的敌人进行反冲击。国民党军密集的炮火组成了一道火墙，倪志亮带领部队拼命冲杀，终于击退敌人，保护了总部的安全，受到了总部的嘉奖。

部队转战至陕西省东南的商县时，第三营在这里击败一个民团的袭扰，缴获了几十件棉衣，大家如获至宝，各班各分得一两件轮流着穿。战士们考虑到营长陈再道、政治委员胡奇才要到师部报到，特地给两人各分了一件棉衣御风寒。当胡奇才奉令带两个连到师部报到时，倪志亮对他不理不睬，仍旧虎着脸烤火，胡奇才不安地站了足有10分钟后，倪志亮才瞪着他讥讽道："哟！你这个营政委穿得挺好的哇！战士们都穿上了吗?"胡奇才赶紧申明："这是为了快速赶到团部，同志们要我穿的。""你这个营政委是怎么当的?"倪志亮不满地说，"同志们都还没有冬装呢!"胡奇才赶紧认错，迅速把棉衣脱下来，并悄悄让人通知营长陈再道，千万别穿大衣来见师长，免得再挨一次剋。

倪志亮治军严格的特点是全军闻名的，胡奇才认为倪志亮"严于律己，也严格要求下属，他很爱兵，但对部队的管理制度一点也不马虎。尤其对我们当干部的要求最严，他一再要求我们与战士风雨同舟，吃苦在前，冲锋在前。我从倪师长身上学得不少好作风"①。

12月，红四方面军进入川北，先后解放通江、南江、巴中三县，开始创建川陕苏区。

1933年1月27日，蒋介石委任田颂尧为川陕边区"剿匪"督办。田颂尧以38个团近6万人，兵分左、中、右三个纵队，于2月中旬对红军发动了三路围攻。倪志亮率第十一师第三十一团、第三十二团，与田颂尧部担任主攻的左纵队首战于通往南江的重要据点长池。国民党军虽伤亡重大，但不断增援。2月28日，第十一师放弃长池，转移至八庙垭地区。3月8日，国民党军左纵队一个旅扑来，占领了八庙垭阵地。徐向前得知消息后，连夜赶来同倪志亮一起，指挥第十一师和第七十三师主力各一部，采取正面攻击和两翼迂回相结合的"包饺子"战术，全歼国民党军1个整团又1个营，击毙团长何济民及代理团长何柱，夺回了八庙垭。

---

① 《胡奇才回忆录》，白山出版社1995年版，第86页。

5月中旬，田颂尧的左纵队13个团已深入到川陕边界的空山坝西南地区；东面之敌刘存厚部8个团也抢占了竹峪关、草场坝。15日，红军首先挥师东进，占领了竹峪关西面的包台山及佛爷山，刘存厚部全线崩溃，退出竹峪关。王宏坤、倪志亮分别率第十师、第十一师乘胜追击国民党军30余公里，毙伤俘800人，解除了红军侧翼的威胁，为歼灭空山坝西南之敌创造了有利的条件。

同月17日，红四方面军总部决定歼灭冒进至空山坝西南的国民党军左纵队的9个团，由倪志亮、李先念率第十一师由空山坝以北向其左侧迂回，切断其退路；第十、第十二师主力由空山坝以东及长坪地区进攻其右翼；第七十三师坚守正面阵地，并伺机转入反攻。倪志亮命令第十一师第三十三团担任前锋部队，从空山坝西北的深山老林中秘密插至敌侧后，切断敌人的退路。20日晚上下着大雨，道路泥泞，部队克服了难以想象的困难，突然出现在国民党军侧后，打得敌人茫然不知所措，阵脚大乱。接着，第七十三师从正面反击，第十师、第十二师向国民党军右翼进攻，将其左纵队9个团大部分割包围在余家湾、柳林坝地区。经过三昼夜激战，至24日，毙伤俘国民党军近5000人。

空山坝大战后，红军各师乘胜猛追。第七十三师收复南江，沿罗家坝进抵三江坝地区；倪志亮等率第十一师经平溪坝、官路口抵长池附近；第十二师于5月29日收复通江后，又收复巴中，直逼仪陇。6月中旬，历时4个月的反三路围攻作战胜利结束，田颂尧多年经营起来的实力损失了三分之一。川陕苏区扩大一倍以上。

7月上旬，红四方面军进行整编，倪志亮任彭杨军政干部学校校长。3个月后，倪志亮被任命为西北革命军事委员会参谋长，并兼任彭杨军政干部学校校长。

倪志亮任参谋长后，在协助徐向前发展壮大红四方面军和巩固川陕苏区，粉碎国民党军“围剿”进攻作战指挥的同时，认真抓司令部建设和部队的教育训练。建立健全司令部的各个部门，制定了严格的纪律和规章制度，选调了一批军政素质好，有一定文化水平的团、营、连干部充实到司令部工作，使方面军司令部的工作在作战、情报、训练、军务等各方面都有很大提高，保证了红四方面军在粉碎敌人六路围攻等一系列作战中的胜利。当时作战命令的传达，一是靠接力传话，二是靠电话联络。由于电话线大多是粗糙的铁丝，性能很差，再加上有时无电杆，有时无瓷头，耗电量大，常常造成通信联络不畅而影响战斗。为此，倪志亮狠抓了通信设施的改善，一方面抓紧对通信人员的培训，另一方面充分利用缴获的国民党军通信器材改善红军的通信设施。红三十一军的通信总站在设备简陋、条件艰苦的情况下，修建了几百公里的电话线路，后来在历时近一年的反国民党军六路围攻战斗中，通信联络工作从未中断。除此之外，倪志亮还要求通信人员窃听国民党军信号，截获了一些有用的情报。倪志亮非常重视彭杨军政干部学校的教育训练，对教育方针、教学内容、教学计划等都亲自过问，并经常亲自授课，跟学员一起操练，进行实战演习，摸爬滚打。由于他的严格要求和管理，彭杨军政干部学校为红四方面军输送了大批军政人才。

10 月 4 日，蒋介石任命刘湘为四川“剿匪”总司令，准备对川陕苏区发动进攻。刘湘纠集四川大小军阀 110 多个团（后增至 140 多个团），兵分 6 路，采取分进合击、步步为营、稳扎稳打的战法，企图将红四方面军围歼于川陕边境。11 月 16 日，刘湘下令各路军总攻。倪志亮协助徐向前，运用反三路围攻的作战经验，采取“收紧阵地、诱敌深入”的作战方针，不断消耗、疲惫国民党军，逐步创造反攻条件。经过 10 个月的艰苦奋战，终于粉碎了国民党军的六路围攻。反六路围攻是红四方面军历史上规模最大、持续时间最久、战果最辉煌的一个战役。刘湘电告蒋介石称，耗资 1900 万元，官折 5000，兵损 8 万，难乎为继，请免本兼各职。

在川陕苏区期间，徐向前、倪志亮等对部队军事训练抓得很紧。在反六路围攻过程中，红四方面军总部在 1934 年 1 月召开的万源军事会议上，还针对新干部多、新兵多、军事技术和指挥能力差等情况，要求全军开展以射击、投弹、刺杀、土工作业和夜间战斗为重点的实战练兵活动。不论是二线部队还是前线部队，从军级干部到战士，都进行军事技术和战术的训练。为了检阅各部队开展练兵活动的成就，3 月下旬，在倪志亮的直接组织领导下，红四方面军总部在庙垭场举行了全军射击比赛。

11 月，彭杨军政干部学校改编为红军大学，倪志亮兼任校长。

1935 年 3 月 28 日，红四方面军为配合中央红军在川南、黔北的行动，贯彻向川甘边境发展的方针，发起强渡嘉陵江战役。张国焘命令所有后方部队和机关跟随主力渡江，放弃了川陕苏区。红四方面军开始了长征。

长征初期，倪志亮主要负责方面军的掩护任务。6 月，为保证红四方面军主力 8 万多人顺利渡过涪江西进，倪志亮在察看地形后认为，部队主力要胜利完成渡江任务，必须控制窦圌山一线。他把坚守窦圌山狙击国民党军、掩护主力部队渡江的任务交给了红三十三军第二九四团。后来国民党军派出 7 个团争夺窦圌山。第二九四团与国民党军血战 4 昼夜，阵地岿然不动，直到主力西进 200 公里，掩护部队才渡过涪江，炸掉浮桥跟上主力。窦圌山之战为主力渡江西进创造了条件，赢得了时间。

6 月，红四方面军与中央红军在川西北懋功地区会师。会师后，中革军委决定将军委干部团同红四方面军红军大学合并为新的红军大学，倪志亮兼任校长。张国焘分裂党和红军，不执行中共中央北上方针，擅自率红四方面军南下后，红四方面军在卓木碉又组建新的红军大学，改由刘伯承兼任校长。

因红九军军长何畏在迎接中央红军会师的作战中受重伤，为加强红九军工作，倪志亮被派往懋功指挥红九军。7 月 15 日晚，倪志亮到达懋功。16 日，倪志亮前往红九军，受到新任红九军参谋长陈伯钧热情宴请。随后，他又与陈伯钧商谈部署消灭土匪的办法。①

7 月 21 日，中革军委为执行松潘战役，将参战红军部队编为 5 个纵队，任命倪志亮为第四纵队司令员，下辖红九军 5 个团，红五、红三十二军及第二六二团，共 9 个团的兵力，集中在马尔康、卓克基地域，作为向阿坝前进的左支队。倪志亮得令后，即一面巩固作为红军总后方的卓克基，

---

① 《陈伯钧日记》（上卷），中国财政经济出版社 2002 年版，第 209 页。

一面指挥部队练兵，天天练习打国民党军骑兵，同时加紧筹粮，准备皮衣等物资，开展对藏民的群众工作。

8月上旬，为贯彻中共中央的北上方针，中革军委将红一、红四方面军混编为左、右路军，决定北上进取甘肃南部的夏河、洮河流域，而后向东发展。倪志亮在左路军中任第二纵队司令员，指挥红三十二、红三十三军和第二十七、第九十一师及第二六二团，共11个团。[①]

8月30日，张国焘与朱德专门致电倪志亮和红四方面军总政治部副主任周纯全，要求左路军集中班佑与右路军靠拢北进。但到9月5日，张国焘在由嘎曲河返回阿坝途中却以急电命令正要北上的倪志亮、周纯全率领第二纵队就地巩固阵地，备粮待命，称左路军先头兵团决定转移到阿坝补粮，改道灭敌。第二纵队北移的部队，应移到新指定地点执行任务，并筹集粮食，其余各部队各就现地筹粮待命。

9月9日，张国焘以朱德、张国焘两人名义致电左路军第二纵队倪志亮、周纯全，借口天冷及草地行军冻坏、肿脚者多，停止北上，改道南下。

由于张国焘不听中共中央的多方劝阻，拒绝执行北上战略方针，中共中央于9月10日率领红一方面军主力红一、红三军先行北上。15日，张国焘固执己见，率红四方面军和原中央红军中的红五、红三十二军南下康边。10月5日，张国焘在卓木碉召开会议，作出了分裂党中央分裂红军的决议，倪志亮没有表态支持。

10月，为贯彻《天（全）芦（山）名（山）雅（安）邛（崃）大战役计划》，南下的红四方面军编为左、中、右3个纵队，左纵队以陈海松任司令员兼政治委员，辖第二十七师；中纵队以王树声任司令员，李先念任政治委员，辖第三十军和第九十三师、第二十五师；右纵队以倪志亮任司令员兼政治委员，辖第四军、第三十二军。战役开始后，倪志亮率右纵队攻克金汤，继而击溃国民党军模范师一个旅，后又占领天全，随即向东迂回，协同中纵队拿下芦山。一时成都告急，重庆震动，国民党军政要员和

---

① 中国人民解放军历史资料丛书《红军长征·文献》，解放军出版社1995年版，第605页。

大小军阀无不惶惶然。11 月下旬，红四方面军在百丈决战中损失严重，被迫撤出阵地，结束战役。从此，部队由进攻作战转入防御退却。

由于倪志亮对张国焘的行径不满，11 月，张国焘提拔了积极支持其错误路线的红四方面军副参谋长李特为参谋长，而让倪志亮任红四方面军供给部部长兼政治委员。

红四方面军南下期间，部队地处人烟稀少的西康地区，吃、穿都很困难。倪志亮为筹集物资、保证部队供给费了不少心血，做了许多艰辛的工作。他还参照中央苏区 1933 年创办红军供给大学，任用红三十二军供给部部长赵镕创办了红四方面军供给学校，培训后勤干部，使红四方面军的后勤工作有了很大改变。

1936 年 3 月，由于受“不支持张国焘错误路线”的影响，倪志亮又被降职任命为金川军区司令员，下辖独立第一、第二师。格勒得沙革命军、绥靖回民独立连、番民独立骑兵连、金汤独立营，另有番民人民自卫军第一路军和格勒得沙青年队也隶属军区指挥。7 月，红四方面军北上时，金川军区所属部队全部编入右纵队。

鲜为人知的是，金川苏区为长征的胜利付出了巨大的牺牲，承担着红军和当地群众 10 万人的粮食供给任务。面对国民党的严密封锁，为红军提供各类牲畜 5 万多头，仅绥靖和崇化两县为红军筹粮达 100 万斤。红四方面军北上前，金川妇女教红军指战员捻毛线、织毛衣、做皮衣、做牛肉干和熬茶，为红军北上做好衣食准备。金川苏区参加红军达 2100 人。[①] 作为金川军区司令，倪志亮为维护藏、汉、回民族团结，建设这片独特的苏区作出重大贡献。

7 月初，红四方面军与红二、红六军团在甘孜会师。随后，红二、红六军团和红三十二军组成红二方面军。接着，红二、红四方面军决定共同北上。9 月，红军通过草地，翻越腊子口，经哈达铺进入岷州。在到达三十里铺时，倪志亮奉命调任红军大学（简称红大）步兵学校校长，负责整

① 艾农：《金川——红军长征史上不可磨灭的功绩》，《金川文史》（第二辑）。

个步校的教育及行政事务工作。当月底，红大奉命由三十里铺西进，到达洮州。10 月，红一、红二、红四方面军在甘肃会宁、静宁地区胜利会师。红大进入会宁以北甘沟驿休整。3 天后又继续北进到郭城驿，以后又经环县进入木钵一带休整。当年底，红大的高级指挥科、上级指挥科和上级政治科都调到延安与中国人民抗日红军大学合并。红一、红二、红四方面军的步校都奉命集中于庆阳县城，改为庆阳步校。

1937 年初，中共中央决定把红一、红二、红四方面军及西北红军的一些干部汇集到中国人民抗日红军大学学习。倪志亮奉命入校。1 月 20 日，学校开学。翌日，中国人民抗日红军大学正式改名为中国人民抗日军事政治大学（简称抗大）。倪志亮在抗大第二期大学部第一科（红军高级干部大队）第二队学习，并任队长和党支部书记。

3 月 23 日至 31 日，中共中央在延安召开政治局扩大会议，批判张国焘的错误。在会上，倪志亮和陈赓、傅钟、王维舟、李井泉等人对张国焘分裂党中央和红军的错误路线进行了深入的揭发和批判。对张国焘的错误路线，倪志亮一直是持反对态度的，但由于当时的环境并没有公开表态，而是在实际工作中进行了抵制。他任第十一师师长时，同政治委员李先念一起抵制了张国焘肃反扩大化的错误，保护了大批干部、战士，是红四方面军中肃反人数较少的一个师。在川陕苏区肃反时，张国焘命保卫局在各部队抓了一批基层干部。时任红四方面军参谋长的倪志亮心里清楚，这些人都是好同志，是革命的宝贵财富，一定要保全下来。于是，在反六路围攻期间，他就以前方急需用人为由，把这批干部全都放了，交给红四军军长王宏坤指挥，保护了这批人员。到延安后，通过系统地批判张国焘的错误路线，倪志亮更进一步认识到，张国焘的错误领导和分裂党分裂红军的罪恶活动，给中国革命和鄂豫皖、川陕革命根据地造成了严重危害。

四

1937 年 7 月 7 日，日本帝国主义制造卢沟桥事变，发动全面侵华战争，中国全国性抗战由此爆发。为实现全面抗战，根据国共两党谈判达成的协议，中共中央军委于8月25日发布命令，宣布将红一、红二、红四方面军和陕北红军改编为国民革命军第八路军，下辖第一一五、第一二〇、第一二九师。

第一二九师是由红四方面军的部队和陕北红军的一部分改编的，刘伯承任师长，徐向前任副师长，倪志亮任参谋长，张浩任政训处主任（10月，八路军恢复政治委员制度，张浩改为政治委员；1938年1月邓小平接替张浩任政治委员），下辖第三八五、第三八六旅。改编后全师共1.3万余人。9月6日，第一二九师在陕西省三原县石桥镇冒雨举行了抗日出征誓师大会。

9月30日，第一二九师由陕西富平县庄里镇地区出发，经陕西韩城县芝川镇东渡黄河，挺进山西抗日前线，配合国民党军作战。倪志亮于10月上旬在山西阳泉附近与第一二九师主力会合，和政治委员张浩一起留守师部，分管师直属队和后方工作。

11月13日，第一二九师和中共冀豫晋省委（后改称晋冀豫省委）在山西和顺县石拐镇召开干部会议，传达贯彻中共中央军委主席毛泽东关于创建以太行、太岳山脉为依托的晋冀豫边抗日根据地的指示，进行坚持华北抗战的动员，研究布置了开展游击战争的各项工作任务。会议决定全师立即转入晋冀豫根据地的创建工作，并确定由倪志亮负责组建地方武装，筹建晋冀豫军区；会上，倪志亮当选为中共晋冀豫省委委员。

在此以前，刘伯承已开始考虑建立晋冀豫军区的问题，并交由倪志亮负责此项工作。倪志亮先是派遣秦基伟、赖际发等率领9个工作队，到正太路南侧太谷、寿阳、昔阳、和顺等地，同中共当地组织相结合，组织起平定、榆次、太谷、寿阳等多支游击队。此后，第一二九师又派出多支游击队到晋冀、冀豫和太南等地区，组织发动群众，开展游击战争。在倪志亮等的领导下，这些工作队开始只有一二百人，很快发展到一二千人，形成了几个大的基干支队，如秦（基伟）赖（际发）支队、张（国传）谢（家庆）支队和赵（基梅）涂（锡道）支队等。晋冀豫省委在这些基干支队开辟的区域，建立了中共特委和工委组织，建成抗日根据地。

与此同时，第一二九师采取了三个措施：一是第一二九师和中共晋冀豫省委于11月15日在辽县西河头村开办游击干部训练班（又称辽县游击训练班），训练师属各部队的干部和地方上的县、区干部，为军队和地方培养群众工作和游击战争骨干。训练的中心内容是开展游击战争和建立游击根据地。刘伯承亲授游击战争战略战术，张浩、徐向前、倪志亮都给学员讲课和作报告；二是由倪志亮负责着手组建晋冀豫军区的工作，首先组织游击队，建立军分区；三是全师部队立即分散到同蒲铁路东侧、正太铁路南侧和平汉铁路石家庄至磁县段以西地区展开。

根据刘伯承指示，1938年1月4日，倪志亮主持召开了第一次师司令部工作人员大会，开始整顿司令部工作，总结作战经验教训，提出要传承和发扬红军的优良传统，提高参谋机关的效能和参谋人员的素质，健全司令部的各种规章制度，适应抗日游击战争的需要。

1月8日，第一二九师召开高级干部会议，邓小平传达了中共中央和北方局洪洞会议精神，刘伯承作了军事问题的报告，徐向前作了分兵发动群众实施战略展开的报告，倪志亮在会上作了司令部工作的报告。

2月，中共晋冀豫省委在西河头村召开活动分子会议。中共中央北方局代表彭真到会传达中共中央政治局12月会议精神（1937年），倪志亮出席了会议。会议根据晋冀豫敌后抗战形势，确立了创立和巩固晋冀豫抗日根据地的战略方针。

3月，第一二九师全师高干会议期间，邓小平、倪志亮和中共晋冀豫省委书记李雪峰、组织部长何英才等人，还召集有关人员研究了根据地建设中的武装斗争、政权建设、群众工作三大问题，交流了经验，作了具体部署，对加快根据地的创建进程起了很大作用。

4月初，日军集中3万余人分九路向晋东南地区进攻。倪志亮组织游击支队和民兵配合第一二九师主力作战。经过20多天的战斗，粉碎了日军的九路围攻，奠定了晋冀豫抗日根据地的基础。

至此，西起同蒲路，北界正太路，东至平安路，南达黄河北岸的晋冀豫区的游击战争已全面开展起来。随着抗日游击战争的开展和各抗日游击支队的普遍建立，建立军区、军分区的条件已经具备。4 月 25 日，第一二九师先后召开团以上干部会和军政委员会，根据毛泽东指示和八路军总部命令，部署向冀南、豫北平原展开问题。同时，决定成立晋冀豫军区，以便统一指挥各基干支队，同各地方组织相互配合，加强根据地各项工作，大力发展抗日武装，开展游击战争，以巩固与建设晋冀豫抗日根据地，支援平汉铁路东游击战争的发展。为此，将第一二九师领导机构分为前、后两个梯队。刘伯承、邓小平率前梯队指挥机关和第三八六旅前出到邢台以西地区组织指挥山地和平原的对敌斗争；后梯队由倪志亮率领，留驻辽县西河头村师部，筹划晋冀豫军区的组建工作。

4 月下旬，晋冀豫军区（对外称第一二九师后方司令部）在辽县殷家庄正式成立，倪志亮兼任司令员，黄镇任政治委员，王树声任副司令员，赖际发任政治部主任。军区以下按各基干支队的活动地区划分为 5 个军分区（对外仍以支队名义）：秦赖支队为第一军分区，在晋中地区，是第一二九师进入太行山区最早开辟的地区。秦基伟任司令员，赖际发兼任政治委员。游击支队为第二军分区，在晋冀地区，是游击支队、骑兵团和冀西游击支队同中共地方党组织一起开辟的地区，桂干生任司令员，张贻祥任政治委员。先遣支队为第三军分区，在冀豫地区，张贤约任司令员，张南生任政治委员，并指挥民军第十三支队、独立第三大队、人民抗日游击总队、太行梯队、挺进支队等部。张谢大队为第四军分区，在浊漳河流域地区，张国传任司令员，谢家庆任政治委员，除以张谢大队为基干支队外，还指挥太岳游击大队。赵涂支队为第五军分区，在太南地区，赵基梅任司令员，涂锡道任政治委员，除赵涂支队为基干支队外，还指挥道清支队和太行南区游击队等部。军区的任务是：一方面组织自卫队、游击队，补充兵员，安置伤病员，积蓄武装力量；一方面指挥基干武装、游击队、自卫队等独立作战或配合师主力部队作战。晋冀豫军区和各军分区的建立，标志着晋冀豫根据地初步建成，同时使根据地的地方武装和人民武装有了统一的领导机构和指挥机关。

军区和军分区成立后，各基干支队在倪志亮等指挥下，积极活动在敌占区和各铁路沿线，取得了许多战斗胜利，开辟了大片根据地。为加强武装工作的领导，中共晋冀豫省委和各特委先后成立了军事部，倪志亮兼任中共晋冀豫省委军事部部长，派遣大批党员干部到各军分区去发展游击队和地方武装，并在这些武装中建立健全党的领导和政治工作。在短短一两个月中，除原有的各基干支队（包括冀西游击队和晋豫边支队）都已发展到1000至2000人外，各种形式的游击队和独立营、脱产的自卫队等地方武装也逐步发展起来。从9月开始，除冀西游击队、晋豫边支队建制不变外，又先后将新老基干支队分别合编为先遣支队（司令员张贤约，政治委员张南生）、独立支队（司令员桂干生，政治委员赖际发）、独立游击支队（司令员赵基梅，政治委员涂锡道）等3个相当于旅的支队。军分区区划也作了调整，由独立支队兼第一军分区，先遣支队兼第二军分区，独立游击支队兼第三军分区，太岳游击大队兼第四军分区，晋豫边支队兼第五军分区。至此，晋冀豫军区的基干武装已由几千人发展到近2万人，并且由初期分散的小游击队扩大、提高为游击兵团。游击兵团在配合主力部队作战中发挥了重要作用。晋豫边支队7月初在阳城西北町店，配合第一一五师第三四四旅伏击西犯之日军第二十五旅团的1个联队，并将其击退，接着又全歼了该旅团的骑兵队，击毁汽车30余辆，缴获战马11匹、机枪3挺。晋冀豫军区的发展壮大，为主力部队提供大量兵员。第一二九师主力部队由出征时的3个团9000余人，扩大为6个团，达5万余人。

5月30日，在辽县县城西营盘举行五卅惨案13周年大会，历时5天。第一二九师和晋冀豫军区领导刘伯承、倪志亮、黄镇亲临大会讲话。会议期间，晋冀豫军区领导对全县抗日自卫队进行了武装大检阅。

12月，为统一领导分散的地方武装，八路军总部指示晋冀豫军区的对外番号由第一二九师后方司令部改称晋冀豫边游击司令部，倪志亮任晋冀豫边游击司令部司令员，王树声任副司令员，黄镇任政治委员。中旬，倪志亮免兼第一二九师参谋长，专任晋冀豫军区司令员，主持军区工作。

1939年1月，为加强晋冀豫军区的武装力量建设，提高部队的战斗力和正规化水平，准备反击日军更大规模的“扫荡”，倪志亮与其他军区领导抓紧进行各项工作，建立健全各种制度，使军区建设进入了一个崭新的阶段。

首先，重新划分军分区，整编所属部队。原第一、第二军分区合并后，又将原第三军分区改为第二军分区，原第五军分区改为第四军分区，以在沁县、沁源新成立的太岳游击大队为基础新成立第三军分区，以在晋南唐天际等组织的晋豫边游击支队为基础新成立第五军分区。独立支队、先遣支队、游击支队都按大小团编制实行改编，创建主力团。同时，进行教育训练，克服部队游击习气。整编后，部队更加精干，战斗力不断增强，战术方面逐步由小规模的游击战发展至较大规模的游击战与运动战相结合，不断取得新的胜利。

其次，建立健全各级领导机关及工作制度。5月，初步建立了供给、卫生部门，填补了自军区建立以来这方面的空缺。军区司令部设参谋长，支队以上司令部机关正式建立参谋处各科股组织及工作制度，侦察、通信、交通工作都取得了很大进展。经过几个月的努力，军区各项工作全面展开，卓有成效，军区与第一二九师领导机构也正式分开。

晋冀豫军区成立近两年来，在地方党委领导及主力部队协助下，已在根据地广泛建立了自卫队等群众武装组织。日军对抗日根据地的大“扫荡”开始后，又在各乡村党支部直接领导下组织了游击小组，作为自卫队的骨干，带动广大群众进行了备战、参战及戒严工作。在向主力部队输送大批兵员的同时，大力发展了地方武装。至1939年底，地方武装与主力军的比例，已由1938年的29∶100增大至71∶100。

倪志亮任军区司令员期间，多次与中共晋冀豫省委负责人李雪峰等一起，共同研究根据地建设中的武装斗争、政权建设、群众工作、统一战线和党的建设等问题，在分散游击作战的情况下，既抓部队的思想教育，又抓军队训练和组织纪律教育，使根据地武装不断发展壮大。在日伪军的疯狂进攻面前，倪志亮创造性地贯彻了中共中央和毛泽东提出的持久战战略方针。他经常向部队讲，由于我们的武器装备差，必须要巧打，要采取游击战辅以运动战的形式：一要发动群众，实行清室空野；二要寻机主动歼敌，瞅准敌人的弱点打；三要善于设伏，在敌人的必经之地伺机歼灭敌人；四要扰敌，逐步消耗敌人的精力和物资。实践证明，这些对敌斗争方法对根据地的巩固和扩大起了重要的作用。

6月，倪志亮被推选为中国共产党第七次全国代表大会代表。10月，倪志亮奉命随第一二九师的中共七大代表前往延安，准备参加中共七大，11月底抵达延安。由于中共中央决定先进行整风学习，后召开中共七大，倪志亮等一批高级干部遂被安排到延安马列学院，以普通学员的身份参加学习。在这里，倪志亮对马克思主义理论作了比较系统的学习。他选读了马克思、恩格斯、列宁、斯大林的一些著作，认真学习了毛泽东等领导人的著作，并结合自己革命斗争经历做了经验总结。

这时，第一二九师副师长徐向前也在马列学院学习。中央要求各地红军创始人结合学习总结各根据地斗争的历史经验。为此，由倪志亮执笔，与徐向前合作撰写了《鄂豫皖苏区红军历史》，对鄂豫皖红军1930年春到1932年秋的斗争经验和教训进行了认真总结。从路线的高度，分析红军发展壮大与失利的原因，批判了张国焘错误路线，成为研究红四方面军战史的重要文献。

1941年6月，倪志亮调任中共中央军委第四局（教育局）副局长。

1942年2月，全党范围的整风运动开始。倪志亮调中共中央党校学习，并担任第二大队大队长兼党支部书记。在校期间，经历了整风审干、两条路线与整风文献的学习，对自己思想作风和工作作风做了比较系统的深刻反省。

1942年底，中共中央决定结合整风开展审干运动。倪志亮认为，审干是必要的，但他不解的是，康生大搞“抢救运动”，许多中共党员被打成国民党“特务”、“内奸”，不少干部被关押，这和当年张国焘搞的肃反扩大化没有两样。因此，倪志亮在他领导的第二支部没有搞那一套，受到大家的好评。1943年8月，中共中央发出指示，重申了毛泽东提出的必须坚持首长负责、亲自动手、调查研究、分清是非轻重等9条方针，倪志亮感到特别亲切及时。1944年9月，根据中共中央党校特别支部学员反映审干中存在的冤、假、错案问题，中央决定由中共中央党校第二支部书记倪志亮、第六支部书记朱瑞和薄一波组成一个小组，协助进行甄别工作，为一批高级干部平了反，使他们重返战斗前线。1945年2月15日，毛泽东在中共中央党校作报告时，对审干运动中出现的错误主动承担了责任，他说："我们共产党人是革命者，但不是神仙。我们也吃五谷杂粮，也会犯错误。我们的高明之处就在于犯了错误就检讨，就立即改正；今天我就是特意来向大家检讨错误的，向大家赔个不是，向大家敬个礼。"说到这里，他把手举在帽檐上向大家敬礼，并诙谐地说："如果你们不谅解，我这手就放不下来。"倪志亮和在场的学员长时间地热烈鼓掌。

4月23日至6月11日，中国共产党第七次全国代表大会在延安召开。为贯彻中共七大制定的政治路线，争取抗日战争的最后胜利，并在战后开创新的局面，中共中央组织在延安学习的一批干部迅速奔赴各个战场。7月的一天，毛泽东在他的窑洞里便饭招待倪志亮，向他介绍了国际国内形势，给他一项重要任务，任命他为新四军参谋长。倪志亮满腔热情地接受了任务，准备重赴抗日战场。临行时，中共中央还交给他一项任务：途经绥德抗大总校时，带领250多名干部一同前往华中。

五

1945年8月15日，日本宣布投降，历时八年的全面抗战结束。从此，中国的革命战争，由抗日民族解放战争转变为国内革命战争。9月17日，当倪志亮率队到达晋东南八路军前方总部驻地时，接到中共中央电令，为贯彻中共中央在抗战胜利后新制定的"向北发展、向南防御"战略方针，需调大批干部进入东北，乃决定组成一个干部大队，倪志亮任干部大队大队长，周桓为政治委员，作为中共中央派往东北的第一批干部。该大队包括原去华中的干部队240人，原去广东的干部队240余人，太行去东北的干部120人，共600余人，于24日出发北进，赶赴沈阳。

10月下旬，倪志亮一行克服路途遥远、衣单被薄等各种困难到达沈阳。几天后，中共中央东北局决定由倪志亮任辽北军区司令员，开辟辽北地区。

倪志亮带领一批干部奔赴吉林洮南地区。途经四平车站，倪志亮发现有许多军用物资仓库无人接收管理，遂决定暂时留在当地接收这些仓库，以备大部队到来时使用。其间，有极少数人从日军仓库私自拿取物资。倪志亮发现后，立即进行严肃处理，责令将拿去的物资全部退回，并进行严肃的批评教育。他说：这里的每件物资和每一分金钱，都要用在革命事业上。他带头保持艰苦朴素的工作作风，大家都很服气。通过纪律教育，使日军留在四平的军需物资得到很好的管理，为日后大部队到来提供了许多物资保障。

11月初，辽北军区在梨树地区正式组建，下辖第一、第二、第三军分区。随后，倪志亮和军区政治委员郭述申等迅速组织干部发动群众，要求各军分区迅速组织人民武装广泛开展剿匪反特等行动，在辽北各县建立民主政权。至12月底，辽北地区根据地建设初具规模。

1946年1月，东北民主联军总部为适应根据地建设需要，重新调整省军区和军分区，倪志亮任西满军区所属嫩南军区司令员，下辖第一、第二支队和骑兵支队。倪志亮指挥所部清剿土匪，取得重要战果，大股土匪被歼，小股逃窜。各县区人民政府成立，县大队、区中队人民武装发展，使一些土匪和地主武装在乡下无处藏身，纷纷逃往齐齐哈尔市，投靠国民党“光复军”。盘踞在齐齐哈尔市的“光复军”由此数量大增，已达1万余人。“光复军”司令尚其悦，被国民党当局任命为齐齐哈尔市卫戍司令。“光复军”在城里大肆捕杀共产党人和进步人士。为解放齐齐哈尔市，嫩江军区部队于3月底完成了对齐齐哈尔市的包围。

4月，倪志亮率嫩南军区两个支队和参战的第七师第十九旅等部开到齐齐哈尔市外围，并在昂昂溪组成攻城总指挥部。由倪志亮任总指挥，嫩江军区司令员王明贵任副总指挥、政治委员刘锡伍任政治委员，嫩南军区政治委员郭述申任副政治委员。当时苏军驻防齐齐哈尔市尚未完全撤离，苏军以苏联政府与国民党政府订立《中苏友好同盟条约》为由，不同意东北民主联军部队攻打齐齐哈尔市，若打也要等苏军完全撤离之后。此时，包围齐齐哈尔市的部队只能围而不打，或只打一些外围战。

4月6日，苏联红军开始从沈阳、长春、哈尔滨撤军。中旬，西满军区通知各部队，苏军不久将从齐齐哈尔市撤军，命令各部做好战斗准备。据此，倪志亮召开旅、团以上干部会议，研究制定作战方案，并参照嫩江军区预先制定的作战方案，对所有参战部队重新作了具体部署：以嫩南军区参战部队进入齐齐哈尔市以南，向大明屯和飞机场方向进攻，目标是占领伪省公安局；以第七师第十九旅向飞机场东面大成寺至火车站一线进攻，目标是占领东大营和火车站；以嫩江军区第一旅从齐齐哈尔市东面进攻，目标是占领原日军第十三联队司令部、北大营和伪省政府，该旅骑兵团堵击和歼灭由安龙桥逃跑之敌；以嫩江军区第二旅从齐齐哈尔市西面发起进攻，占领伪市政府；以内蒙古自卫军骑兵第五旅驻守嫩江北岸，阻击增援之敌和由齐齐哈尔市逃跑之敌。在下达作战命令时，倪志亮还强调：在战斗中注意控制火炮攻击方向，尽量减少对城市的破坏，除火车站不易攻取的制高点外，对其他城市建筑，尽可能少用炮轰。

4月23日，苏军全部撤出齐齐哈尔市。指挥部决定，当晚发起进攻。24日凌晨2点，总攻开始。枪炮齐鸣，喊杀声、枪炮声、爆炸声震撼着黑土地。敌人的外围工事被摧毁，攻城部队很快突破防御。城内“光复军”本来就是一群乌合之众，突遭如此猛烈打击，纷纷撤出阵地，争相逃命。部分敌人依靠市区的明碉暗堡和房屋建筑负隅顽抗，攻入市区的部队采取“掏麻雀”战术，用炸药包、手榴弹，一个碉堡一个碉堡地炸，打得敌人焦头烂额，溃不成军。“光复军”司令尚其悦见大势已去，带领一部从南火车站逃跑。敌人步步后退，最后潮水般窜出东门。溃不成军的敌人刚出城不远，便遭到埋伏城东的骑兵部队的迎头痛击。当日，战斗结束，歼“光复军”3000多人，活捉“光复军”旅长张佰潘，缴获大批武器弹药和其他军用物资。齐齐哈尔市获得解放。

7月，嫩江军区和嫩南军区合并组成新的嫩江军区，倪志亮任嫩江军区司令。倪志亮等军区领导根据中共中央关于《建立巩固的东北根据地》的指示和东北民主联军总部的具体部署，以军区部队全力清剿土匪，从9月至1947年3月，共进行剿匪战斗524次，收复城市10座，消灭土匪1.5万人。在组织部队剿匪的同时，倪志亮等还抽调大批干部深入基层，协助地方政府发动群众，建立人民政权，组织人民武装，解决农民土地问题，从而使嫩江地区成为巩固的根据地。1947年2月，倪志亮任西满军区副司令员。

12月，东北军政大学迁至齐齐哈尔，倪志亮调任该校副校长，该校校长和政治委员都由林彪兼任。由于解放战争迅速发展，人民军队规模不断扩大，为夺取全国解放战争胜利，东北野战军急需大批具有很高军政素质的初中级指挥员。为保证培养合格的指挥员，倪志亮对每期入学学员都进行严格考评，有针对性地组织制定教育计划大纲，并制定具体措施办法保证大纲落实。他要求在政治上，有明确的阶级观点，有坚强的战斗决心与胜利信心。在军事上，一要精通战术思想，熟练战术动作，不断提高指挥能力；二要掌握五大技术，即射击、投弹、刺杀、爆破和土工作业；三要学会正规的部队教育管理方法与领导方法；四要养成服从命令、遵守纪律、一切为着对胜利负责的战斗作风。在学习阶段划分上，安排第一阶段政治教育，第二阶段军事技术教育，第三阶段战术教育。每阶段学习结束，要测验总结。在教育方法上，倪志亮要求教学从效果出发，训练内容少而精，符合解放战争的需要，求得精通战术思想与战术动作。结合作战需要和新形势发展，专门组织攻坚战术研究、炮兵战术研究、政治工作研究、城市政策研究、土改问题研究等。采取教学、自学、互学、思考、研究、评论、操作、演习等方式，以达到精通的目的。广泛开展群众学习运动，启发学员学习的自觉性和创造性。倪志亮特别强调要由浅而深、由简而繁，接近实战情况。为了解教学实际情况，他深入课堂和训练场，了解情况，发现问题，解决问题。他发现有些学员生活作风松懈，体力也不强，就明确提出从抓生活作风入手培养战斗作风的思想，组织各学员大队学习总部颁发的内务与纪律条令，从生活的一点一滴做起，严格要求，从而加强军人的组织性与纪律性，养成优良的生活作风与战斗作风。每学期学习结束，学校都要组织抽查测验，并作出总结讲评。还对每个学员的全面素质作出综合质量评定，提出每个干部到部队可任何种职务的评估意见。第十期学员共2892人，评估能任正副连长的289人，能任正副排长的1990人，能任正副班长的532人，不能当干部的71人。

倪志亮对干部和学员要求严格，自己也率先垂范。早上，他经常扎着腰带，亲自带领师以上干部出操。他要求学校机关干部、政工人员参加军事训练，并组织到野外作业，全面提高军事素质。

到1949年5月，倪志亮领导东北军政大学共培训两期1.2万名学员（每期6个月），为东北野战军（后改称第四野战军）部队输送了大批合格的初中级军政干部。这些干部分到部队后，成为基层的骨干力量，对解放东北全境，夺取平津战役、南下作战胜利，直至解放海南岛，都发挥了重要作用。

7月，东北军政大学大部迁至武汉，改称华中军政大学。倪志亮任华中军政大学副校长兼任武汉警备司令部副司令员。同月兼任司令员。12月，华中军政大学改称中南军事政治大学，倪志亮任副校长。

六

1950年初，倪志亮接到中共中央组织部的通知，要他到北京做外交工作。倪志亮前往外交部报到时，政务院总理兼外交部部长周恩来问他："你是位老同志，对于这次工作调动有什么意见?"倪志亮的回答十分干脆："坚决服从命令。不过，我对外交一窍不通。"周恩来则说："可以边干边学嘛!"当时，朝鲜半岛局势很紧张，周恩来嘱咐倪志亮要多关心朝鲜时局变化。

此时，新中国刚刚成立，急需与更多国家建立友好关系，让世界了解中国，先后有10余个国家同新中国建立了外交关系。毛泽东、周恩来经过慎重考虑，决定派遣10位兵团级干部出使这些国家。其中，倪志亮被选任中国驻朝鲜大使。

外交部专门为这批候任大使办了培训班，请专家学者讲国际法，请老外交工作者讲外交文书和外交礼节，请国家各部门领导介绍情况。培训期间，由于战伤和哮喘病复发，倪志亮不得不中止外交学习，经周恩来批准，回武汉休养。说是休养，但倪志亮并没有停止学习，他怀着对国家对党的高度责任感，边养病边收集有关朝鲜的资料进行阅读和分析，密切关注朝鲜半岛局势的变化，力争在头脑中有个更清楚的了解，准备奔赴新的工作岗位。

就在倪志亮养病期间，6 月 25 日朝鲜内战爆发。27 日，美国出兵朝鲜并侵占中国台湾，朝鲜战争顿时成了世界上最大的热点。中国作为朝鲜的友好邻邦，需要及时掌握朝鲜战争的动态，派出中国驻朝鲜特命全权大使刻不容缓。但是，倪志亮仍在病中。有鉴于此，周恩来派柴军武（后易名柴成文）以中国驻朝鲜大使馆政务参赞、临时代办的身份，率领 5 名干部先期到达平壤，正式建馆办公。

7 月 5 日，倪志亮被正式任命为中华人民共和国驻朝鲜大使。赴朝之前，倪志亮受到毛泽东的专门宴请，周恩来作陪。显然，这绝不是一般意义的宴请，而是最高领导人对出征前的大使交代重大任务。

7 月 8 日，周恩来特地向即将先期奔赴朝鲜的外交官们叮嘱："现在朝鲜人民处在斗争的第一线，你们要向朝鲜同志表示支持，看有什么事需要我们做，请他们提出来，我们一定尽力去做；当前使馆的主要任务是保持两党两军之间的联系并及时了解战场的变化。"这番话其实是给整个驻朝大使馆的任务。此后，倪志亮忠实地履行这个职责，悉心保持中朝两党两军，乃至两国之间的联系，发挥好桥梁纽带作用。

8 月 12 日，倪志亮携大使馆二等秘书吴晓达及随员等一行 9 人抵达平壤。朝鲜副外交相朴东楚、朝鲜最高人民会议常任委员会书记长康良煜、平壤市人民委员会委员长金成学、苏联驻朝鲜大使西地科夫等，前往车站迎候。[①] 第二天，倪志亮向朝鲜最高人民会议常任委员会委员长金枓奉递交了国书。毛泽东、周恩来在国书中写道："中华人民共和国中央人民政府为保持巩固并日益发展中华人民共和国与朝鲜民主主义人民共和国之间存在着的友好关系，兹特命倪志亮先生为全权大使。该大使的品质与才能足以完全保证他必能尽他的全力完成他所担负的崇高使命以获得阁下的信赖。"[②] 倪志亮向金枓奉表示："委员长阁下，我向您保证，在我受任为中华人民共和国大使的职位上，我将尽一切可能致力于巩固与发展中国人民与伟大朝鲜人民之间的团结、友好与合作。"[③]

倪志亮到任时，正是朝鲜人民军对南朝鲜军队作战势如破竹、捷报频传之时。战至8月中旬，朝鲜人民军攻占了南朝鲜百分之九十的地区，将美军和南朝鲜军压缩到洛东江以东一万平方公里的狭小地域。但是，在美军和南朝鲜军的凶猛反扑下，战局随即呈胶着状态。朝鲜战局迅速变化，而中国高层领导对朝鲜战局情况缺乏了解，急需准确的一手情报。倪志亮到任后，迅速展开工作，夜以继日地搜集、分析战况，将美军和南朝鲜军的兵员编制、武器配备、兵力部署、战略战术、作战特点以及朝鲜人民军的作战进展状况，不断向国内报告，提供了大量有价值的战略情报。

8月15日23时，倪志亮给周恩来和代总参谋长聂荣臻发去电报，分析指出：敌战线缩短，兵力集中，采取纵深配备，加强空军活动。朝鲜人民军白天不易运动，故进展迟缓。23日，倪志亮又向周恩来、聂荣臻发去电报，报告金日成同他面谈的战况，其中特别提到"美军配于纵深，并以大量飞机对我阵地及运输线进行轰炸，我伤亡甚重……汽车与火车头的损失尤重"[④]。

倪志亮在电报中反映的新情况，引起毛泽东、周恩来和中央军委的高

---

① 新华社平壤1950年8月12日电。

② 倪志亮向朝鲜最高人民会议常任委员会委员长金枓奉递交的国书（1950年8月13日），存外交部档案馆。

③ 倪志亮向朝鲜最高人民会议常任委员会委员长金枓奉的致辞（1950年8月13日），存外交部档案馆。

④ 倪志亮致周聂电报：金面谈鲜目下战况（1950年8月23日），存中央档案馆。

度重视，在与苏联商议中国出兵朝鲜时，毛泽东特别提出苏联出动空军掩护等要求，并对国内备战的部队提出一系列要求。

这时，美军正暗中策划从朝鲜人民军侧后登陆，企图一举切断朝鲜人民军的退路，进而占领朝鲜全境。毛泽东和中共中央密切关注着朝鲜战争的进程，对朝鲜问题的战略决策急需准确情报。由于种种原因，朝鲜对中国提供的情报极少。中国方面曾提出要派军事参观团前往朝鲜了解战况，直到8月初才得到朝鲜同意。周恩来曾对苏联驻华大使罗申和苏联驻华军事总顾问科罗指出："中国对朝鲜战场的军事形势知之甚少。"① 因此，周恩来要倪志亮注意观察朝鲜战局的最新动向，一旦有情况随时报告。

倪志亮为此加强了大使馆对战局战况、作战双方态势、兵力装备增减、朝方社情民情的深入了解。根据派人调查及同朝方联络获得的情报，8月下旬，倪志亮组织使馆人员认真研究战争形势，分析美军和南朝鲜军在西海岸频繁侦察活动等迹象，认为朝鲜人民军在洛东江前线已不可能取得进展。在此基础上，倪志亮指导撰写了一份《目前朝鲜战争局势报告提纲》，详细阐明朝鲜战场的态势和朝鲜后方的主要情况。凭着几十年革命战争积累的军事指挥经验和素养，倪志亮察觉到朝鲜人民军面临着巨大忧患。在这份报告中，他敏锐地提出了一个重要观点，就是美军很可能会在朝鲜人民军的侧后实施登陆作战，"估计可能在仁川或其他地区登陆"②。9月7日，柴军武应召紧急回国，带着这份报告提纲火速赶回北京，向总参谋部和外交部汇报。8日，柴军武向聂荣臻汇报。

倪志亮判断仁川登陆的理由是：仁川是汉城的门户，占领仁川可以直捣汉城，一举切断朝鲜人民军的后勤补给线，同时又可以和釜山防御圈里的美军相互呼应。另外，情报显示，美军最近在仁川港外的活动十分频繁，显然在为登陆准备有利的条件。聂荣臻当天将这个报告提纲呈送毛泽东。毛泽东阅后当即批示：周阅后，刘、朱、任阅，退聂。请周约柴军武一谈，

---

① 《毛泽东与抗美援朝战争》，解放军出版社2006年版，第73页。

② 柴成文：《目前朝鲜战争局势报告提纲》（1950年9月8日），存中央档案馆。

指示任务和方法。十三兵团同柴去的几个人是否要其来京与柴一道面授机宜，请周酌定。这个报告提纲是当时中国掌握关于朝鲜战局的第一手资料。周恩来听完汇报后，感觉到这个情况很重要，遂立即批示："印发政治局各同志。"

毛泽东在10月2日致斯大林的电报中谈到："7月中旬、下旬和9月上旬，我们又三次告诉朝鲜同志，要他们注意敌人有从海上向仁川、汉城前进切断人民军后路的危险，人民军应当作充分准备，适时地向北面撤退，保存主力，从长期战争中争取胜利。所有这些建议都未能引起朝鲜同志的注意，以致陷入敌人预先设好的圈套，人民军主力被敌人切断。"①

9月15日，美军在朝鲜人民军侧后实施仁川登陆，将朝鲜人民军主力隔断在三八线以南，以美军第八集团军和南朝鲜军从釜山防御圈向北实施反攻，对朝鲜人民军构成南北夹击之势，朝鲜人民军腹背受敌，处境险恶，损失急剧攀升，朝鲜战争形势直转急下。

9月18日，金日成召见倪志亮，介绍了美军仁川登陆以来三天的战况：估计美军仁川登陆部队有1个师，朝鲜人民军只有守备部队两个新组建的团，无作战经验，战斗力弱，加之增援部队又未及时赶到，仁川于16日晨失守。现在，登陆美军已迫近汉城。朝鲜人民军准备长期作战，并已着手动员10到15个新兵师。倪志亮于当日致电周恩来、聂荣臻，转报了金日成介绍的情况。

在接到倪志亮电报后，周恩来起草了回电，并经毛泽东阅改后，以周恩来的名义就朝鲜人民军作战指导问题，向金日成提出了"唯有以持久战争取胜利"② 的建议。于9月20日发给倪志亮转告金日成。

9月21日，倪志亮拜见金日成，转交了周恩来的电报。金日成对中国同志的建议表示感谢，并说：在眼下战局严重的情势之下，甚望中共中央能继续提供意见。

---

① 《党的文献》，2000年第4期，第39页。

② 《周恩来年谱》（1949—1976）上卷，中央文献出版社1997年版，第80页。

9月27日中午，金日成召见倪志亮，向他介绍朝鲜战场最新情况和朝鲜人民军的应对措施，告之三八线以及以北地区，目前尚无部队驻守。30日，金日成再次召见倪志亮，称朝鲜人民军主力第一方面军8个师已经被美军和南朝鲜军切断退路，第二方面军尚未到达指定位置，部队与敌军犬牙交错。金日成要求倪志亮将此情况立即转告中国领导人。[①] 周恩来接到倪志亮电报后，即以《朝鲜军情甚为严重》[②] 为题报告毛泽东：根据连日情报、外讯及倪志亮来电，美李敌军已分路北进，按其所到位置，朝鲜西路军（指朝鲜人民军第一军团）似已被敌隔断，东路军（指朝鲜人民军第二军团）亦尚未集结到忠州以北。而美国已在公开表示将进军三八线以北。从倪志亮二十七日电看来，三八线北已无防守部队，似此情况甚为严重，敌人有直趋平壤可能。

10月1日夜，周恩来向倪志亮发来一封经毛泽东阅改后的电报，要他立即转交金日成首相，建议朝鲜人民军迅速北撤。当夜，金日成紧急召见倪志亮，正式向中国方面提出关于中国紧急出兵援助朝鲜的请求。随后，金日成派朝鲜劳动党中央常委、内务相朴一禹携带金日成和朴宪永[③]联合签名的求援信函前往北京，于10月3日面呈毛泽东，请求中国出兵援助朝鲜。

10月2日，周恩来再次致电倪志亮，强调：请告金日成，除照前电精神“尽可能将被敌人切断的军队分路北撤外，凡无法撤退的军队，应在原地坚持打游击”，“如此就有希望，就会胜利”[④]。当晚，金日成向倪志亮介绍朝鲜战场的情况说：朝鲜人民军主力仍基本隔绝于三八线以南地区，三八线和三八线以北目前多为新组建的部队，而南朝鲜军已经突入到三八线以北的襄阳。在朝鲜人民军主力尚未北撤集结、防御部署没有完成之前，如果美军和南朝鲜军采取两翼伸展，强取元山、海州，同时正面向北进攻，

---

① 倪志亮致周恩来电（1950年9月30日）。

② 《周恩来军事文选》第四卷，人民出版社1997年版，第58页。

③ 朴宪永，时任朝鲜劳动党中央副书记、朝鲜民主主义人民共和国副首相兼外相。

④ 《周恩来年谱》（1949—1976）上卷，第85页。

则局势万分危急。在出现这种情况时，朝鲜劳动党中央和政府恐怕非向中国求援不可。[①]

10月3日，金日成再次紧急召见倪志亮，希望中国尽快出兵，支援朝鲜作战。倪志亮立即将金日成的意见报告国内。4日下午，中共中央政治局召开扩大会议决定，由彭德怀率志愿军入朝作战。

10月8日，毛泽东发出命令：将东北边防军改为中国人民志愿军，迅即向朝鲜境内出动，协同朝鲜同志与侵略者作战并争取光荣的胜利。同日，毛泽东亲自起草了发给倪志亮转金日成关于中国决定派遣志愿军入朝作战的特急电报。当天深夜，倪志亮驱车前往牡丹峰金日成办公地点，向金日成转呈北京的来电。

倪志亮赴朝之后，就通过调查研究，了解朝鲜的社情民情。在志愿军部队入朝前夕，倪志亮结合人民解放军的纪律，特地拟制《部队进入朝鲜应注意事项》共11条内容，于10月9日上报给周恩来、聂荣臻、彭德怀、高岗，提出志愿军入朝后，要按照朝鲜风俗习惯，注意以下各点：

（一）供房屋家具均按系统找各该面里洞的委员长（区村长）交流。

（二）所有民房进门就是炕，故进门必须脱鞋，并不准进厨房与内屋。

（三）尊重长者，老头称爷爷（哈拉波吉），老太太称奶奶（哈拉末尼），在老年人面前最好不吸烟、不饮酒。

（四）禁止叫朝鲜人为高丽人或高丽棒子。

（五）不与青年妇女讲话。

（六）尊重神主（祖先牌位），不要移动它。尊重坟墓，一般不动坟墓周围的地（当然作战时挖工事是会被原谅的）。

（七）使用群众的劳动力要计划工资（如做饭带路等），少数人外出遇到困难时，也可以给点，不求群众帮助。

（八）群众习惯不饮开水只喝冷水，部队须带相当药品以防肚痛。

（九）群众多识汉字，没翻译时可以汉字进行笔谈。

---

① 倪志亮致周恩来电（1950年10月2日）。

（十）一般群众对公务人员与军队害怕讨厌，但服从性好，所以须避免过多动员人力。

（十一）群众未受过长期战争锻炼，所以民工接近前线必须有干部掌握，以免混乱与逃跑。[①]

根据这些情况，中央军委指示中国人民志愿军第十三兵团政治部专门向部队发出入朝后群众纪律守则和公约，其中特别规定："除更严格执行我三大纪律八项注意，保持我党、我军的荣誉，要遵守当地风俗。"中国人民志愿军具有人民军队长期形成的优良传统，加上入朝前各部队进行政策纪律教育，部队入朝后更是严格维护群众纪律，充分尊重朝鲜各级政府和人民群众，帮助朝鲜人民积极进行各项建设工作，赢得了朝鲜政府和人民群众的衷心拥戴。朝鲜百姓竭诚援助中国人民志愿军，让房、送柴草、借粮、帮助救扶伤员等，中国人民志愿军与朝鲜人民患难与共，军民亲如一家，从而保证了抗美援朝作战的胜利。

10 月 7 日，美军越过三八线，兵分多路，大举北进，直逼平壤。9 日，朝鲜政府决定江界为临时首都，机关、学校、团体一律从平壤撤退，最高军事指挥机关移驻德川，政府和各国使节移驻新义州，总后方设在江界，坦克学校和军官学校共约 8000 人移驻中国通化地区。为此，报经中共中央批准，倪志亮领导中国驻朝大使馆分三部分转移，一部由参赞薛宗华、二等秘书刘向文带领转移至新义州，必要时过江往安东，在中国境内经辑安（今集安）到达朝鲜北部城市满浦；一部由倪志亮、柴军武带少量人员和电台撤往熙川；其他人员暂回北京。

中国驻朝使馆具体进行撤退工作时，倪志亮正患严重的肺气肿，呼吸困难，但他抱病组织指挥，亲自选择撤退路线，详细了解行动的每一个细节，连使馆人员的食宿、车辆的调配都亲自安排。撤退期间，可谓困难重重。黑暗中公路上塞满汽车、牛马车和人力车等，人声嘈杂，喇叭乱鸣，车流只能一步一步挪动。为保持同中共中央的联络，倪志亮带着电台，经

① 《部队进入朝鲜应注意事项》，存解放军档案馆。

常连轴转，几天几夜不合眼。撤至熙川的小村时，美军飞机飞来轰炸，投下的一颗炸弹落在院子里。倪志亮受了轻伤，成为朝鲜战争期间受伤级别最高的中国高级干部。

10月10日，毛泽东电告倪志亮，让他转告金日成并告彭德怀："建议凡人民军无法北撤者均留于南朝鲜，开辟敌后战场，这在战略上是必需的而且是很有利的。"请彭德怀与朝鲜同志研究保护新义州至平壤交通线的方法，如敌登陆则应坚决歼灭之。①

10月19日，中国人民志愿军在彭德怀率领下正式开赴朝鲜战场，揭开抗美援朝作战的序幕。21日，毛泽东向驻朝大使馆发来一封"志愿军打好出国第一仗"的历史性电报，抬头为"倪柴，即转彭德怀同志，并告邓洪韩解及高贺"②。

到达熙川后，由于寒冬来临，倪志亮在战争年代落下的严重哮喘病复发，加上在战火中不断奔走和协调两党两军事务，劳累过度，伤势也加重了，当地医治又不见效果。周恩来得知这一情况，十分关心他的健康问题，考虑到他的病情和伤情，不便在所处的恶劣环境中治疗，于是决定让他回国治病，休养一段时间后再返朝。在其离任期间，由柴军武临时代办中国驻朝鲜使馆的一切事务。12月下旬中国人民志愿军取得第二次战役胜利后，中国驻朝鲜大使馆迁回平壤。不久，倪志亮不等身体康复，就返回平壤，主持使馆工作。

为保障中国人民志愿军第二批部队顺利入朝作战，特别是解决好中朝运输"生命线"的保护问题，中共中央设法为中朝联军争取来自苏联进一步的空中配合。毛泽东于1951年2月28日亲自致电斯大林要求加派苏联空军保护，斯大林同意派2个空军师担任朝鲜境内交通掩护任务。

3月31日，周恩来致电倪志亮转金日成：为了保证中、朝、苏空军准时入朝担负掩护交通运输的任务，"关键在于尽一切力量，克服一切困难

---

①② 《建国以来毛泽东军事文稿》上卷，军事科学出版社、中央文献出版社2010年版，第239、第268页。

修建朝境机场。修建机场的方针，应是有计划地分区把它建立起来”。苏方使用的机场定为6个，先修4个，由中方“定期修好”；中方使用的4个机场和朝中双方合用的3个机场，均拟请朝方负责修建。

4月5日，就苏方喷气式飞机低空作战有困难，而中方驱逐机部队尚未完成训练不能出动一事，周恩来向倪志亮发来电报，让他转告金日成，建议朝鲜空军配合苏联空军掩护铁路运输问题。

4月16日，为了改变朝鲜境内铁路管理和运输中存在的问题，周恩来致电倪志亮即转金日成：“提议为适应战争急需，朝鲜铁路必须立即置于统一的军事管制之下”，“在联司领导下，设立中朝联合军运司令部，统一朝鲜铁路的管理、运输、修复与保护事宜”。以中国同志任司令，朝中各出一人任副司令；下属各级组织均由中朝两国同志分任正副职。联合军运司令部暂设沈阳，其下设铁道军事管理总局于朝鲜境内，中国铁道兵团及朝鲜铁道修复机构均归属军运司令部统一管辖。5月5日，中朝两国政府代表正式达成《中朝两国关于朝鲜铁路战时军事管制的协议》。

4月23日，周恩来再次就空中掩护问题致电倪志亮，要他转告金日成，告之苏方可出动喷气式飞机与朝鲜空军协同掩护运输的消息，“请即下令朝鲜空军执行掩护运输线任务，并令其与现驻安东之中朝空军联司刘震联络”①。

周恩来让倪志亮转发这一系列电报的心血没有白费，到1951年春，以苏联空军为主，中朝苏空军完成了掩护鸭绿江大桥的任务，对中朝联军的运输线也起到了重要的保障作用。中、朝、苏三方空军的联合行动，倪志亮在其间做了大量穿针引线的联络工作。

美军遭受一系列失败后，杜鲁门政府不得不寻找和平解决朝鲜问题途径。毛泽东和周恩来等中国领导人得到这一信息后，立即通过倪志亮邀请金日成于6月3日来北京磋商。中朝两国领导人进行了研究、商讨，最后决定，同意进行停战谈判。

---

① 《周恩来军事文选》第4卷，第191页。

倪志亮经过多方奔走，弄清朝、美两方关于谈判的有关时间、地点、人数等细节后，遂于7月3日致电毛泽东，请示派遣涉外军官名额及和谈日期：

（一）据李奇微涉外局本日午后一时卅五分发表李奇微之通知称：关于停战谈判，希望能在七月十日或以前，在开城举行，并提议双方各派涉外军官三人于七月五日在开城接洽举行预备会议。

（二）金首相的意见，对此拟同意七月十日举行谈判，唯对双方各派涉外军官三名于七月五日举行之预备会议拟改在七日举行。

（三）我方应派之涉外三人：朝鲜二人、志愿军一人。

以上意见，特此转报，请您指示。①

6月底，周恩来亲自点将，指定外交部副部长李克农和外交部政策委员会副会长兼国际新闻局局长乔冠华参加停战谈判，组建一个工作班子，进行谈判准备。很快，毛泽东给倪志亮发来一份电报，同意驻朝鲜使馆公使衔参赞柴军武以中校名义担任中国人民志愿军联络官，参加停战谈判。

7月6日，倪志亮、柴军武陪同李克农、乔冠华会见金日成，双方协商了中朝代表团的组成。10日，停战谈判即正式拉开帷幕。

作为抗美援朝战争战火中的大使，倪志亮在敌我情况极其复杂，战争环境特别危险，工作、生活条件非常艰苦的情况下，坚决认真地贯彻执行了中共中央的指示，妥善协调了中、朝、苏三方关系，起到重要的桥梁纽带作用，得到周恩来的多次表扬。同时，倪志亮的工作也受到朝鲜人民和金日成的高度赞扬。9月29日，倪志亮被授予朝鲜民主主义人民共和国最高勋章——一级国旗勋章。②

倪志亮患有肺气肿、哮喘病，多年征战留下创伤，加上在朝任大使期间，长期待在朝鲜山区条件艰苦的掩蔽部工作，寒冷的天气使他常常咳嗽得夜不能眠。他不顾劳累、不分昼夜高强度地工作，健康状况不断恶化。

① 倪志亮向毛泽东请示派涉外军官名额及和谈日期电（1951年7月3日），存中央档案馆。

② 新华社平壤1951年10月3日、4日电。

1952 年 3 月，周恩来决定倪志亮回国休养。

金日成对倪志亮离任表示惋惜，并说：由于战争环境的限制，大使在此工作期间，没有受到应有的照顾，给大使同志工作增加了不少困难。金日成请倪志亮回国后代他向毛泽东和周恩来致以衷心的问候；感谢他在任期间的热情服务，感谢中国政府和中国人民的无私援助。离开时，金日成把倪志亮一直送到门口。

倪志亮仅仅带着一件志愿军缴获的战利品——一张美式行军床，不辱使命地回到了国内，结束了他在朝鲜的外交生涯。

由于处在战争环境之中，中国驻朝鲜大使馆的工作、生活条件是非常艰苦的。他不能像其他驻外大使那样穿西装打领带，携穿旗袍的夫人迎来送往，在舒适的环境中谈友好。尽管如此，倪志亮仍主动要求国家降低自己的工资。他说："国家正处于困难时期，我们有吃的穿的就行了，个人要那么多钱干吗！"他曾经要求组织三次减少自己的工资。在他的带领下，驻朝大使馆的全体工作人员也都这样做了。

9 月，倪志亮被任命为后勤学院副教育长。在后勤学院工作期间，毛泽东于 1953 年 1 月给后勤学院的训令指出："研究朝鲜战争中后勤工作的状况和经验，以达到我军后勤工作现代化和正规化的目的。"① 倪志亮根据自己在长期国内革命战争对后勤工作的经验总结，结合在朝鲜当大使期间了解掌握的敌我双方作战形式与后勤状况及中国人民志愿军后勤工作不足，在制定落实教育大纲和教学计划中认真贯彻毛泽东的训令，协助学院主要领导开展后勤教学工作，培养了大批合格的后勤干部。

1955 年 9 月，倪志亮被授予中将军衔，荣获一级八一勋章、一级独立自由勋章和一级解放勋章。

1957 年 9 月，倪志亮被任命为人民解放军武装力量监察部副部长。在部长叶剑英的领导下，倪志亮认真履行职责，对各军兵种和各大军区贯彻中共中央军委的训令指示状况，执行各项条令条例和编制法规的情况，遵

① 《建国以来毛泽东军事文稿》中卷，军事科学出版社、中央文献出版社 2010 年版，第 115 页。

守各项纪律和规定情况等，进行了认真负责的监督和检查，对促进军队革命化、现代化、正规化建设发挥了作用。

倪志亮在战争年代负过两次伤，积劳成疾，长期患病，但他始终保持乐观态度和坚强意志，在住院治疗期间仍不忘关心党和国家大事。1964 年 7 月 22 日，他在生命垂危之际，写信给国防部办公厅党委，表示愿将自己节省的全部积蓄人民币 5000 元作为最后一次党费上缴。

1965 年 1 月，倪志亮任第四届全国政协委员。

12 月 15 日，倪志亮因病在北京逝世，享年 65 岁。

孟用潜

赵东卑

孟用潜，生于1905年。曾担任中共满洲省委常委、组织部部长，中共陕西省委书记，中共河北省委代理书记，全国供销合作总社副主任，外交部国际关系研究所所长兼对外文化友好协会副会长等职。1985年逝世。孟用潜一生十分坎坷的经历表明，他是一位对党、对人民革命事业非常忠诚的无产阶级革命战士。

一

孟用潜，原名孟广智、孟天培，曾用名孟坚、曹长青、万钧。1905年生于河北省保定市。其父信仰基督教，为人正派，1909年因受当地基督教会排挤，携全家迁居北京，以帮助外国传教士翻译圣经为业。家庭生活仅靠父亲不多的薪金及外祖父的资助来维持。

孟用潜9岁在北京入英国教会办的萃文中学。1915年，日本帝国主义利用第一次世界大战的时机，向中国袁世凯政府提出了旨在独占中国的"二十一条"，激起全国人民的愤怒，孟用潜也受到很大震动。他参加了在中央公园（现中山公园）召开的群众大会，抗议日本帝国主义的无理要求。1919年3月，他和所在毕业班的几个同学为改善伙食和反对学校总务科长，领导全班同学罢课，后来发展为反对英国校长的全校罢课。事后，他和毕业班全体同学被开除。这是他所经受的第一次斗争的锻炼。随之而来的五四运动，他看到了中国民众的伟大力量。

1919年秋，孟用潜考入北京汇文大学预科，两年后转入燕京大学。读中小学时，外祖父每半年资助他6元钱，后来由于两个哥哥已在社会上谋到职业，家境好转，他才能够在大学读书。1924年孟用潜于燕京大学毕业。翌年又在燕京大学研究班毕业。他根据实地调查统计的材料，写了《北京1900至1924年物价、工资和生活费指数的变化》的毕业论文。当时思想界各种学说纷现杂呈，对他都有一定影响。在燕京大学这样的基督教会办的学校里，通常接触新思潮的机会比较少，经一位反对孔教为国教、主张信仰自由的牧师介绍，他开始阅读如《向导》、《新青年》和《语丝》、《震撼世界的十天》等书刊以及瞿秋白关于苏俄的报道等文章。这时，他虽接触到一些进步理论，但还未能自觉地与中国的实际问题联系起来。

孟用潜在燕大研究班毕业后，到上海中华全国基督教协进会附设的工业委员会做助理干事，该委员会带有改良主义性质，是一个办福利事业的机构。这期间，通过参观，他对中国的工业状况有了初步的了解。

1926 年秋，孟用潜到南方的大城市广州。轰轰烈烈的大革命的壮观场面给他以巨大影响。身临其境，耳闻目睹，使他十分激动。他见到了在广州岭南中学教书的燕大同学刘乾初、董绍明。这两位同学向他宣传革命理论，介绍革命形势的发展，帮助他提高思想觉悟，他毅然决定参加革命。12 月，他回到上海即向他所任职的教会福利机构提出辞职，明确地向该机构负责人表示：我必须参加革命，而这“与基督教殊难同道相谋”①。随后，他与此时也从广州回到上海的刘乾初、董绍明等，一同搭船去武汉。

1927 年 1 月，孟用潜参加了国民革命军，在第十一军政治部任科长。他主动报名随北伐军去河南战地工作。5 月返回武汉，经王海萍与吴亚鲁介绍，加入中国共产党，随后被党组织派到第十师政治部工作。4 月和 7 月，蒋介石、汪精卫先后发动反革命政变。8 月 1 日，中国共产党领导的南昌起义爆发。孟用潜所在的第十师是起义部队之一，他随军于 8 月 2 日到达南昌。3 日，又随起义部队南下。到达江西进贤县时，第十师师长蔡廷锴叛变国民革命，将所部第三十团团长、共产党员范荩及孟用潜等师政治部主要工作人员解除武装，押到上饶后，全部遣散。于是，孟用潜与其他同志一同折回九江，转道去上海。

南昌起义部队在潮汕失败之后，王海萍到福建，通知在上海的刘乾初和孟用潜去中共福建省委所在地厦门。他们 11 月到达厦门，省委正在恢复，罗明任书记，孟用潜担任共青团省委书记。1928 年 6 月，中国共产党在莫斯科召开第六次全国代表大会，孟用潜作为共青团的代表也前往与会，参加了大会组织的职工运动委员会和青年委员会。大会于 6 月 18 日隆重开幕。7 月 1 日，孟用潜与项英、蔡和森等共 29 人提议，以第六次全国代表

① 孟用潜：《自传》。

大会的名义致电中共中央政治局，着重指出，中央政治局要完全接受国际第九次扩大会议对中国问题的决定，在国内切实制止盲动倾向，目前中心工作应是组织群众，动员群众参加反帝与城市、乡村群众运动的斗争。①

二

从莫斯科回国之后，中共中央组织部部长周恩来找孟用潜谈话，中央决定派他到中共满洲省委工作。在谈话中，周恩来分析了东北地区的形势和党的工作方针，强调了党在东北地区工作的重要性。孟用潜高兴地接受了任务，随即秘密启程到奉天（今沈阳）。奉天有中共地下党员数十人，党组织主要是在城市工人中开展工作，也做学生的工作，发展和建立党的基层组织。党的工作除在沈阳、大连、哈尔滨、抚顺等地规模较大外，在营口、吉林、齐齐哈尔、牡丹江、安东（今丹东）、磐石、东宁、宁安、阿城、珠河（今尚志）等地，也开展了党的工作。孟用潜直接参与了飞行集会、撒传单等对敌斗争。

1929年6月，中共中央派刘少奇任满洲省委书记，孟用潜任省委常委、组织部部长。刘少奇（化名赵之启）在工作中沉着老练、知人善任、实事求是，给孟用潜留下很深的印象。刘少奇在谈到工作任务时对孟用潜说，党提出的口号要能为多数群众所接受，一定要深入群众，与群众密切联系，工作要从最基层做起，踏踏实实，积聚点滴经验，推动以后的工作。

1929年7月，国民党报纸上登载了张学良为争夺中东铁路要与苏联开战的消息。对此，中共满洲省委决定进一步宣传打倒帝国主义、推翻军阀统治、拥护苏联的政治主张。为贯彻这一决定，确定以撒传单的形式进行宣传，地点选在日本站。8月1日早晨，党组织派出两个同志扮成夫妻住进日本站前的悦来客栈。当天上午，孟用潜将传单用礼品盒包装好，以送

---

① 《中国共产党第六次全国代表大会大事日志》，《中共党史资料》第3辑，第88～113页。

礼的名义送进客栈，准备利用当天中午乘客出站人多时散发。

传单送到后，孟用潜出外观察情况，看到与他一同来日本站准备散发传单的工人同志被敌人抓走了。这位工人同志携带传单到车站时，因时间尚早，就在车站附近徘徊，还不时地看表，张望火车，引起敌人的怀疑而遭逮捕。[①] 孟用潜当即决定改变原计划。他返回客栈重新布置任务说，马上把传单撒出去，否则敌人加强警戒或发生意外情况将大大增加完成任务的困难。布置好任务，他迅速下楼从后门撤出，另两名执行任务的同志登上客栈楼的顶层，从窗口将传单撒了出去。顿时，传单像雪花飞舞般地飘落。成群的日本宪兵很快赶来将这座客栈楼包围并进行搜查盘问，撒传单的两位同志机智应付敌人，安然脱险。

按照省委领导分工，孟用潜负责联系和领导奉天纱厂支部。由于奉票（奉系军阀发行的纸币）一再贬值，纱厂工人仅五成开资，时值8月，秋粮还未上市，粮价飞涨，工人们生活困难，叫苦连天，斗争情绪非常高涨。孟用潜几次同纱厂党支部的同志和工人积极分子秘密开会，研究如何进行斗争，以解决工人群众面临的困难。大家一致认为，我们不能等着饿死，应当要求厂方发现洋（银元），不要奉票，至少争取发八成现洋。如果厂方不答应，我们就组织罢工。孟用潜觉得这是可行的办法，会议遂作出了开展斗争的决定。会后，他到刘少奇住处汇报商定的斗争方案。刘少奇详细地询问了有关情况，当了解到孟用潜以前从未搞过罢工斗争时，便决定与他一同参加下一次纱厂党支部会议。为保证刘少奇的安全，孟用潜与纱厂党支部书记常宝玉等就开会的地点、议程及应注意的问题反复作了商量。

常宝玉等为发动这场斗争，在工人中进行宣传鼓动，立即得到纱厂工人群众的热烈响应。纱厂资本家获知有关情况，立即派人追查，一名叫崔风翥的党员（工人）在厂方软硬兼施的逼迫下，泄露了常宝玉和厂外人约

① 关碧云：《回忆在沈阳斗争的日日夜夜》，《党史资料辑刊》（沈阳）1988年第1期，第17页。

定会面的事。厂方立即将常宝玉抓起来拷问，常宝玉经不住拷打，将孟用潜供了出来。

两三天后，刘少奇装成工人模样，孟用潜则是教书先生的打扮，按事先的约定去奉天纱厂附近召集会议。纱厂工人下午5点钟下班，他们提前一刻钟到达距厂北门口200米左右的小树林里等候。纱厂工人下班的汽笛声响了，但厂大门依然关着，没有工人出来，更不见常宝玉的踪影，又等了约一刻钟，还不见有人出来，刘少奇便对孟用潜说："可能出了什么事，我们不能等了。"两人正要离开，突然厂门大开，常宝玉被一群厂警簇拥而来。刘少奇见此情况，立即对孟用潜说："我们分开走。"刘少奇从旁边的小路走开，孟用潜沿大路往回走，但为时已晚，后面的人大喊："站住！"随之追赶过来，常宝玉用手指着孟用潜说："就是他。"追来的那些厂警立即把孟用潜捆绑起来，常宝玉不认识刘少奇，所以没有指认他。刘少奇走出不远，一个厂警指着刘少奇说："还有他，他们俩是一块儿来的。"这些厂警又将刘少奇抓了起来，一同押进厂内，关在纱厂警卫班。①

晚饭后，纱厂警卫人员开始审讯，常宝玉仍咬定孟用潜指使他闹工潮。刘少奇被审讯时，他沉着地说自己是工人，失业了，刚从武汉来，想在奉天找工作。厂警卫队的头头说刘少奇手上没茧子，是冒充工人。刘少奇机智地说自己是排字工人，如果这里有铅字，他会排得很好，使敌人无话可说。审讯孟用潜时，孟用潜说自己在学校教书，回家路过此地，听人家说纱厂工人生活很苦，要求按八成现洋开支，他觉得这是完全应该的。厂警头头不相信这是真实的口供，气急败坏地说："开工资是我们厂子自己的事，决不允许你来干涉！"随即不由分说，将他捆在长板凳上，用大水壶往他鼻子里灌凉水，接着又打板子，问了打，打了问，持续很长时间。孟用潜咬紧牙关，坚决不招。刑讯结束，刘少奇和孟用潜被带到厂警卫队的房子。由于他们从刘少奇那里没有得到任何可资破案的口供，就让他躺在

---

① 孟用潜：《怀念少奇同志》，辽宁社会科学院地方党史研究所编：《中共满洲省委时期回忆录选编》第1册，第229～236页。

床上休息，他们认为孟用潜是主犯，把孟倒背双手绑吊在窗框上，只是脚尖碰到一点地。天亮后，厂警卫队把刘少奇、孟用潜、常宝玉 3 人押送到奉天警察局商埠地三分局。

在商埠地三分局临时看守所，刘少奇与孟用潜分睡在对面炕上。被关押的人不少，炕上拥挤不堪。审讯是在一间大厅里，常宝玉仍坚持说孟用潜煽动他闹工潮。孟用潜不承认，又被打手板，手肿得非常厉害。

第二天，商埠地三分局将他们 3 人押到奉天高等法院检察处看守所。这里比三分局临时看守所关押的犯人多几倍，每间牢房都塞进十几个人，夜里睡觉挤得没法翻身。孟用潜与常宝玉被关在一个房间里，刘少奇被关在另一间屋里。这里一个看守要看管百十号犯人，但待遇还不如警察，因此他们的看管并不严格，对犯人放风时互相间谈话、来往的事，都是睁一只眼、闭一只眼。利用这一点，刘少奇找孟用潜说："既然把我们解到地方法院，而不是军事法庭，说明我们的案子并不严重，没有把我们当成政治犯。问题的关键是常宝玉，他在政治上幼稚，我们应当帮助他，使他坚强起来，有些话让他自己推翻，这样对我们的案子判决有利。"当时常宝玉只向敌人供出孟用潜一人，并未供出党组织的秘密。开始，孟用潜找机会与常宝玉交谈，常的态度很冷淡。后来孟用潜按刘少奇的指示多次耐心地启发常的思想，使他渐渐改变了态度，变得坚强起来，同意在法院审判时推翻以前的供词。这时，中共满洲省委派杨一辰来看守所探望，带来一些钱和水果等物品，并告诉他们，省委的同志正在通过各个渠道大力开展营救工作。

一个多星期后，法院开庭审理。常宝玉推翻了以前的供词，既否认自己闹工潮，也不承认孟用潜指使他闹工潮。审问刘少奇时，刘少奇转守为攻地指责纱厂警卫随便抓人。当审问孟用潜时，孟说："我是教书的，怎能去煽动工潮呢？那天纱厂门口围了好多人，我也上前去看，正赶上纱厂警卫乱抓人，连我这个过路看热闹的也抓起来了。我是无辜受连累的。说我闹工潮，又有什么证据？"法官追问他与刘少奇和常宝玉的关系，他说与他们素不相识。法官看审不出什么名堂，又看了看纱厂和三分局的审讯记录，也没有发现有力的证据，就结束了审问。

几天后，法院下达了对刘少奇和孟用潜的判决书，上面只有16个字："煽动工潮，证据不足，不予起诉，取保释放。"常宝玉因与纱厂有直接关系，被判罚40天拘役。宣判后，孟用潜由一个看守跟随，去办取保手续。孟用潜原与皇姑屯铁路工厂旁边的一个小店主关系很好，花两块现洋就取得了铺保。获释后，他避开敌人盯梢，立即赶到刘少奇的住处，把情况告诉了刘少奇的爱人何宝珍。在刘少奇和孟用潜被捕后，为防万一，省委的机关都进行了转移。这段时间，省委千方百计从事营救工作。何宝珍带孟用潜找到省委。孟用潜把被捕后的情况作了汇报。省委找铺保有些困难，两天后才通过基层党组织找到一个铺保，将刘少奇保释出看守所①。

刘少奇获释后，立即向省委汇报了这次被捕的经历，并给中共中央写了详细的报告，说明这次被捕事件的经过，检讨了教训。孟用潜等省委同志都看了这个报告，表示同意，然后送往党中央。中共中央很快复信，指示刘少奇继续担任中共满洲省委书记，孟用潜任省委委员。为加强党在哈尔滨市的领导，在中央巡视员陈潭秋的帮助下，组建了哈尔滨新市委，任命孟用潜为市委书记兼管市委组织工作。

三

1929年9月中旬，孟用潜前往哈尔滨就任市委书记。11月，中共中央批准满洲省委成员调整，孟用潜任省委候补常委。1930年4月，中共满洲省委遭敌破坏。5月，中共满洲临时省委成立，孟用潜任省委委员。1930年6月30日，中共中央召开组织工作会议，孟用潜和满洲省委组织部部长杨一辰前往参加。会议宗旨是从组织上进一步贯彻"左"倾盲动路线，要

① 孟用潜：《少奇同志在奉天被捕前后》。

求各地各级党组织配合武装暴动成立“行动委员会”。中共满洲省委于1930年8月召开会议决定撤销满洲省委，成立满洲总行动委员会。9月，哈尔滨市委改为北满特委行动委员会，孟用潜任书记，并任满洲省总行动委员会委员。其下属组织有哈尔滨市委（由特委兼）和阿城、宁安县委，以及庆城、依兰、珠河等6个特支。这时，中共中央开始纠正立三路线，11月，中共满洲省委恢复，随后撤销北满特行委，成立北满特委，孟用潜任特委书记和中共满洲省委委员。所属组织有哈尔滨市委和阿城、珠河等6个县委，共有党员472人。①

在哈尔滨，孟用潜住在道里15道街9号一个小公寓里。这处公寓很不适合搞秘密工作。1930年12月，因没有找到其他合适的地方，就利用这间公寓召开了特委会议。中共满洲省委书记陈潭秋和团省委书记王鹤寿到哈尔滨视察党的工作，并向北满特委布置纪念广州暴动的工作，也参加了会议。会议从早晨一直开到夜里10点多钟，正要散会时，江沿警察局的警察以查户口为名突然闯进公寓内进行搜捕，与会者除两人跑掉外，陈潭秋、王鹤寿、孟用潜等7人被捕，随之被押送到道里警察署。

第二天开始审讯。孟用潜化名陈文辉，因是“主犯”，每次审讯前都要对他用刑。但他意志坚强，严格保守党的机密。敌人把他放文件的箱子拿来作证。他知道箱子里还有两份文件，就坚决否认箱子是自己的。敌人边严刑拷打，边穷凶极恶地吼道：“这个箱子就是你的！不是你的是谁的?”孟用潜忍着剧痛，坚定地说：“这个箱子是一个朋友寄放在我这里的，里边装的啥东西，我根本不知道，我是受人之托!”敌人一无所获，就给孟用潜灌凉水，然后把他拖回监号。

一个星期后，孟用潜等人被押到南岗中东路护路军司令部军法处看守所。军法处长亲自上阵，搞了多次审讯，结果仍是一无所获。军法处长变换手法，装出和善的样子对孟用潜说：“箱子是你的就承认，没有什么大

① 王景、金宇钟：《中国共产党黑龙江省组织沿革概况（初稿)》，《中共党史资料》第7辑，第272页。

关系。”孟用潜心里十分清楚，押到军法处来，就说明敌人是按政治案件审理了，决不能承认箱子的事，否则将牵连许多同志，这是大事，死也不能承认。他回答说：“这箱子是朋友寄存的，是我交错了人，我对这个朋友也不了解，他把箱子放在我这里就走了，一去无音信。这个箱子与我无关，与其他几个被警察局抓来的人就更无关了。”敌人听得不耐烦，喊道：“算了，算了！”以后很长时间没再审讯。军法处把他和王鹤寿提出来关押到一间地下室里。地下室不见天日，昼夜开着昏暗的电灯，活像地狱。①

1931年2月，敌人的军法处进行宣判，孟用潜被判刑7年，其余同志被判刑5年。他们被关押在哈尔滨道外监狱，始终戴着脚镣。

道外的监狱条件非常恶劣，十几平方米的监舍住了16人，虽有火炕，但终年不烧，既冰冷又潮湿；一日三餐都是高粱米粥大块咸菜。孟用潜和陈潭秋、王鹤寿等在这残酷的铁窗岁月中，始终保持着高昂的革命斗志和乐观主义精神。监狱中有不准“政治犯”通信及与亲属会面等苛刻规定，大家对此非常愤恨。孟用潜和狱中其他16名同志发动了一场要求与亲友通信和会见的斗争，迫使狱方答应“政治犯”每月可与家属通信或会见一次。狱中的共产党员还找机会主动同敌人进行斗争，以扩大政治影响。一次，一个看守打“犯人”，孟用潜看到后带头斗争，王鹤寿、唐宏经等也立即参与斗争。大家向监狱长提出强烈抗议，并要求狱方今后不许虐待犯人。监狱长起初态度蛮横，骂孟用潜等人是“阶下囚”，后恐事态进一步扩大，连忙许下不再发生打人现象的承诺。

1931年九一八事变爆发，日本帝国主义侵略中国东北，形势发生很大变化。为尽早出狱为党工作，陈潭秋与孟用潜商量，设法从监狱外找人活动，营救被关押的同志出狱。孟用潜给很久不通信的家里写了一封信，说明自己的情况。不久，孟用潜的三哥孟广礼来到哈尔滨看望他，并通过基督教青年会的关系打通关节，托在哈尔滨的朋友张文丰处长想办法。张文

---

① 王鹤寿：《我在东北三次被捕的回忆》，《铁窗丹心》，辽宁人民出版社出版，第338～339页。

丰转托中东铁路局一个叫王焕章的处长，王又向中东路护路军副司令于深澂（绰号于大头）疏通。于在哈尔滨很有势力。疏通的结果是准许孟用潜一人以患病为由暂时“保外医治”。随后，王焕章等人又在哈尔滨道外大饭店宴请于深澂，席间请他解决该案7个人的问题。于很迷信，说他从北平回来后曾算一卦，被告诫一定要做好事。又说，单解决一个案子不好办，不如将在押犯人一律放出来为“满洲国”效力，这样好交代。果然，几天后军法处审讯全部犯人，无论已决未决，全部释放，将年轻的刑事犯都送到伪满洲国当兵，政治犯一律遣送回籍。[①] 释放的“政治犯”70多人，其中还有30多位朝鲜族同志。时在1932年6月。孟用潜获释后即到上海找中共中央。

四

1932年，中共临时中央为配合中央苏区红军的反“围剿”斗争，于6月2日在上海召开了北方各省委代表联席会议。26日，会议通过了《关于开展游击运动与创造北方苏区的决议》，要求北方各省委立即组织红军创造北方苏维埃区域。会议将建立陕甘边区根据地和红二十六军作为北方党组织的“第一项基本任务”，决定由陕西省委书记杜衡担任红二十六军政委，派孟用潜接任省委书记职务。孟用潜临行时，中共中央政治局常委张闻天找他谈了话。8月间，孟用潜到达西安，立即召开陕西省委会议，并于8月25日作出了《中共陕西省委关于帝国主义国民党四次围剿创造陕甘边新苏区及红二十六军决议案》。决议根据中央北方会议和中央8月1日指示，检查了省委在陕甘边创造新苏区和游击队的工作，决定尽快成立陕甘边区特委和渭北特委，并改组了陕西省委，孟用潜任书记。从此以后，陕西省委便有组织、有目的、有计划地派出干部，分赴陕北、陕南、陕甘边

① 孟用潜：《一九二九年中共满洲省委的活动情况》，辽宁社会科学院地方党史研究所编：《中共满洲省委时期回忆录选编》第1册，第225~229页。

及甘肃兰州等地，发展党的组织，建立工农武装，开辟革命根据地。[①]

1932年10月，孟用潜与省委宣传部部长贾拓夫到三原县武字区巡视，召集当地党的活动分子会，决定组织游击队，成立渭北革命委员会。会后，成立了中共渭北特委。12月，陕西省委作了较大调整，原因是省委常委会检查省委自红四方面军进入陕南以来的工作，“用布尔什维克的自我批评精神，展开党内两条战线的斗争”，认为省委“在做立三主义的空谈与官僚主义的领导”。省委调整后的人员变动较大，成员较以前增多。孟用潜在这过程中，虽被严厉批评为“犯了严重的‘左’右倾机会主义错误”，但仍担任省委书记职务。[②] 这时，陕西地区总的形势是好的，对发展革命事业是有利的：关中地区的周至、三原、富平、蒲城、韩城、蓝田和商洛等地，西安市内的修械厂、电报局、二中、西安师范等，均有党的组织在开展工作。当年，陕西灾荒严重，西安的城隍庙里住满了灾民，已有省委的同志前往灾民中开展工作。红二十六军也有新的发展，红四方面军已打到陕南，兵运工作也取得较大进展。大家对形势的估计很乐观。但红四方面军再未向北发展，红二十六军的发展也并不顺利，敌人进攻很紧，敌我兵力悬殊，党的组织力量还相当薄弱。在这种形势下，省委内部产生了争论，是扎实工作、稳步发展，还是盲动冒险。孟用潜主张前者，杜衡等人则与孟用潜的主张尖锐对立。[③]

1933年1月，红二十六军第二团在杜衡的错误领导下，在陕甘边区攻打与游击队有统战关系的夏老幺民团，结果损失很大。针对这一教训，陕西省委在孟用潜的主持下，根据当时敌人派军队和五县民团“围剿”红二十六军，红二十六路军力量尚弱小，形势比较严重，而群众搞分粮吃大户等的斗争又很激烈的情况，于2月3日发出《陕委给红二十六军的信》，指

① 中共陕西省委组织部等：《1927年至1937年间的中共陕西省委组织概况》，《中共党史资料》第32辑，第248~269页。

② 《关于陕西省委在政治领导和实际工作中所犯错误的检讨与改组省委的请示》（1932年12月23日），中共陕西省委党史研究室编：《土地革命战争时期的中共陕西省委》，第526页。

③ 孟用潜：《我在陕西省的一段工作》，《土地革命战争时期的中共陕西省委》，第732页。

示红二十六军化整为零，分散成若干个工作队，进行游击战争和发动群众的工作。这个指示本来是正确的，但把持红二十六军领导权的杜衡拒绝执行并强烈反对省委的指示。他说省委关于红二十六军分散活动的指示是“违犯国际与中央路线”、“取消红二十六军”，是“右倾机会主义”，否定孟用潜的领导作用。[①] 他首先在红二十六军中鼓动反对省委和改组省委，随后又回西安，召集省委会议，与团省委书记袁岳栋（后与杜衡在1933年7月被敌人逮捕后同时叛变），激烈地攻击孟用潜等持正确意见的同志。杜衡以其“左”的高调，在省委占了绝对优势。3月23日，省委全会接受了杜衡提出的错误意见，对省委重新改组，袁岳栋任省委书记，杜衡任省委常委，负责组织工作，孟用潜不再担任省委书记，改任省委常委，负责宣传工作。省委改组后，孟用潜很难接受杜衡等人的错误主张，由于他“表现不坚决转变”[②]，又被撤销了省委常委职务，任省委委员。在工作中，孟用潜受到孤立，遂提出离开陕西。杜衡等人认为他“根本政治动摇”[③]，在拒绝他的要求的同时，撤销了他省委委员的职务，并给他口头警告，分配他去做省委训练班教务主任的工作。但他依然坚持要求离开陕西。6月，陕西省委同意了他离陕的要求，孟用潜遂离开西安前往中共中央所在地上海。

1933年9月，孟用潜奉党中央派遣，担任中共河北省委组织部部长，不久代理省委书记。1934年初，在孟用潜代理河北省委书记期间，省委宣传部部长李铁夫写文章反对王明“左”倾机会主义路线，孟用潜予以大力支持。中共中央驻北方代表批评他们是“新取消主义”的“铁夫路线”。孟用潜坚持自己的意见，遂发生激烈争论，孟用潜被撤职并被安排新的工作，他表示拒绝，遂于1934年5月被开除党籍。

---

① 贾拓夫：《一九三〇年到一九三三年陕西省委的曲折斗争》，《土地革命战争时期的中共陕西省委》，第729页。

② 《中共陕西省委报告（第一号）》（1933年4月15日），第548页。

③ 杜衡：《陕西共党沿革》，《土地革命战争时期的中共陕西省委》，第880页。

五

被迫离开党组织后，孟用潜在北平塔斯社任翻译，还从事过译书的工作，翻译了《希特勒征服苏联?》等反法西斯的书籍。与此同时，经一位北大教授介绍，他还曾到英文北平日报社做过数月的编辑工作。1936年底，经一位为苏联做情报工作的原同事介绍，他在平津参加了苏联情报部门的工作。全面抗战爆发后，他不愿久留平津，很想到内地去从事适合自己特长的工作，经该情报部门同意，1938年春孟用潜离北平去重庆。当年秋，经友人介绍，他认识了国际友人、新西兰人路易·艾黎，随即参加了中国工业合作协会（简称工合）的工作。该协会是由路易·艾黎发起组织的，得到宋庆龄和周恩来的大力支持，也曾得到宋美龄的有力支持①，理事长是孔祥熙。工合对促进中国后方工业发展、支援抗战起了重要作用。参加工合工作后，孟用潜去见孔祥熙。孔幼年时曾得到过孟母照拂，后又跟孟父念过书，孟用潜去找，孔祥熙不能不买账。有这种关系，为孟用潜在工合组织中开展工作提供了方便条件。他先后到兰州、宝鸡、西安、延安视察。1938年秋，孟用潜曾与斯诺一同到延安，后又到山西的阳城和晋城等地视察。

1939年，孟用潜从山西回到重庆。这时，工合总会决定成立晋豫区办事处，派孟用潜前去就主任职。行前，他与在重庆的周恩来会面，周表示同意孟到洛阳后与当地十八集团军办事处建立工作联系的想法。

工合晋豫区办事处的很多工作人员是由东北救亡总会介绍来的。这一时期的工作比较顺利，孟用潜领导晋豫区办事处，开展合作社的工作，取得了较好的成绩，洛阳的纺织、印刷、皮革、缝纫等生产合作社都具有一定的规模，对前方打击日本侵略者，增加了许多后勤供应。

---

① 《艾黎自传》，甘肃人民出版社出版，第92～95页。

孟用潜的工作得到了国民党第一战区司令长官卫立煌的秘书、中共地下党员赵荣声的很多帮助。赵荣声是孟用潜在燕京大学的后期校友。孟到洛阳时，曾力邀赵兼任工合办事处的成员，赵虽退回了工合办事处的聘书，但仍热心帮助孟用潜。他陪同孟用潜见了卫立煌和战区参谋长郭寄峤，从中为孟帮忙说话。后来卫立煌了解到工合真心为抗日战争服务，表示支持工合和孟用潜的工作。孟用潜与郭寄峤的关系也搞得很好。郭曾要孟给他介绍人员去工作，孟便介绍了一位中共地下党员前去。为利于开展统战工作，孟用潜还通过赵荣声将朝鲜族画家、秘密的共产党员韩乐然介绍给卫立煌，为其工作提供了方便。后来孟用潜被特务追捕时，卫还给孟一定的帮助。这时，工合在宝鸡、甘肃也慢慢地搞得具有一定成绩，但都不及孟用潜在晋豫区搞得活跃。[①] 工合晋豫区办事处下设晋南办事处、洛阳办事处，还有禹县、鲁山、嵩县、卢氏等县办事处。只要有工人 7 个以上就可以组织合作社，工合就贷款给他们搞生产，一方面把工人组织起来，一方面向工人进行抗日救国的宣传。由于工合基层干部中很多来自陕北，加以在山西新旧军冲突时，工合和各合作社都支援新军反对旧军，因此国民党顽固派更加敌视工合。特务吴勃海就曾在长官部里对赵荣声说："孟用潜是个老共产党。"[②]

当时的斗争错综复杂，除了工合内的进步力量遭到国民党迫害外，国民党内部的派系之争也有充分的表露。CC 派想将工合抓过去，以壮大自己的力量和声势；孔祥熙则因工合已在国内取得一定成就，并还可在国外沽名钓誉，因此死不撒手。CC 为此攻击工合左倾；孔祥熙则一方面想将艾黎排挤出工合组织，另一方面则要求工合各办事处主任在他的介绍下，全都加入国民党，以缓解 CC 等国民党顽固派对工合的攻击。在这种情况下，孟用潜为了继续开展工作，以大局为重，被介绍加入了国民党。然而，在国民党特务眼里，孟用潜并不是别的什么身份，而是一个有严重共产党嫌

①② 赵荣声：《回忆卫立煌先生》，文史资料出版社出版，第 229、第 230 页。

疑的人。

从1940年起，孟用潜的工作环境开始恶化，工合内的部分中共地下党员在工作中过分暴露，成了国民党特务注意的目标，还有个别党员因地方党组织遭破坏受牵连而被国民党当局逮捕。各地工合组织也陆续有不少进步青年被捕。孟用潜虽已不在中共党内，但仍为党做工作，支持、协助和保护党的同志，因而其政治态度也比较明显，引起国民党特务的注意。此外，他还与驻洛阳的八路军办事处有较多联系。后来该办事处主任袁晓轩叛变投靠国民党，多次约孟用潜在澡堂、饭馆和郊外大路旁的小饭摊上会面，还约会艾黎等人，实际上是有意暴露目标。

1941年秋，重庆有关方面传说孟用潜已在洛阳被捕。工合总会打电报到洛阳工合询问这件事，同时派工合西北区办事处主任卢广绵到洛阳接收晋豫区工合办事处。但卢乘坐的火车路过潼关时，遭到日军隔河炮击，又折回宝鸡。孟用潜此时仅知道情况比较严重，遂到宝鸡工合了解情况，知道洛阳是不能逗留了。但为了把工作作一交代，他冒险回到洛阳。果然，中统特务企图逮捕他。一天傍晚在他住处附近，一个特务企图将他诱捕，他识破了特务的阴谋，经过一场恶斗，终于逃脱，又在两个同志的护送下，到洛阳城外的一处车站上了火车，经宝鸡赴重庆。

到重庆后，孟用潜向周恩来汇报了有关情况及袁晓轩那种反常的联络方式。周恩来也感到惊异。几天后便传来了袁晓轩公开叛变的消息。

孟用潜到重庆见过孔祥熙。孔有意留孟用潜在重庆工合总会继续工作，并说："有人（指CC派）要打击你，但你还可以干下去。"这时，经东北救亡总会负责人之一的陈先舟联系，孟用潜与叶笃壮创办了一个太平公司，孟为经理，叶为协理，"东总"的重要干部阎宝航、高崇民等也参加了公司的创办工作。创办太平公司主要是想利用孟与孔祥熙的关系做生意。孟找孔祥熙谈此事，孔认为孟不适合做生意，始终未予支持。这样一来，公司办得很艰难。孟对做生意外行，也没有兴趣，半年后公司赔垮了。孟用潜向周恩来谈了自己的党籍问题，并希望回到党内。周恩来考虑到孟的工作特点，要孟暂时不必考虑党籍问题，待将来局势发生变化后再由组织上给予解决。在重庆工合工作中，孟用潜常就工作中遇到的问题去八路军办事处找周恩来、徐冰等人。办事处对孟用潜开展工合工作也给予了大力的支持和协助。

鉴于国民党顽固派对工合中进步力量的压迫，西北地区的工合日益倒向国民党。1942 年，洛阳工合的赵叔翼与在工合中工作的国际友人何克商量，准备到延安开展工作，并策划将艾黎经手的国际捐款、医疗器械等物资运往延安。孟用潜听了赵叔翼的汇报，为赵联系与周恩来晤谈的时间，并要赵先去找宋庆龄商谈具体事宜。很快，孟用潜陪同周恩来会见了赵叔翼。经周密安排，终于使这批物资运到延安。

1942 年 9、10 月间，有人提议在桂林成立工合东南盟军服务处，工合总会表示同意，并约孟用潜前去任主任。孟用潜领导该服务处开展的工作，主要是组织建筑工人承包飞机场的零散工程，组织木器业工人和其他行业的工人办理对盟军的日用品和食品供应。是时，中共的一些同志也参加了服务处的工作。数月时间内，东南的几个空军基地都建立了合作社机构。日本侵略军占领桂林后，该地工合工作人员转移到乡间。

1943 年秋，孟用潜回到重庆，又参与了工合总会的工作。1944 年夏，工合总会改组，与 CC 派有关系的周象贤任工合总干事，孟用潜遂于不久后脱离工合。

1944 年 5 月，孟用潜到西安美国新闻处工作，任特派员。新闻处是美国国务院的宣传机关，宣传工作分两种：一种是翻译新闻稿和特写稿给各报馆，一种是图片展览，同时也向外赠送一些英文书籍和重庆美国新闻处翻译出版的书籍。孟用潜先后在西安、北平、沈阳等地的美国新闻处工作。[①] 每个新闻处有两三个美国人，其余为中国工作人员，有 20 至 40 人不等。在西安时，正值第二次世界大战的末期和波茨坦会议期间，孟用潜在

---

① 孟用潜：《自传》。

选材料翻译和编辑稿件上发挥了一定的作用。孟用潜和中共地下党员的努力，对于揭露法西斯主义的残暴、宣传人民民主阵线的胜利起了一定的作用。

日本投降后，孟用潜到北平的美国新闻处工作，曾搞了一次规模很大的第二次世界大战的图片展览。由于国际反法西斯战争的结束，大家开始将注意力集中到国内。这时，重庆、昆明出版的民盟刊物都是暗中利用美国新闻处空邮稿件到北平印刷发行的。孟用潜与新闻处的十几个人又单独办了一个中外出版社，最初是出版翻译的外文书籍，后来翻印解放区出版的小册子。此外，又与中共地下党的同志共同努力，出了一个刊物《新闻评论》。

1946 年 1 月初，孟用潜认识了到北平军事调处执行部工作的中共代表李克农。李克农了解了孟用潜的情况后报告了中共中央。中共中央不久前作出的《关于若干历史问题的决议》指出："对于一切被错误路线所错误地处罚了的同志，应该根据情形，撤消这种处分或其错误部分。"根据决议精神，刘少奇向中共中央提议恢复孟用潜的党籍，得到中央的批准。2 月，李克农接到康生发来的关于中央批准恢复孟用潜党籍的电报。鉴于孟用潜在被开除党籍期间仍为党做了许多工作，因而中央决定他的党龄连续计算。李克农随即将电报的内容转告了孟用潜。这时孟用潜还在北平美国新闻处工作，在党内的组织关系上，受李克农的领导。

为积极地开展斗争，孟用潜领头在北平美国新闻处搞了一次罢工。但罢工要求过高，与形势发展也不协调，因而失败。孟用潜等被迫离开北平美国新闻处。此后，经李克农同意，孟用潜应美国人霍金斯之邀去沈阳建立美国新闻处。到沈阳后，除美国新闻处的工作外，他还参与建立了中美协会，出版了《中美评论》刊物，主要转载上海等地进步刊物的文章向东北地区介绍。这个刊物办了几期后，由于特务告密，孟用潜被迫于 1946 年 8 月离开美国新闻处，刊物也随之停办。

六

1946 年 9 月，孟用潜通过李克农的介绍到延安。在延安，中共中央决定派他到国外做兄弟党的联络工作。翌年他到达上海，根据党的指示，利用孔祥熙的关系到美国和欧洲与兄弟党联络。孟到上海后曾见到孔祥熙，但出国事未能办成，他便留下来参加《毛泽东选集》英译本的翻译工作。1948 年初，孟用潜任中共上海局调研部副部长；1948 年 11 月，任华北财委委员、华北供销合作总社主任。

新中国成立后，孟用潜任中央合作事业管理局局长；1950 年 7 月，任全国供销合作总社副主任。他深入实际调查研究，积极向中央反映情况并提出有益的建议，实事求是，敢于直言。1956 年 6 月，孟用潜调到外交部，任外交部党委委员，国际关系研究所所长、党组书记兼对外文化友好协会副会长等职。他工作不辞劳苦，组织国际关系研究所的同志深入了解西方主要发达国家的政治、经济情况，进行分析，研究反对帝国主义的战略和策略。

“文化大革命”开始后，孟用潜受到残酷迫害。在康生、谢富治指使下，1967 年 5 月，孟用潜被“隔离审查”，主要原因就是他与刘少奇 1929 年在沈阳被捕一案。“为迫使他彻底地交代问题”，又于同年 12 月 12 日将他送公安部“拘留审查”。一些人要他“揭发”刘少奇在沈阳被捕“叛变”问题，以便立功赎罪。他认为，历史事实不可篡改，他自己既无功可立，也无罪可赎，坚决拒绝了江青一伙及其追随者高压逼供。江青一伙声言，如果不承认“叛变”就是“站在党内最大的走资本主义道路的当权派一边，同以毛主席为首的无产阶级司令部对抗”。在万般无奈的情况下，孟用潜违心地作了所谓的交代。[1] 但随后他即申明这是受逼迫而虚构的，

① 孟用潜：《怀念少奇同志》。

并几次指出这是假交代，必须纠正。可是这些人硬是把那些编造的材料上报中央，欺骗全国人民。当他看到中共八届十二中全会所作的对刘少奇的结论后，痛心和悔恨使他再也忍不住了。从1968年底开始，他给毛泽东和中共中央写了20份申诉材料，说明真相，要求实事求是地处理刘少奇的问题。这20份材料中，还不包括他被强迫撕毁的申诉材料。但江青一伙扣押了他的全部申诉材料，并诬蔑他是“无理取闹，自取灭亡”，还警告他如再提出申诉，即罪上加罪，以现行反革命罪论处。因他坚持“反动立场”，被定性为“叛徒”[1]，又因他历史上曾在美国新闻处工作过，又被强加上“美特”的罪名。

1978年12月9日，公安部报经中共中央批准，将孟用潜释放，由外交部安置。孟用潜终于结束了与外界隔绝了11年零7个月之久的囚禁生活，获得自由。中共十一届三中全会以后，他的冤案得到平反。外交部党组在1979年5月20日的有关文件中指出：“对孟用潜同志的一切诬蔑不实之词，一律推倒，予以平反，恢复名誉；恢复组织生活和原工资级别，补发审查期间扣发的工资。”孟用潜发表文章，痛斥林彪、“四人帮”陷害国家主席刘少奇、制造全国最大冤案的罪恶行径。他指出，由于党中央清除了“四人帮”，才有可能恢复历史的本来面目。他热情地歌颂了伟大的无产阶级革命家刘少奇同志。

由于在“文化大革命”中惨遭迫害，长期关押，身心受到严重摧残，以致长期患病，1985年8月8日，孟用潜在北京病逝，终年80岁。

---

① 孟用潜：《怀念少奇同志》。

邓稼先

郑坚坚

邓稼先，安徽怀宁人。1924 年出生于安徽省怀宁县东部大龙山西北麓邓家大屋。杰出的物理学家、核科学家，在核物理、中子物理、爆轰物理、等离子体物理、流体力学、统计物理和理论物理等多方面广有建树，是我国核武器理论研究的奠基与开拓者之一，也是我国研制、发展核武器在技术上的主要组织领导者之一。从原子弹、氢弹原理的突破和试验成功及其武器化，到新的核武器的重大原理突破和研制试验，他都作出了重大贡献。他长期忘我工作，不为名、不为利，兢兢业业，呕心沥血，默默无闻地奋斗了数十年，为我国的核武器事业无私地奉献了毕生的精力，为打破超级大国的核垄断、增强我国的国防力量，保卫世界和平作出了不可磨灭的贡献。他无愧于“两弹元勋”的光荣称号，历任中国科学院近代物理研究所副研究员，第二机械工业部第九研究院理论部主任、副院长、院长，研究员。核工业部科技委副主任，国防科工委科技委副主任。中国科学院学部委员。邓稼先于 1956 年加入中国共产党，1982 年当选为中共第十二届中央委员会委员。他作为主要完成者之一，曾先后获得一项国家自然科学奖一等奖与四项国家科技进步奖特等奖。1984 年他被评为国家级中青年有突出贡献的专家，1986 年荣获全国劳动模范称号。1986 年病逝。

诗书之缘

1924年6月20日[1]，邓稼先出生在安徽省怀宁县东部大龙山西北麓的白麟畈邓家大屋。这里也是清代著名书法、篆刻家邓石如（1743—1805）的故乡，邓稼先是他的6世嫡孙。邓家大屋地处怀宁、桐城的边界，在安庆市北二三十公里。周遭有大龙山、麟峰、龟山等群峰环卫，村边有清流一道，蜿蜒而东，河上有石桥，其名曰："凤凰"。邓石如生前曾治二印，一为"家在龙山凤水"，一为"家在四灵山水间"，既述山川风物之秀，兼喻道德文章之灵。邓稼先的父亲邓以蛰，字叔存，北大、清华教授。母亲王淑蠲，桐城人。大姐邓仲先，二姐邓茂先，小弟邓槜先。

邓氏为白麟畈的大姓，最初于元、明之际自江西迁居于此，至邓稼先已是第18代。查邓氏宗谱，高官厚禄者盖寡，然而通经达史，工诗古文之士则代有相传，赓续不绝，尤其书画篆刻，是为专长。其中最有名的，自然要数那位"江南高士"邓石如了。石如初名琰，字石如，号顽伯，以喻"不贪赃，不低头，不阿谀逢迎。人如顽石，一尘不染"[2]之志。后为避清仁宗讳，改以字行。更字为顽伯，号完白、完白山人、完白山民、龙山樵长、凤水渔长、笈游道人……少时甚贫，然而在祖父与父亲的影响下，很早便"窃窃喜书"，并勤于自学。17岁起踏上专攻书刻艺术的道路，长期一笈横肩，浪迹天涯。每至一处，必"搜求金石，物色豪贤"，勤学苦练，博采众长，终于名动京华，艺惊时贤，成为著名皖派书刻艺术的巨擘，

① 笔者曾先后采访过邓稼先的大姐和他的夫人，获知他的生日应为1924年农历五月十九日，即公历6月20日，但他在1948年办出国护照时自己推算为6月25日，随后即以此为法定生日。他逝世后一些有关的传记上亦多用6月25日。然而实际上应该是6月20日。

② 穆孝天、许佳琼编著：《邓石如》，安徽教育出版社1983年版。

“四体书具为国朝第一”，诗文亦颇有声名。完白山人一生教书卖字，清贫倔傲，终老布衣。曾自刻一印：“胸有方心，身无媚骨”，是他最好的写照。一度曾入武昌湖广总督毕沅之幕，然而日与“群蚁趋膻，阿谀而佞”之辈为伍，久之乃觉恶俗难耐，“郁郁殊甚”，终坚辞而别。毕沅以四只铁砚相赠，山人携以归里，构新居而纳之，并额其新居曰“铁砚山房”。山人后代，悉居于此。

“铁砚山房”传到第5世，即邓以蛰这一辈时，出现了不少新的气象。首先是“丁旺”，突破了前此一直“独传”的旧例。以蛰兄弟姐妹一共10人，男女参半，这在邓家的历史上，可谓是一大喜事。再就是当时已到了清末民初，国门始开，有识有志之士纷纷出外求学，或西赴欧美，或东渡日本，“留洋”之风盛行。早就有着“游学”传统的邓家子弟，此时更是欣逢其会，争相效仿。邓以蛰先后留学日本、美国，攻读西方哲学、美学，通数国语言，回国后执教于北京大学、清华大学。后又曾短期出访过欧洲的意、比、西、德、法等国，著有《西班牙游记》[①] 一书。邓稼先的二伯邓仲纯、五叔邓以从留学日本，四叔邓季宣则留法。作为邓家的后代，其游踪所至，即便那位自封为“笈游道人”的先祖也要“望洋兴叹”了。

虽然邓稼先在“铁砚山房”降生后不过数月就随家人到了北平，而且此后也一直未曾回去过，可是邓家世代相传的家风、学风还是在他身上留下了深深的印记。这其中，有先天的遗传，亦有后天的熏陶与培养。尤其父亲那独特的教育方式，给少年时代的邓稼先打下了良好的基础。邓以蛰教授是著名的美学家和美术史家，在五四新文化运动中，积极提倡新文艺，后又长期研究中国美术史和中国书画的美学理论。他学贯中西，知接今古，思想活跃，兴趣广泛，既注重新知，亦弘扬旧学，既酷爱西方古典音乐，亦嗜好传统的京剧……在教育子女方面，同样注意“兼收并蓄”、“中西合璧”。稼先5岁时，父亲开始教他念书，不久，送他进了一家私塾，正式接

① 1936年上海良友图书出版公司出版。

受“旧学”的教育。以后，又送他上了新式的小学。在新学堂里，稼先学的是国文、算术、手工、常识等课，但放学回家后仍要接着背《诗经》、《尔雅》、《左传》、《论语》……父亲还让他读外国的文学名著。然而父亲亦并非一味严厉，功课完成之后可以尽情去玩，以发展个性。所以少年时代的邓稼先，除了聪颖好学而外，还有些调皮好动。日后的邓稼先夫人许鹿希教授在回忆文章中写道：“儿时的稼先虽然特别淘气，但很聪明。古文背得烂熟，数理化也学得很好。”①

《清代学者象传》上有一幅“完白山人扶杖图”，从中可以清楚地看到日后邓稼先的一些相貌特征：方头、大脸、浓眉、直鼻……而随着年龄的不断增长，邓家人忠厚、朴实、外憨内秀的品格特征，也逐渐在邓稼先身上显现出来。完白山人在“与侄书”中写道：“父母不足恃，自己气力不足恃。可恃者，读书明理，存心忠厚而已。”从这段文字里，我们不仅能够看到一位旧时正直、善良的布衣学者的鲜明形象，而且可以找到一位新时代纯朴高尚、勤奋、爱国的知识分子的生动影子。邓氏世代相传的“家风”，正是从一个侧面体现了中华民族源远流长的优秀传统。

1931年九一八的炮声，打破了邓稼先平静、安宁的少年生活，到这一年的11月日本人便完全侵占了东三省。紧接着，他们又将魔爪伸向华北。1935年12月，北京爆发了震惊全国的一二·九运动，反对日本帝国主义，反对国民党当局的不抵抗政策和汉奸卖国行径。青年学生们冲破反动当局的封锁和镇压，不顾流血牺牲的危险，坚定地走上街头、示威、请愿，悲愤地喊出了：“华北之大，已经安放不得一张平静的书桌……”这一切对于邓稼先幼小的心灵来说，是另一种方式的，也是更为重要的启蒙。

---

① 许鹿希：《永恒的思念》，《安徽画报》，1988年第2期。

坎坷之旅

1935 年邓稼先小学毕业，按母亲“就近入学”的意见，考入离家最近的志成中学，第二年又转入一家英国人办的教会学校——崇德中学。

崇德有一个良好的英语环境，英文课全由英国女教师讲授，再加上自己的刻苦努力，邓稼先在这里打下了非常扎实的英文功底。入崇德以后，他对数学的兴趣也日渐浓厚，在别人看来似乎非常枯燥的数学公式，对于他却有着莫大的吸引力。演算数学题常使他如醉如痴，一张张草稿纸撒得满屋都是。对此，父亲感到由衷的高兴，并特地请了一位数学老师到家里来给邓稼先“开小灶”，期望他取得更大、更快的进步。

邓稼先在崇德的另一件有意义的事，是与杨振宁开始了他们长达半个世纪的友谊关系。振宁之父杨武之，是安徽合肥人，早年留学美国芝加哥大学，获数学博士学位。归国后执教于清华大学数学系，任教授，并长期担任系主任，是中国现代数学的老前辈之一。在清华，邓、杨两家毗邻而居，加上同属皖人，故过从甚密。当然，主要还是由于稼先与振宁二人都是聪颖好学之士，志同而道合。加上稼先憨厚，不善言辞，振宁则善辩，爱抱不平，在性格上互为补偿、助益，故尽管振宁比稼先要长两岁，学龄也高两级，两人却很谈得来。他们常常在一起娱乐、神聊，有时竟忘了回家。在学习上，振宁对于稼先的帮助与启迪也很大。这种密切的学友关系，以后在西南联大，在美国，虽然因世事变故而时断时续，却一直温馨如故。

1937 年 7 月 7 日仲夏之夜卢沟桥头的枪声，拉开了中国历史上八年抗战悲壮长剧的序幕。年满 13 岁的邓稼先，永远记着这国耻的一日：上万名驻北平官兵，在上司“不战不和，不降不走”的荒唐政策下白白断送了性命，司令官自己却从西直门逃出了北平。日军仅以极小的代价，便占领了北平城。接踵而至的，便是烧、杀、淫、掳、污辱、奴役……生长于礼仪之邦、温柔亲情之乡的邓稼先，一下子面对如此残酷的现实，无法不在心中留下终生的烙印。

七七事变之后，清华南迁，与北京大学、南开大学在昆明组成国立西南联合大学。父亲邓以蛰因肺病严重不能南下，故全家滞留北平。此时，崇德由于是英国教会学校，暂时尚得以继续开学。然而，孤处于沦陷区内，时时受到日本人的骚扰和恶劣环境的影响，又如何能静下心来读书、上课？杨振宁也随其父去了昆明，往日的好时光似乎永不会再来，有的只是说不尽的仇恨、耻辱与怒火。清华南迁之后，父亲等于变相失业，全部生活只能依靠大姐每个月20多元的工资和一口袋粮食，家境亦变得十分艰难。1939年，英、法正式对德宣战，崇德被迫关门，邓稼先又回到了志成，上高中二年级。他一面抓紧时间，克服恶劣环境的影响，如饥似渴地读书、学习，一面常常和一些血气方刚、思想进步的同学在一起秘密聚会，思考社会问题，议论天下大事，并相互激励，相互影响。沦陷区的黑暗现实，使他受到了最初的锻炼。看到孩子们的觉悟与成长，邓稼先的父母既感到欣慰，又为他们的安危感到担心，更为邓稼先在学业上的前途忧心忡忡。终于，一次偶发的事件，促使他们决定送邓稼先离开这早已不成都城的“大都”。那是一次日本人强迫中国的学生举旗上街，“庆祝”所谓“皇军的胜利”，怒不可遏的邓稼先几下扯碎了“膏药旗”，愤愤掷于脚下，并用力践踏，为此惹下事端。为避日本人迫害，家人决定由大姐仲先领稼先离开北平，南下求学。临行之前，咯血不止的父亲一再叮嘱：“以后一定要学科学，不要像我这样，不要学文。学科学对国家有用。”[①] 这在邓稼先听来，岂止是谆谆教诲，早已是切肤之痛了。

1940年春夏之交，不满16岁的邓稼先跟随年长10岁的大姐取道海路，经上海、香港、海防（越南）前往昆明，从此开始了长达6年的流亡生活。从北京到昆明这一路上所见，除了祖国遭受倭寇凌辱，生灵涂炭的残酷现实而外，还有邻国山河破碎，主权丧失的惨状。这些见闻，一方面加

---

① 葛康同等：《两弹元勋邓稼先》，新华出版社1992年版。

深了邓稼先对于侵略者的刻骨仇恨；另一方面，也更坚定了他要为祖国的自强、自立而学习、掌握先进的科学知识的决心。在经过数个月的辗转迁徙与多方周折到达昆明以后，姐姐在一家工厂找到工作，不久便遵照父亲的旨意，送稼先去四川江津由四叔邓季宣担任校长的国立第九中学念完高中。四叔早年曾留学法国，硕于学而优于德，并以严师著称。将稼先托付给这样一位长者，父亲的用意是显而易见的：响鼓之上犹要加以重槌！在江津，稼先学习刻苦，生活克俭，学习成绩优异。1941 年夏，邓稼先从国立九中毕业。秋天，他考入西南联大物理系。

西南联大，战时中国的最高学府。尽管由于条件异常艰苦而被人戏称为“难民大学”，但却凭借自己雄厚的师资力量与优良的校风而吸引了一大批有志青年，培养出许多出类拔萃的人才。“千秋耻，终当雪！中兴业，须人杰。”[①] 抵御外侮、振兴中华的共同信念将联大的师生凝聚成一个坚定顽强、朝气蓬勃的整体。她所取得的巨大成就，不仅是战时中国，也是整个中国教育史上的一大奇迹。物理系的水平，在当时国内外都是有名的，拥有吴有训、饶毓泰、叶企荪、周培源、王竹溪、赵忠尧、吴大猷、张文裕等 10 多位著名的教授。在他们的学生中，后来出了诺贝尔物理学奖获得者杨振宁、李政道，出了黄昆、邓稼先等 20 多名中科院学部委员。4 年的联大生活对于邓稼先来说，无论在学术上还是在思想上都是至关重要、终生受益的。

联大的名教授多，但无论多么有名，都亲自给本科生上课，有时还给一年级新生上基础课；联大的课程设置也很有特色，大一的新生，无论文科理科，都必须上国文、英文、通史。文科的学生至少要修一门理科课程，理工科的学生则至少要修一门社会科学课程。一门相同的课程，往往同时由好几位教师分别开设，任学生选择。例如邓稼先在大一时所上的普通物理学课程，就是由赵忠尧教授、霍秉权教授、郑华炽教授和许浈阳教授分

① 西南联大《校歌》歌词。

别开设的。在如此优越的学术环境中，邓稼先如鱼得水、如饥似渴地刻苦学习。听课、看书、做笔记都非常认真仔细。他曾极其认真地整理了王竹溪教授的讲课笔记，细心收藏，视为珍宝。物理系的郑华炽教授，此时已是邓稼先的大姐夫，不仅在生活上时时照顾邓稼先，更常常在学业上启迪、引导着他。郑教授是著名的光谱学专家，早在30年代初留学德国、奥地利期间，便选择了研究拉曼效应的课题，做出了重要成果，成为中国最早研究拉曼效应的学者。1936年秋在北大工作期间，他又与吴大猷、薛琴访等人克服了种种困难与障碍，在国际上首先测定了苯分子的两条光谱线的强度比。这一成果受到次年春来华访问的世界著名物理学家玻尔的极力赞赏。郑教授治学严谨，一丝不苟，教人有方，循循善诱，对邓稼先的成长产生了重要的影响。

另一方面，联大的条件又是十分艰苦的。茅草顶的平房宿舍40个学生住一屋，吃的主食是由渗水发霉的糙米煮成的，其中还杂有大量的谷、稗、泥沙甚至鼠矢的“八宝饭”，菜则是缺油少盐的白水煮青菜。1941年以后，昆明的物价开始飞涨，货币急遽贬值。为了维持生计，一些教授被迫摆地摊拍卖书籍、衣物换饭吃。学生们则连“八宝饭”也吃不饱，不得不把一日三餐改为一日两餐。学习条件也十分简陋、困难，教室是铁皮顶的，下起雨来叮叮当当响个不停，就像这样的教室有时还不够用。图书资料缺乏，实验仪器很少。还要不时地躲轰炸、跑警报……但对于邓稼先和绝大多数联大同学来说，这正是经受磨炼的好机会。他永远也不会忘记那艰苦、紧张的学生生活：空袭警报一发出，大家就往郊外跑，一跑就是大半天。同学们都带着书、外文字典或卡片，躲在防空壕里也不忘记用功。学校为了弥补白天跑警报的损失，便把上课时间安排在一早一晚，晚上没有电灯，就点蜡烛。不多的实验仪器，为安全起见，珍藏在城郊一二十公里以外，用的时候去取，做完一批实验再去调换……通过这种独特的方式所学到的知识，更显得宝贵，令人珍惜，刻骨铭心。对于日后将担当我国核武器事业拓荒重任的邓稼先来说，这一段艰苦生活的磨炼更具有重要和深远的意义。

在国统区日趋恶劣的经济生活状况和国民党当局消极抗日、积极反共、贪污成风、特务横行的黑暗的政治形势下，自 1941 年起，西南联大的学生民主运动开始高涨起来。从 1942 年 1 月的倒孔运动，到 1945 年底的一二·一运动，反动当局的镇压一次比一次残酷，青年学生的怒火与斗志反而一次更比一次旺盛、坚强。这期间，有不少本来不关心政治，甚至自命清高的教授，也先后走到学生的民主阵营中来，师生成为同一条战壕中的战友。像政治系的张奚若教授，历史系的吴晗教授，中文系的闻一多教授等。尤其是闻一多教授，他本是一位典型的不问政治的学者，被称作“何妨一下楼主人”。可是在残酷的社会现实的教育下，他的思想发生了急剧的变化，并终于成为一名坚定勇敢的民主斗士；最后，英勇地倒在了特务的枪口之下。在这一段时期，邓稼先的思想也发生了很大的变化。在血的事实面前，在亲身参加民主运动的实践中，并通过同学中中共地下党员的启发，以前只强调以科学救国而不大过问政治的邓稼先，开始较多地关心政治问题。在与同学们讨论救国的关键到底在哪里的问题时，他明确提出：“看来关键是政治”①。他与进步同学、中共地下党员的来往愈来愈频繁，并参加了共产党领导的民主青年同盟的活动。他开始认识到全部社会问题的症结之所在，开始看到未来的希望究竟系于何方。当他大学毕业，到北大任教时，又积极参加进步活动，支持学生的爱国民主运动。以后逐步地，邓稼先终于将民族的仇恨、个人的抱负同中国共产党的事业、国家的命运紧紧地连在了一起。

当 1941 年邓稼先刚进联大的时候，杨振宁已经是物理系四年级的学生（杨跳了一级），而且有了“天之将降大任于斯人”的名声。1942 年夏，他又考取了王竹溪教授的研究生，学统计力学。振宁常骑车去稼先的宿舍找他，二人依旧在一块儿聊天，一块儿背古诗，一块儿玩。只是他们的话

---

① 葛康同等：《两弹元勋邓稼先》。

题，与在北平崇德时相比，已迥然不同。虽然时光只过去短短的几年，可他们觉得一下子已长大不少。学业的长进，世事的变化，个人的理想，祖国的前途，使得他们时而踌躇满志，欲以天下为己任；时而又不无忧虑，默默良久。1945 年夏，杨振宁考取公费留美，赴芝加哥大学物理系深造。邓稼先亦在此时从联大物理系毕业。两位年轻的学子聚而又分，各自踏上了一段新的、互不相同的人生里程。

从联大毕业之后，邓稼先在昆明的培文中学与文正中学教了一年数学。1946 年 5 月，西南联大结束了她的历史使命，3 校的院系随原校复员，并从 5 月份起分批北上。邓稼先于 1946 年秋回到了已阔别 6 年的古都，此时，他已被聘为北京大学物理系的助教。

抗战胜利后的北平，虽照例有一些粉饰太平的所谓新气象，但是虎去狼来，人民依旧生活在水深火热之中，蒋介石扩充军备，加紧内战，将人民重新拖入苦海。

然而很快，新的民主运动的导火线又点燃了。1946 年 12 月 24 日晚，“圣诞”之夜，北京大学先修班女学生去平安戏院看电影，在东单广场遭到两名美国水兵的强行奸污。消息传出后，北大青年学生立即带头掀起了声势浩大的抗议美军暴行的运动。12 月 30 日，北平各大专院校纷纷罢课，一支万人的游行队伍，浩浩荡荡地冲向北平街头，愤怒的口号声响彻古都上空。自一二·九运动之后沉寂了 11 年的北平，终于又发出了正义的怒吼。抗暴运动一直持续到 1947 年 1 月的中旬，波及全国 14 个省 26 个城市。

1947 年 5 月 20 日，北平各大、中学学生 7000 多人（其中包括北大的许多助教）再度举行“反饥饿、反内战”大示威。

1948 年 4 月，针对反动当局对爱国民主运动的疯狂迫害，青年学生展开了“反迫害”的英勇斗争。

…………

在此期间，邓稼先作为北大讲师助教联合会的一员，积极支持并直接参加了青年学生的爱国民主运动，得到了充分的锻炼和提高。

然而，就在民主运动日益高涨，国民党统治摇摇欲坠，进步师生都在准备迎接解放大军到来的时刻，1948 年夏，邓稼先考取了留美研究生，即将赴美国印第安纳州的普渡大学深造。一些了解邓稼先的中共地下党员与进步同学对他的这一决定感到有些纳闷和意外。对此，他的回答既简单又坦诚："将来祖国建设需要人才，我学成一定回来。"①

1948 年 9 月，邓稼先赴美深造。受杨武之教授之托，他与杨振宁的弟弟杨振平结伴同行。他又一次告别父母，离开北平。但这一次的心情与上一次相比，可谓是有天壤之别。他身后的祖国即将获得伟大的新生，他自己亦将踏上一段新的、光辉灿烂的生命历程。他感到信心百倍，豪情满怀。对于不远的未来，充满了无比美妙的憧憬与理想。

到美国后，邓稼先先将杨振平送到其兄杨振宁所在的芝加哥大学，然后来到位于芝加哥以南约 100 英里的印第安纳州的拉斐特城，进入普渡校园。在美国的大学排名中，普渡大学虽不算十分显赫，但理工科的水平很高，在我国过去就有过"清华认麻省②，交大认普渡"的说法。尤其是她的物理系，约在全美前 10 名以内。而且，收费较为低廉，经济上易于保证。邓稼先所学的专业，则是当时物理学的最新分支之一——原子核物理，这是 20 世纪初才创立的物理学重要分支。自 19 世纪末法国物理学家贝克勒耳偶然发现放射性以来，通过居里夫妇、卢瑟福、玻尔、海森堡等大师的辛勤耕耘，原子核世界已向人们展示出一幅奇妙无比的图像，它的更多的、无穷的奥秘正有待人们去继续探讨，而核能利用的广阔的、可望改变世界的光辉前景，更吸引着越来越多的科学家投身到原子核结构的微观世界中去。邓稼先刚到普渡时，是一名自费生，在拿到奖学金之前的那段时间里，他的生活是很拮据的。只能去吃最简单的饭食：几片面包、一点香肠，对于食量很大的他来说，这是很难熬的，更何况每日还要玩命似的学习、用

---

① 葛康同等：《两弹元勋邓稼先》。

② 指美国的麻省理工学院。

功。他非常珍惜这次难得的学习机会，加倍地勤奋、刻苦。但对于那些只需稍微看看书就可以通过的课程，他并不去花费十分的精力，这得归功于在西南联大打下的坚实基础。像德语，过去在联大作为第二外语学过，故在普渡他可以不用去听一堂课而考试照样顺利通过。他将节省下来的宝贵时间，全部用于了解与钻研物理学发展前沿的最新成果。邓稼先以本科的学历直接攻读博士，两年便取得学位，这是很少见的例子。他不仅出色地完成了学业，还尽可能地学到了不少有用的知识。在紧张的学习之余，邓稼先积极参加了进步留学生团体留美中国科学工作者协会的活动。在留美科协的报告会上，他向大家介绍了祖国大陆的近况，并以自己亲身的经历和见闻，生动地讲述了北平青年学生的爱国民主运动，使这些远离祖国的莘莘学子受到了深刻的教育和极大的鼓舞。邓稼先先后当选为留美科协普渡大学分会的干事和总会的干事。

1949 年夏天，学期间隙，邓稼先到芝加哥大学探访杨振宁、杨振平。3 人同住一间屋，自己动手做饭，一道划船、游泳、玩弹球。在异国他乡的土地上忘情地重温童年故乡之梦，当然，谈得更多的，还是他们的学业和事业。此时的杨振宁，已经博士毕业并执教于芝大，而且很快便要去著名的普林斯顿高等研究院工作。然而，对于邓稼先来说，大洋彼岸的祖国正在发生的翻天覆地的巨变更能牵动他的心。

1950 年 6 月的下旬，留美科协在芝加哥城北的邓肯湖畔举行年会，主要议题自然是围绕着新生的祖国。邓稼先与另外 100 多位各分会的代表一起，尽情抒发对新中国的憧憬、向往，畅谈自己的宏愿、抱负。尽管远隔千山万水，可大家纷纷向祖国母亲敞开了火热的胸怀。从邓肯湖畔回到普渡校园，邓稼先即开始写作博士论文。仅用了 1 个多月的时间，他便写成了题为《氘核的光致蜕变》的学位论文。8 月 15 日，论文答辩顺利通过。20 日，他头戴方帽，身着长袍，领取了博士学位证书。

8 月 29 日，即邓稼先获得博士学位后的第 9 天，他便冲破层层阻挠，并谢绝了导师好意的挽留，和另外 190 多名中国留学生及学者一道，乘

“威尔逊总统号”轮船辗转回国。邓稼先回来了，从1948年9月到1950年9月，只过了短短的两年时间，他说话是算数的。他不仅带回了最新的科学知识，而且向祖国和人民献上了一份纯洁得透明的赤子之心。祖国母亲亦向邓稼先敞开了温暖的怀抱，党和人民更将无限的信任寄托在他身上。

历史的新纪元开始了！

秘密航程

1950年10月，26岁的邓稼先进入新成立的中国科学院近代物理研究所，从事原子核理论的研究，任助理研究员。

1942年12月2日，美国建成世界上第一座原子反应堆，标志着人类从此进入了“原子时代”。紧接着，1945年7月16日，美国人爆炸了世界上第一颗原子弹，苏联人在1949年也爆炸了自己的原子弹。1952年，美国又制成第一颗氢弹……然而在50年代初，中国的原子核理论研究却基本上是一个空白。邓稼先和一批刚出校门的青年人跟随于钱三强、何泽慧、王淦昌、彭桓武等中国当时最优秀的原子科学家之后，进行着开拓性的工作。1951年第2期《中国物理学报》上发表了邓稼先的文章：《关于氢二核的光致蜕变》。他又分别与何祚庥、徐建铭、于敏等人合作，在1956年至1958年的《物理学报》上相继发表了《β衰变的角关系》、《辐射损失对加速器中自由振动的影响》、《轻原子核的变形》等论文。1952年，邓稼先晋升为副研究员，并担任了原子核理论研究组的组长。1954年他担任了中科院数理化学部副学术秘书，协助钱三强学术秘书和吴有训副院长的工作。继英文、德文之后，他又自学了俄文。研究工作进展顺利，不断有新成果发表。1956年4月，他光荣地加入了中国共产党。被前辈科学家亲昵地称为“娃娃博士”的邓稼先，迅速地成长、成熟起来。

1953年，已届而立之年的邓稼先结婚。妻子许鹿希是五四运动中著名的学生领袖之一，北大许德珩教授的长女，毕业于北京医学院，专攻神经解剖学。许、邓两家是世交，邓稼先在北大当助教时，与许鹿希又有着师生之谊[①]。他们组成了一个幸福的小家庭，随后，又有了一个女儿，一个儿子。一生都爱玩好动，童心未泯的邓稼先，生活当中增添了无穷的乐趣。

然而，时间不长，这种平静美满的生活却陡然之间起了一个巨大的变化。

1945 年，美国人向日本的长崎、广岛扔下两颗原子弹，世界被震惊了。虽然被惩治的对象是第二次世界大战的元凶之一，然而整座城市被毁，几十万市民遭殃，受害最大的依然是人民。科学家早已预言的原子弹毁灭人类的惨剧，终于发生了。最先拥有核武器的美国政府，得意忘形地挥舞着核大棒、肆无忌惮地进行威胁、恫吓，它曾狂妄地叫嚣要以核爆炸的音响效果作为其外交政策的语言。而当苏联人建立了自己的核武装之后，它又将核讹诈的矛头对准了新生的中华人民共和国。1950 年 11 月底，美国总统杜鲁门在侵朝美军的“总攻势”惨败之后不久的一次记者招待会上扬言：一直在积极考虑在朝鲜使用原子弹，是否使用原子弹由战地的美军领导人决定……1953 年 1 月，继任的艾森豪威尔在他的竞选演说中声称，美国必须用自己的核优势对中国、苏联进行大规模的核报复。当年美国国务院的一份绝密备忘录记载：艾森豪威尔曾提请参谋长联席会议讨论，用核武器结束旷日持久的朝鲜战争。1954 年，美、英、法等国在华盛顿开会，计划对支持越南解放斗争的新中国作出“核反应”……面对战争狂人频繁的核威胁、恫吓，经历过急风暴雨的中国人民，镇定自若，坚强不屈。当然，也不是“视若无睹”。原子武器的强大的杀伤力，尤其是它的强大的威慑力量，早已受到新中国领导人的重视。1955 年 1 月 15 日，毛泽东主席在中南海主持召开了中共中央书记处扩大会议，著名地质学家李四光、著名核物理学家钱三强及地质部副部长刘杰到会，就我国当时的核科学研究状况，铀矿资源以及核反应堆、原子弹原理等方面的问题作了专门汇报。

① 当时许鹿希在北京大学医学院读书。

在这次会议上，原子能事业被排上了新中国建设的时间表。1956 年 4 月 25 日的中共中央政治局会议上，毛泽东主席在题为《论十大关系》的讲话中明确指出："我们……不但要有更多的飞机和大炮，而且还要有原子弹。在今天的世界上，我们要不受人家欺负，就不能没有这个东西。"正如一位著名外国科学家[1]所说："要反对原子弹，必须自己有原子弹。"道理就是这么简单。1958 年 8 月的一天，当时担任第二机械工业部副部长和原子能研究所所长的钱三强教授找到邓稼先，告诉他我们国家要放一个"大炮仗"，想请他参加这项工作。虽然钱副部长用的是隐语，但是敏感的邓稼先立刻明白了是怎么回事，他的脑子飞快地转动着：原子弹、氢弹、核武器……他不禁激动万分，五内沸然：党把这么重大、机密的任务交给他，说明了对他的无限信任，是无上的光荣。除了拼尽全力、鞠躬尽瘁而为之，还能有什么别的选择呢?! 同时，对于自己能否胜任这项无比艰巨的任务，又感到有些忐忑不安。当晚，他通宵未眠。虽然因为有保密的规定而不能直说，可他还是按捺不住向妻子婉转地吐露了自己的心声："我要调动工作了，以后家里的事我就不能管了。""我的生命就献给未来的工作了，做好了这件事，我这一生就过得很有意义，就是为它死了也值得!"[2] 第二天，邓稼先就被调入二机部刚刚成立的核武器研究所，担任理论部主任，负责领导核武器研制的理论设计工作。从这一天起，他从近代物理研究所"消失了"，他的名字也不再出现于公开场合和公开出版物上，直到漫长的 28 年之后。

此时，他刚刚年满 34 岁。

"得令"之后的第一件事是"调兵遣将"。邓稼先用了数个月的时间，从北京和全国各大名牌大学中挑选了二三十名优秀毕业生，组成了一个年轻旺盛的战斗集体。在京城北郊的一片高粱地里，他们迫不及待地跟建筑工人一起投入了兴建核武器研究所的基建劳动，为中国的第一颗原子弹编

---

① 即约里奥·居里，事见《两弹元勋邓稼先》，第 47 页。

② 许鹿希：《永恒的思念》。

织摇篮。最初的计划是向苏联专家学习，走仿制的道路。白天，邓稼先光着膀子在工地上同大家一道苦干实干，为迎接苏联人即将援助我们的原子弹教学模型修建模型厅，铺马路，盖办公室……晚上，为了更好地理解、掌握苏联专家将要传授的复杂的理论和浩繁的资料，他还要抓紧时间看书、学习直至深夜。

很快地，模型厅、办公室建成了，路也修好了，最早的苏联专家也来了，然而却百般挑剔，说墙的高度不合保密条件，窗子要加铁栏杆，路也修得不好，等等。于是大家按他们的要求进行重新加固，甚至推倒重来，加班加点，日夜苦干，直到使他们满意为止。然而，专家们却迟迟不肯进入正题。向他们请教研制原子弹方面的问题，他们总是吞吞吐吐，或者答非所问，甚至有时还会无端发怒。邓稼先和他的伙伴们翘首以待，望眼欲穿，可是等到的却是中苏关系急剧地恶化。终于，1959 年 6 月，苏联政府背信弃义，撕毁了全部协议，撤走了全部专家，那颗原子弹教学模型和据说将有一车皮之多的俄文资料永远也不会来了。当时任二机部副部长的刘杰找来了邓稼先，神色严峻地告诉他："你要有个思想准备，原子弹理论设计得靠自己干了。"其实，这一天的到来，邓稼先多多少少已经预料到了。

中央下定决心自力更生，发愤图强，原子弹研制，就定名为"596"工程，意思是要从 1959 年 6 月苏联政府撕毁协定之日起，走上独立研制的道路。当时的中共中央总书记邓小平爽朗地鼓励大家："你们大胆去干，干好了是你们的，干错了是我们书记处的。"这一变故自然也给邓稼先的肩头平添了数倍的重量：几乎一切都要从零开始。他被不折不扣地推上了"中国的奥本海默"① 的位置，带领科研人员开始了极其艰难的探索与开创。

邓稼先手下的那些"兵"，虽都是从各大学刚刚毕业的"尖子"，可他

① 奥本海默（1904—1967），著名物理学家，美国研制原子弹计划的主要组织、领导者，被誉为"原子弹之父"。

们中的大部分人都不是学核物理的，要帮他们从最基本的东西开始学起：原子核、质子、中子……书肯定是要读的，但关键是应如何去读。早先有个苏联专家曾开列了几十本书，说是把它们全部读完之后，才能提造原子弹的事。邓稼先知道，果真按此办理的话，几十年也造不出原子弹来。他凭着自己的学识与悟性，经过一段时间的摸索，果断地确定从中子物理、流体力学和高温高压下的物质性质这3个方面去探索原子弹理论设计的奥秘。后来的实践证明，把这3个方面作为主攻方向是非常正确的，它避免了大量盲目的探索，大大地节省了时间与精力，它是以后研制工作进展顺利的极为重要的保证。可以说它是我国原子弹理论设计工作中的一个里程碑，也是邓稼先在原子弹研制工作中的最重要的贡献。

有了正确的主攻方向并不等于马上就能取得成果，摆在理论部的同志们面前的仍有数不清的困难。邓稼先提出的口号是，边干边学！开始时，他们读的主要是：柯朗的《超音束流和冲击波》、戴维森的《中子运输理论》、泽尔陀维奇的《爆震原理》以及格拉斯顿的《原子核反应堆理论纲要》这4本书。这些书并非是人手一册，像《超音束流和冲击波》一书，他们手里只有1本钱三强教授带回来的俄文版本，找遍北京的图书馆没有第2本。他们的办法是大家围着长桌集体阅读，一人念，大家译，读一章，译一章。连夜译，连夜便刻写、油印出来。此时的邓稼先，既是领导，又是老师，有时还是学生。为了弄懂一个问题，他常常彻夜不眠，早上用冷水冲冲头，便匆匆开始讲解。有时备课到凌晨，他便头枕两本书，在办公桌上凑合眯一会眼，随即又开始紧张的一天。在那些日子里，邓稼先满脑子都是书里的东西。有一次他骑车回家，摔进了路边的水沟，爬起来后迷迷瞪瞪地又折回了办公室，他手下的那些姑娘、小伙子见他如此狼狈，赶紧跨上自行车，簇拥着“护送”他回去。常常是，他到家已过了半夜，宿舍大门早已关上，“护送”的小伙子们便托起他翻过铁丝网，再把自行车举起来，递进去。

正当邓稼先带领着他年轻的“兵”进行艰苦卓绝的攻关的时候，中国进入了三年困难时期。持续的、超负荷的脑力劳动本来就十分消耗体力，再加上粮油紧张，肚子便常常要闹“饥荒”。然而，即便在这种情况下，他们仍毫不懈怠，紧张忘我地工作着。早上8点以前他们便来到办公室，晚上10点以后还不肯离开，有时，领导来“赶”也“赶”不走。

1960年春，他们开始寻找一个非常关键的参数，也是一个高度机密的参数，任何国家都对它保密。以前曾请教过一位苏联专家，他随口说了一个数值，为了加以验证，邓稼先他们先后进行了9次计算，费时近1年。然而9次运算的结果，都与苏联专家所提供的数据大相径庭。究竟孰是孰非？一时似乎难以找到明确的答案。为了研究工作的进一步深入，中央决定调第一流的科学家前来支援，全国都向原子弹研制工作开绿灯。著名物理学家王淦昌先生、彭桓武先生、郭永怀先生前来助阵，邓稼先感到非常振奋。他崇敬地称他们三人为“三尊大菩萨”。同时，大批优秀的中青年科技工作者以及熟练工人迅速地补充到研制队伍中来，他们不仅业务好，思想也好，政治上可靠。邓稼先曾夸他们是“个顶个地棒！”这些强有力的措施，推动了研究工作更好地向前发展。经过进一步的验证，表明：邓稼先他们9次计算所得出的结果是正确的，而苏联专家所说的数据则是错的。

1961年夏，中央要求加快原子弹研制的速度，争取不迟于1963年把初步设计方案拿出来。工作量达到了极限，白天不够用，晚上挑灯夜战；一周6天干不完，连星期天也搭上。每一周都要开讨论会，不论是著名科学家，还是初出茅庐的小青年，都各抒己见，畅所欲言，有时还争得面红耳赤。一个个假想、猜测在争论中形成，他们造出了一系列在文献上找不到的公式，列出了许多异常复杂的方程组。而要解答这些问题，同样远非易事。著名数学家华罗庚称他们所计算的对象是“集世界数学难题之大成”。尽管国家已把当时唯一的大型计算机安排给他们使用，可他们手里同时还使用着落后的手摇计算机、计算尺，甚至还有古老的算盘。

邓稼先和大家一起，不分昼夜地捕捉着原子弹的踪迹。困了，趴在床上打个盹，接着再算。有一次他伏在办公桌上睡着了，一点八米的大个头，重心不稳，一下子摔在地上，可他竟没有醒，反而越睡越香。还有一次，他指导青年人写理论计算报告，讲完了之后，他自己却站着睡着了。

他全面掌握着中子物理、流体力学和高温高压下的物质性质3个组的研究工作，又亲自领导其中的第三组，主持“高温高压下物质状态方程”的研究。当时，由于保密的原因，国外从不发表有关核材料的状态方程。而国内当时的条件，也无法去模拟出一个像原子弹爆炸那个瞬间的高温高压状态。邓稼先领导4个年轻人，绞尽脑汁，夜以继日地进行研究、推算。他指导科研人员先从已发表的其他金属材料的状态方程中，推出了低压区铀的状态方程。继而创造出一套独具特色的外推法，由此求出了高温高压下核材料的状态方程，并巧妙地与低压状态的方程连接，得出了相当大区域内完整的状态方程，满足了理论设计的要求。在没有任何实验条件的情况下，推算出高温高压下核材料的状态方程，是邓稼先在原子弹攻关过程中科研上的重大贡献之一。

接着，中子运输、流体力学问题，一个个谜团相继被解开，开启原子弹奥秘之锁的钥匙终于找到了。

1962年9月，第一颗原子弹的理论方案诞生。1963年，原子弹总体计划完成，39岁的邓稼先在上面庄重地签上了自己的姓名。

1964年10月16日，新疆罗布泊的戈壁荒漠上，120米高的铁塔托举着中国的第一颗原子弹，巍然矗立，从70公里以外的开屏机场用肉眼便清晰可见。下午3时整，随着启爆零时的到来，一道强光闪过，一个巨大的火球腾空而起，直冲云天，好像升起了半个太阳。数秒钟后，一声天崩地裂般的惊雷震响长空，气浪奔涌，排山倒海，令人心魄悸动……

成功了！邓稼先与战友们像一股潮水似的涌出地下室，立刻，响起了如雷的欢呼声。大家激动、兴奋地相互拥抱、跳舞，有的人甚至在地下打滚。邓稼先头戴护目镜，眼望那朵倚天接地、壮观无比的蘑菇云，流下了幸福的热泪。20年后，在庆祝我国第一颗原子弹爆炸成功20周年的盛大庆功会上，邓稼先乘兴写下了这样的诗句："红云冲天照九霄，千钧核力动地摇。二十年来勇攀后，二代轻舟已过桥。"作为"江南高士"邓石如的后代，邓稼先的这首诗大概不能算是什么"佳作"。然而，作为一个炎黄子孙，目睹我们自己的"红云"冲天而起，震惊寰宇，这种壮观的场景，这种磅礴的情怀，则肯定是当年的那位天涯孤客所体验不到的。

当天，国务院总理周恩来在人民大会堂庄严而又兴奋地宣告：

一九六四年十月十六日下午三时，中国成功地在西部大沙漠上爆炸了第一颗原子弹。核大国对中国实行核垄断、核讹诈的历史从此结束了！中国试验核武器是为了消灭核武器，在任何时候，任何情况下，中国都不会首先使用核武器……

整个世界被震撼了！

1964 年原子弹爆炸成功之后不久，邓稼先的母亲在北京病逝。直到生命的最后时刻，她才知道儿子的秘密使命。

1963 年 9 月第一颗原子弹总体计划完成并上交中央专委后，中共中央立即指示邓稼先所领导的理论部，集中全部精力，投入氢弹的研制工作。

氢弹，又称热核弹，它爆炸时所需的高温由原子弹的爆炸来提供，氢弹的威力则远远超过原子弹。1945 年美国爆炸的第一颗原子弹的威力相当于 2 万吨梯恩梯炸药，而 1952 年它试爆的第一颗氢弹的威力，则相当于 1000 万吨梯恩梯。一颗氢弹足以毁灭一座城市。

和原子弹攻关的情形一样，研制人员进行民主讨论，群策群力。经过充分的酝酿与热烈的研讨，大家提出了好几种方案，邓稼先从中归纳出 3 个方案，由 3 位副主任带领，兵分 3 路进行计算。

1965 年夏，于敏副主任带领一个小组奔赴位于上海郊区嘉定的中科院华东计算所，利用那儿的一台大型计算机进行计算。经过两个月的苦战，终于有了苗头。于敏立即拨通了长途电话，用隐语将这一喜讯告诉了邓稼先。邓稼先第二天就带人由青海经北京飞往上海。他们和于敏小组又干了 1 个月，通宵达旦地计算、分析、讨论……终于找到了突破氢弹的方案。

1965 年冬，氢弹的理论设计进入最后阶段。邓稼先组织大家反复分析技术难点，寻求解决的途径。他经常亲自进计算机房，晚上，或者在机房的地板上和衣而卧，稍事休息，或干脆彻夜不眠，跟几位副主任一起突击、苦战。终于，一套经过充分论证的氢弹方案形成了。这就是后来外国人所称的“邓－于方案”。

1965 年底，中央批准了氢弹研制方案。

1966 年 5 月 9 日，第一次有热核材料的核试验成功。

1966 年 12 月 28 日，验证氢弹原理的核试验成功。

以周恩来为组长的中央专委决定：按此理论方案，直接进行全当量的氢弹试验。

然而就在此刻，一个意想不到的巨大干扰“无产阶级文化大革命”开始了。邓稼先的妻子许鹿希，一个有着强烈事业心、有成就的神经解剖学专家，同时又是一位勤勤恳恳的党的基层干部[①]，被造反派戴上“黑线人物”的帽子，人被揪斗，家被抄，两个孩子没人管……核武器研究设计院里，也已是“山雨欲来，风满楼”，“树欲静而风不止”。成立了好几个“革命群众组织”，一些领导和老专家受到批判、打击，甚至一些有关核武器研制的重要机密也成为墙头大字报的内容。

此刻，邓稼先的心中只有氢弹。他实在没有精力顾及家中的变故，然而面对研究院中几派群众日益分裂，研制工作受到冲击的状况，他感到焦急万分。现在可正是最关键的时候，而且据说法国人也在加紧研制氢弹。邓稼先怀着一片赤诚之心，一腔热血，到群众中去进行反复说服、劝解，并召开了动员大会。终于，在“抢在法国人之前造出氢弹”的口号感召下，邓稼先把陷于派性斗争的研制人员又统一到一起。有的人上午还是唇枪舌剑的一对冤家，下午便同操一部计算机算开了，有些老工人、专家被打成“现行反革命”、“黑帮”等，并被关了起来，邓稼先想方设法把他们

① 许鹿希长期担任中共北京医学院基础医学系总支书记的职务。

“营救”出来，让他们又回到原来的工作岗位。就这样，研制人员暂时放弃了派别之间的矛盾与成见，平心静气、紧张协调地讨论、研究、计算，为氢弹研制作最后的冲刺。

1967年6月17日，我国第一颗氢弹空爆成功。世界又一次被震撼了。英国《泰晤士报》记者惊呼：中国的氢弹爆炸“推翻了美国军事计划的时间表”。《每日快报》则称：“这使美国和俄国人都感到狼狈”。

从原子弹到氢弹，美国用了7年零4个月的时间；苏联人用了4年，英国人用了4年零7个月，法国人用了8年零6个月①；而当时经济技术条件还十分落后的中国，却仅仅用了两年零八个月。在这一使全世界都感到惊诧的纪录后面，饱含着邓稼先和他的战友们多少汗水甚至鲜血啊！

赤子之愿

氢弹爆炸成功之后，“文革”的风暴已席卷中国的每一个角落。邓稼先的妻子被批斗、折磨，变得瘦弱不堪，奄奄一息。女儿还不满15岁，就被下放到内蒙古的马梁素海边，当了一名军垦战士。二姐夫被诬陷为“特务”，造反派勒令二姐连夜给他们写材料。北平艺专毕业的二姐，擅长美术但不谙政治。面对飞来的横祸，她多日不能成眠，精神恍惚，因晚上忘了开窗，不幸发生了煤气中毒。二姐茂先含冤而逝，邓稼先沉浸在悲哀和忧愤之中。

然而，更使他感到困惑、愤懑和痛心的，是核武器研制事业所遭受的劫难。曾经是国家最机密部门之一的核武器研究院，一时竟成了所谓的“小香港”、“小台湾”，许多留学苏联的科学家被打成“苏修特务”，留美的成了“美国特务”，没出过国的则被诬陷为“国民党特务”。一些曾为两弹研制作出过重要贡献的科技人员，被迫害致残、致死；好不容易建设起来的核武器研制队伍，被自己内部的折腾弄得七零八落，元气大伤。

---

① 法国第一颗氢弹爆炸于1968年8月。

西北某基地3次冷试验没有达到预期结果的所谓事故，又被林彪集团的某些人抓住大做文章。他们不问青红皂白，认定是理论部的“反革命”与“反动学术权威”在作祟。邓稼先等几十位理论部的负责人和科技人员被调到西北高原上的基地，为一些不明真相的工人群众所批判、围攻。林彪集团的那些人还粗暴干涉科学工作，对核武器理论设计方案发号施令、指手画脚……在强大的压力面前，邓稼先毫不退让。他深知，自己作为理论部主任，只要在技术方面说一句违心的话，就会给我国的核武器研制事业带来重大的损失，就有可能使无辜的同事受到牵连。他一方面坚决顶住，另一方面则主动接近工人群众，进行必要的解释。他还经常跟于敏等商量对策，决定采取稍微灵活一些的策略，对于无关大局的变动，可以满足他们。但关键之处，说什么也不能改！

1971年夏，正当邓稼先身陷危难之际，世界著名的美籍华裔物理学家、诺贝尔物理学奖获得者杨振宁教授第一次回国探亲。下飞机后，他开列了朋友名单，要见的第一个人就是邓稼先。名单上报中央，邓稼先立即被周恩来总理点名从西北召回北京。不久，9月13日，林彪外逃摔死在蒙古温都尔汗，研究院的厄运亦告结束了。

邓稼先逝世后，杨振宁曾撰文①深情地回忆当年他俩久别重逢时的情景：

> 1971年我第一次访问中华人民共和国。在北京见到阔别了二十二年的稼先。在那以前，于1964年中国原子弹试爆以后，美国报章上就已经再三提到稼先是此事业的重要领导人。与此同时还有一些谣言说1948年3月去了中国的寒春（中文名字，原名Joan Hinton）曾参与中国原子弹工程。（寒春曾于40年代初在洛斯阿拉姆斯（Los Alamos）武器试验室做费米（Fermi）的助手，参加

---

① 杨振宁：《邓稼先》，香港《二十一世纪》1993年6月号。

了美国原子弹的制造。那时她是年轻的研究生。)

1971 年 8 月在北京我看到稼先时避免问他的工作地点。他自己说“在外地工作”。我就没有再问。但我曾问他，是不是寒春曾参加中国原子弹工作，像美国谣言所说的那样。他说他觉得没有，他会再去证实一下，然后告诉我。

1971 年 8 月 16 日，在我离开上海经巴黎回美国的前夕，上海市领导人在上海大厦请我吃饭。席中有人送了一封信给我，是稼先写的，说他已证实了，中国原子武器工程中除了最早于 1959 年底以前曾得到苏联的极少“援助”以外，没有任何外国人参加。

此封短短的信给了我极大的感情震荡。一时热泪满眶，不得不起身去洗手间整容。事后我追想为什么会有那样大的感情震荡，为了民族的自豪？为了稼先而感到骄傲？——我始终想不清楚。

1972 年，邓稼先担任了核武器研究设计院即九院的副院长。这之前，除理论部主任外，他还曾担任过核武器研究所的副所长、所长。1979年，邓稼先又担任了九院的院长。地位变了，责任重了，可他还是像以前一样，对己严格待人宽，身体力行，身先士卒。哪里有危险，他就出现在哪里。开启有放射性剂量的密封罐时，他在；产品总装插雷管是最危险的时刻，他也在。他那高大的身躯和憨厚的笑容，成了现场工作人员的有效的镇静剂。

“干我们这一行，责任太重大了!”这是邓稼先常挂在嘴边的一句话。一次试验的成败，关系到几千万元的投资，几万人的工作，任重如山。平时每分钟心跳七八十下的他，一到试验场就高达每分钟一百二三十下，血压也直往上蹿。用他自己的话来说就是：“心提到嗓子眼上”。每次试验前，他都吃不好，睡不好，惦记着那比蛛网还要复杂万倍的控制、测试和监视系统的电缆以及仪器设备的成千上万个环节，唯恐哪一个环节会出什么问题。他时时刻刻牢记着敬爱的周恩来总理所制定的方针：“严肃认真、周到细致、稳妥可靠、万无一失。”他深知，任何一个小问题或不起眼的隐患，都有可能酿成弥天大祸。

氢弹试爆成功之后，邓稼先继而带领科技人员致力于研制新的、实战性能更好的氢弹。在这一时期，邓稼先又在技术方面作出了重要贡献。其中许多关键的技术与设计都是在他的亲自参与下提出与解决的。

为了能用更精良的武器装备部队，邓稼先四处奔走，一次又一次地深入加工车间。有段时间，他几乎天天都接触放射性物质，因而受到核辐射的损伤也就在所难免了。有一次，采用一种新型材料。第一次加工试验时，邓稼先和少数几位同志在帐篷里开密封罐看测试结果，不料这种新材料的性能十分好，超出了预期的效果。这样一来，原来的防护措施就不够用了，邓稼先他们一下子受到了超出允许剂量数百倍的辐射！

在我国已经进行的前32次核试验中，邓稼先亲自参加和组织指挥的有15次。人们都称他为“福将”，因为凡他主持的重大决策，均无一失误。然而，为能有这样的成绩，邓稼先熬过了多少个不眠之夜，冒过多少次风险，又受到过多少次超剂量的核辐射，谁能数得清？

只要到了试验现场，无论哪个环节出了问题，无论是否需要他亲自出马，无论是不是他的责任，他都感到义不容辞。他已超然物外，常常忘了自己是一个大科学家，是举足轻重的研究院院长。他只想着要弄清疑点，尽快查明事故原因，尽量避免可怕的祸患。1979年的一次核试验中，出现了一个偶然事故。为了查明出事地点与事故原因，先派出100多名防化兵前去搜寻，但始终没有找到。考虑到事故可能产生的后果，邓稼先决定亲自去找。在场的同志们都反对他去，基地的司令员也出来阻挡，说：“老邓，你不能去，你的命比我的值钱！”① 但是邓稼先没有听从战友们好心的劝阻，他决定立即上车。车开到事故地区的边缘，邓稼先要汽车停下来，他自己下车独自前往危险区查寻。他对坚持要与自己同行的一位副部长

---

① 葛康同等：《两弹元勋邓稼先》，第82页。

和司机大声喊道："你们站住！你们进去也没有用，没有必要！"[①] 事故终于查清了，事先推测的，出现严重后果的可能性也排除了，可邓稼先自己却遭受到难以数计的放射性钚辐射的伤害。几天以后，邓稼先回到北京住进医院做检查，结果表明，他的尿液里有很强的放射性，白血球内染色体已经呈粉末状，白血球的功能不好，肝脏也受损。几乎所有的化验指标都是不正常的。这次事故是邓稼先健康状况的一个巨大转折，如此强烈的核辐射对身体的伤害是现代医学水平所无法补救的。对此，邓稼先自己当时很可能也意识到了[②]，他很可能已经预感到自己剩下的时间不会太长了。因而，从那以后，他更加拼命、忘我地工作，更加珍惜宝贵的时间。

在生命的最后数年，邓稼先醉心于新一代核武器的研制，为我国新一代核武器的重大原理突破和研制试验作出了重大的贡献。同时，也因此而耽误了自己的病体。

进入80年代以后，邓稼先还不到60岁，以他原来的体质而论，仍是年富力强之时。然而，事实上他却迅速地衰老了。工作之余，和同事们一起爬山，他会突然精疲力竭，举步维艰，两个人架着他也挪不动步，只好半路折回。开会时，狂跳的心脏竟会高达每分钟120多下。他变得怕冷了，穿得和别人一样厚，可有时竟会冷得缩起脖颈。

1982年的一次地下核试验开始之前，当核装置下到数百米深的地下竖井中后，一个信号突然测不到了。邓稼先沉着冷静，组织大家商讨解决的办法。从深夜一直讨论到清晨，最后作出了就地解决的决定。邓稼先不顾别人的劝阻，坚持和研制人员顶着零下30多摄氏度的严寒，来到戈壁滩上风沙呼啸、寒风刺骨的井口，和大家共同奋战，直到故障排除。试验成功了，邓稼先却因劳累过度而晕倒了，血压降到了零，脉搏也摸不到了……抢救了整整一夜，他才清醒过来。

---

①② 葛康同等：《两弹元勋邓稼先》，第81、第82页。

1984 年底，邓稼先又指挥了我国第 6 个五年计划期间最后的一次核试验。试验之前，他经常莫名其妙地拉肚子，并且带血。有时，他虚脱得连路也走不了，要别人架着他才能前行。邓稼先以为是痔疮一类的毛病，没有引起注意。然而，谁都不知道，可怕的癌细胞此时已悄悄进入了他的肌体。

1985 年 7 月，邓稼先从基地来北京开会，不知怎么发现大便困难，肛门痛得坐不下来。在妻子的一再催促下，他利用会议的间隙来到 301 医院看病。原本他想拿点润肠通便的药物就走，不料医生经过仔细检查之后惊诧地问道："为什么现在才来?!"① 邓稼先被强行留下住院做进一步检查。8 月 6 日，检查结果表明：他患了直肠癌!

8 月 10 日，邓稼先做第一次手术。天刚破晓，国务委员、国防部部长张爱萍将军就来到手术室外守候，核工业部部长及许鹿希教授也来了。手术之后的结论是："癌症属中期偏晚，已有淋巴结及周围组织转移，预后不良。"②

消息传开，人们都惊呆了。上自中共中央、国务院、中央军委、核工业部，下至核武器研制的各个部门、单位，邓稼先的老同事、老同学、亲朋好友，无不为他的生命与健康而感到深深的担忧与牵挂。中央军委首长命令 301 医院：不顾一切代价挽救邓稼先的生命。张爱萍将军亲自参加制定治疗方案，并在手术时一直守候在手术室旁。医院成立了专门的治疗小组。党和国家领导同志先后到医院探望、慰问……面对无情的绝症，邓稼先却显得十分坦然与冷静。他一再叮嘱组织上不要再为他增添不必要的麻烦与浪费，并一次也没有吃为他专门安排的伙食。他只有一个念头：在有限的时间里，为党和人民再作一次最后的贡献。把没做完的事，尽可能做完。

手术后第 4 天，他就忍着伤痛，用颤抖的手给研究院写信，让人送来

---

①② 葛康同等：《两弹元勋邓稼先》，第 116、第 118 页。

书、材料，还让人借来英文、法文、德文、俄文的杂志，一有空就靠在床头翻阅。当他慢慢地能下地行动以后，便请司机悄悄地把他送到王府井外文书店，自己去找书。

经过一段治疗，由于白血球数目太低，血象太差，治疗必须中断一段时间，医生同意他回家休养。回家以后的邓稼先，深知属于自己的时间已非常有限，更加倍努力地抱病工作。他几次找于敏等长谈，从世界局势，谈到我国核武器发展的方向。几次讨论之后，他们决定把一些关于我国核武器发展的想法写成书面报告，向中央作出建议。

邓稼先还开始写一本理论物理学的专著。以前，为了培养年轻人，他曾编写过电动力学、等离子体物理、球面聚心爆轰理论等许多讲义。这次他找了一位合作者，想把这本关于群论、量子场论的专著写成几十万字的大部头著作。

他还惦记着研究院的工作，1986 年春节前夕，他特地约一位从基地来京开会的同志来家谈工作。

邓稼先从容地向生活告别。许多老同事的家，他一一登门拜访。以前曾经战斗过的地方，他无限留念地前去重游……

由于病情恶化，邓稼先再度住进了医院。1986 年 3 月 29 日和 5 月 16 日，他先后动了第二次、第三次手术。

第二次住院之后，邓稼先预感到来日已经不多了。他对妻子说："我有两件事必须做完，那一份建议书和那一本书。"① 他拖着手术后极其不便的病体，忍着难以想象的剧痛，以超人的毅力，坚持查阅资料，和于敏等反复推敲报告的内容、提法与措辞。经过反复讨论，反复修改，终于完成了这份极其宝贵、重要的建议，把它交给了中共中央。而他自己的那本专著，却只写了两章不到，七八万字。

1986 年 6 月 15 日，国务院代总理万里去医院看望邓稼先，并告诉他国

---

① 葛康同等：《两弹元勋邓稼先》，第 124 页。

务院决定授予他全国劳动模范的光荣称号。两天后，授奖仪式在医院的病房里举行，邓稼先服用了加倍的止痛药。在接受了国务院副总理李鹏授予他的奖章和证书之后，邓稼先艰难地作了生平最后一次发言：

"核武器事业是成千上万人的努力才能取得成功的。我只不过做了一部分应该做的工作，只能做一个代表而已。"①

李鹏副总理对他说："党和国家非常感谢你这几十年来在核工业、核武器方面做出的贡献。……这个事业当然是千百万人的事业。但是，我们也充分地估价您在这个核武器事业中做出的贡献。"②

邓稼先住院期间，他的老友，正在中国讲学的杨振宁教授两次到医院探望他。杨教授还从美国买到 40 瓶刚研制成功，尚未面世的治癌新药，请韩叙大使通过信使速送北京。可是当药送到已为时过晚……

党和人民所做的一切都没能够挽救邓稼先宝贵的生命，在癌细胞和放射性的双重夹攻下，他全身各处大出血，终致不起。

1986 年 7 月 29 日下午 1 时 50 分，邓稼先在妻子、儿女的守护中长眠，为中国的核武器事业耗尽了最后一滴血。

他最后的遗言是："死而无憾"③。

噩耗传出，张爱萍将军赋词痛志哀思："踏遍戈壁共草原，二十五年前。连克千重关，群力奋战君当先，捷音频年传。蔑视核讹诈，华夏创新篇。君视名利如粪土，许身国威壮山河。哀君早辞世，功勋泽人间。"④ 并亲笔写下"两弹元勋邓稼先"的著名题词。

邓稼先的战友们噙泪哀歌："天府杨柳塞上烟，向君此去几时还……试验场上惊雷动，江河源头捷报传……不知邓老今何在，忠魂长眠长江畔。"⑤

杨振宁教授在给许鹿希的唁电、信函中写道："稼先为人忠诚纯正，是我最敬爱的挚友。他的无私的精神与巨大的贡献是你的也是我的永恒的

---

①②③ 葛康同等：《两弹元勋邓稼先》，第 137 页。

④⑤ 许鹿希：《永恒的思念》。

骄傲。”“如果稼先再次选择他的途径的话，他仍会走他已走过的道路。这是他的性格与品质。能这样估价自己一生的人不多，我们应为稼先庆幸！”①

正如国防部部长张爱萍在悼词中所说的：“邓稼先同志真正做到了他经常讲的‘一不为名，二不为利，但工作目标要奔世界先进水平’。他的名字虽然鲜为人知，但他对祖国的贡献将永载史册。他不愧是中华民族的好儿子，不愧是中国共产党的优秀党员，不愧是中国知识分子的优秀代表。”②

邓稼先，党、祖国和人民将永远不会忘记您的名字。

① 葛康同等：《两弹元勋邓稼先》“代序”。
② 1986年8月4日《人民日报》。

刘亚雄

徐冲　刘欣

刘亚雄，生于1901年。“中国共产党的优秀党员、久经考验的共产主义忠诚战士、无产阶级革命家、社会活动家”①，为中国人民的革命斗争和社会主义建设事业作出了重要贡献。1988年逝世。

① 《刘亚雄同志生平》，1988年3月4日《人民日报》。

一

刘亚雄，1901年10月22日生于山西省兴县黑峪口村一个没落的地主家庭里。

刘家祖上原本是贫苦的农民，高祖父凭着辛勤的劳动、灵活的经济头脑和精明的经营方法，既种田又做生意，因而发家，成为当地殷实的富户。但是曾祖、祖父两代不善经营，又染上嗜吸鸦片烟的恶习，坐吃山空。刘亚雄出生之时，家境已败落下来。

刘亚雄的父亲刘少白，在清王朝覆灭前最后一次科举考试中考取了秀才。伴随着辛亥革命的时代狂潮，他对传统的封建宗法思想由怀疑而逐渐加以否定，思想深处萌发了资产阶级民主主义胚芽，逐渐成为一位充满爱国心、正义感的开明士绅。从20世纪20年代起，他开始接受马克思主义革命道理，从而不断自觉地支持、帮助中国共产党人，并在七七事变前夜，加入了中国共产党，真正走上了为无产阶级解放事业而献身的光明之路。刘少白的进步思想和所走的革命道路，对刘亚雄的一生起了重要的启迪作用。

由于父亲的影响，刘家封建观念比较淡薄，加上刘亚雄出生时，刘家五代仅此一女，因而家人对她十分疼爱宽容，逐渐培养了她泼辣大胆、任性不拘的豪放性格。在父亲的支持下，她拒绝缠足，成为当时黑峪口一带唯一不缠足的女性。儿童时代的刘亚雄不喜欢女红，极不“安分”，整天与村里贫家男孩子们在一起攀树爬房、奔跑嬉戏，是全村尽人皆知的“假小子”。

刘亚雄8岁上私塾。她对《百家姓》、《列女传》、《千字文》一类诗书文章没有兴趣，私塾先生斥责训诫均无效果。但她天资聪颖，喜爱新鲜、活泼、自由的事物，对父亲给她买的《新女儿经》一类具有新观点的书爱不释手，往往过目不忘。例如“中华人口四万万，女子占一半”的句子，直到晚年亦记忆犹新。

1911 年 10 月，辛亥革命爆发。正在太原武备学堂求学的刘少白，立即投身于革命的潮流之中，并成为山西省新政府临时参议员。他积极倡导新思想、新文化，主张妇女解放，并把 11 岁的刘亚雄从老家黑峪口接到太原，穿上男装送进阳兴公立女子学校读书。刘亚雄儿童时代的性格志趣在这所新型学校和新思潮的政治空气中，得到进一步发展。后因家庭经济拮据，于 1914 年底辍学回乡。

1916 年夏，刘亚雄以优异的成绩被太原女子师范学校录取。

1919 年，震惊中外的五四爱国运动波及全国，山西太原也掀起了斗争的狂澜。太原女师学生对学校制定的各种封建陈规戒律早就不满。此时，作为学生班长的刘亚雄立即组织同学石评梅、王淑英等办起墙报，才学出众的石评梅为主编。墙报反对列强侵略，历数军阀罪行，抨击封建禁锢，大胆喊出“自己解放自己”的口号，并且揭露学校流弊，反对教授古文，提出革新课程内容的主张。虽然墙报仅出了三期，却以崭新的内容在同学中产生了强烈的影响，使校方大为恼火。

刘亚雄的同班同学赵文静，因为家庭包办婚姻而抑郁痛苦。在封建势力与社会环境的压力下，她既不甘心受人摆布，又缺乏奋争的勇气，终于跑到城外出家当了尼姑。刘亚雄不赞成这种软弱无力的消极反抗，和两个同学一道找到赵文静，把她劝回学校。校方立即抓住这件事，声称玷污了学校“清白”的名声，不但责令赵文静退学，而且把刘亚雄叫到校长室大加训斥。刘亚雄毫不畏惧，慷慨陈词，坚决要求校方收回成命。同学们为此也都愤愤不平。校方害怕在五四运动的风潮中引火烧身，不得不将开除赵文静改为记过处分。

随着五四运动的深入，“外争国权，内惩国贼”的斗争要求，逐渐发展成具有强烈反帝反封建色彩的新文化运动。刘亚雄和同学一起编写了一出反对封建礼教、宣传妇女解放的街头剧，预演成功后，准备在校庆日正式上演，并走上街头演出。校方却横加干涉，粗暴地下令禁演。这一行径激怒了广大同学，刘亚雄再次挺身而出据理力争。她和几个同学草拟了一份致学校当局公开信，抗议校方的专横行为，她在递交公开信时还与校长当面谈判，坚决要求演出如期进行。学校为了“杀一儆百”，给刘亚雄记大过处分。

二

1921年底，刘亚雄从太原女师毕业，做了一年多小学教师，又于1923年秋考入北京女子高师文预科，第二年升入国立北京女子师范大学。

女师原校长许寿裳，是一位学识渊博、思想进步、关心青年的学者和教育家。由于抗议北洋军阀政府委任反动政客彭允彝为教育总长愤而辞职。教育部改派杨荫榆走马上任。杨在学生面前专横独断，滥施封建家长淫威，打击进步力量，恶毒咒骂孙中山先生，并污蔑共产党“共产共妻，苟随波逐流，将来女界必大受其害”。这些反动言行激起了广大师生的强烈不满。1924年4月23日，女师大15名教师联名宣布辞职，杨荫榆不但坚持顽固立场，而且变本加厉。8月，鲁迅先生辞退女师大聘书，学生对杨氏的不满情绪更加强烈。11月，影响深远的学生运动——北京女师大风潮终于爆发。刘亚雄是这次风潮的学生领导人之一。

在女师大，刘亚雄和赵世兰同居一室。赵世兰是中共北京地区领导人赵世炎的姐姐，对共产主义理想有着热忱的信念。刘亚雄从赵世兰那里学习到先进的革命思想和辩证唯物论的革命理论。通过赵世兰，刘亚雄结识了陈启修、郑奠、马裕藻等共产党人或进步教授，并多次参加了他们有关人生、社会、理论和学校改革的热烈讨论。同时，也与许广平、陆晶清和同班同学刘和珍、郑德音等建立了亲密的友谊。

1924年11月，杨荫榆以“蔑视校规”为由，无理开除了三名学生，激起学生公愤。赵世兰、许广平、刘亚雄、蒲振声、郑德音、陆晶清、李桂生等挺身而出，召开全校学生大会，成立以许广平为总干事的学生自治会，并以此名义，向杨氏提出强烈抗议。杨荫榆反诬学生们“犯上作乱”、“不成体统”。杨氏的专横犹如火上浇油，学潮的烈火熊熊燃烧起来。

1925年1月22日，女师大学生自治会致函杨荫榆：“自到校以来，不特毫无成绩，反而黑幕重重。”发出了驱杨最后通牒。杨氏公开称学生自治会非法，赖着不肯离职。北洋政府教育部则替杨荫榆撑腰，称她“能力虽嫌薄弱，然为人诚实纯正，实女界之翘楚。”在这种情况下，学生自治会转向社会寻求支持。刘亚雄担负起同各院校、社会团体和社会各界人士的联络工作。她不辞辛苦，多方奔走，并夜以继日地伏案蜡刻和油印各种宣传品，在社会上广为散发，向群众宣传事实真相。女师大驱杨斗争越出了校园狭小范围，发展为进步与反动两种社会势力的较量。

中国共产党对女师大风潮十分重视，派夏之栩去了解情况，指导工作。刘亚雄和赵世兰、郑德音等人也经常去中共北京地委书记赵世炎家里汇报工作，研究并听取斗争行动的指示。刘亚雄还多次出入鲁迅先生家，向他介绍学潮情况，倾听他的意见。

正当学潮进一步发展，又迎来5月7日国耻纪念十周年纪念日。那天，女师大学生举行纪念集会，会后汇集各校学生千余人游行示威，并愤怒地砸了教育总长章士钊的住宅。反动政府经过一番策划后，于8月派刘百昭带领打手300余人闯进女师大殴伤学生、封闭校门、停水停电，妄图迫使学生屈服。正在校外负责联络的刘亚雄，立即组织部分校外同学与警察展开说理斗争；同时募集了大批熟食品，组织群众沿铁栅围墙抛进校园，供在校内坚持斗争的同学食用。当局的阴谋又一次被坚持斗争的学生挫败，他们束手无策，竟然于8月22日下令解散女师大。

学生们毫不畏惧，在鲁迅、许寿裳、李石曾、谢无量、易培基、雷殷、陈启修等进步教授、学者支持下，在西城南小街宗帽胡同14号成立了新的女师大。为了解决经费困难，刘亚雄和同学张平江奔赴张家口，找冯玉祥将军捐款资助。新的女师大渡过了难关，终于复校，学生们的正义斗争取得了胜利。许广平、赵世兰、刘亚雄、刘和珍、郑德音、蒲振声等24名斗争骨干特意在校门口合影留念。鲁迅为照片题词："民国十四年八月一日，杨荫榆毁校，继而章士钊非法解散。刘百昭率匪徒袭击，国立北京女子师范大学蒙从来未有之难。同人等敌忾同仇，外御其侮。诗云，修我甲兵，与子偕行，此之谓也。既复校，因摄影，以资纪念。十二月一日。"

刘亚雄经受了严峻的考验，在斗争中还多次接触到北京大学的李大钊，从中受到深刻启示和教育，思想觉悟迅速提高。1926年2月，刘亚雄加入了中国共产党，并以女师大代表的资格，进入北京市学联领导机构。

为抗议日、英、法、德、意、荷、比等帝国主义在津、塘侵犯中国主权的强盗行径，北京学联组织各校学生于3月18日在天安门广场举行抗议集会，会后游行队伍冲垮军警重重防线，来到铁狮子胡同段祺瑞政府国务院门口举行爱国请愿，遭到蓄谋已久的大屠杀。女师大刘和珍、杨德群及各校学生47人被打死，伤199人。

刘亚雄当天担负留守学校的任务。傍晚，惨案发生的消息传来，她立即带领留守学生火速赶赴现场组织营救，并抢出刘和珍、杨德群的遗体。几天后召开了隆重的追悼大会，鲁迅等许多知名的进步教授、学者也出席大会，对死者表示了沉痛的悼念和崇高敬意，愤怒声讨了反动政府的罪行。会后，鲁迅怀着悲愤的心情写下了著名的文章《记念刘和珍君》，指出，三一八乃"民国以来最黑暗的一天"①。

此后不久，奉系军阀张作霖进占北京，疯狂镇压进步人士，20余名进步学生被开除，刘亚雄也在其中。刘的处境十分危险。7月，北伐军攻克武昌后，组织上曾准备派刘亚雄去武汉参加北伐军。但后来党需要培养一批坚强的后备力量，又改派刘亚雄去莫斯科中山大学学习。1926年9月中旬，刘亚雄离开北京女师大，踏上去苏联莫斯科的旅程。

---

① 鲁迅：《华盖集续编》，《鲁迅全集》第3卷，第249页。

莫斯科中山大学成立于1925年9月，是一所专门为中国革命培养干部的高等政治学府。刘亚雄是第八班学员。

入学后先要攻读俄语，刘亚雄以顽强刻苦的学习精神和聪颖的智慧，经过9个月的努力，便能听懂俄语讲课。以后，她集中精力钻研了马克思的《资本论》，以及《中国革命运动史》、《东西方革命运动史》、《列宁主义基础》等著作，还学习了有关哲学、政治经济学、军事学、地理学等许多理论知识。

中山大学的教学，遵循着理论与实践并重的原则，男同志要进行一段严格的军事训练，女同志则需到医院里去进行护理实习。学员们经常去莫斯科市、郊区工厂参观，与工人群众、生产实际接触，通过社会实践的感性认识，加深对马克思主义理论的理解。随着这些活动，刘亚雄到过苏联南方许多地方，参观考察了不少工厂和船坞，在列宁格勒（圣彼得堡）瞻仰了夏宫，参观了斯莫尔尼学校。苏联革命与建设的成就进一步坚定了她的共产主义信仰。

在中大，刘亚雄认识了年轻奋发的共产党人陈原道。陈原道，安徽巢县青岗人，1901年4月出生于贫苦的农民家庭，学生时代即参加芜湖进步学生运动。1922年加入中国社会主义青年团，1925年加入中国共产党。刘亚雄经常得到他诚恳的帮助。共同的追求和彼此的气质性格使他们不但建立了深厚的友谊，而且相互产生了真挚的感情。

1927年4月12日，蒋介石背叛革命，国共两党合作破裂。莫斯科中山大学的中共学员陆续回国参加斗争。1928年底，刘亚雄也中断了学习，回到离别两年的祖国。

三

1929年3月，刘亚雄到达上海，被分配到中共江苏省委任宣传干事。当时，环境险恶，生活艰苦，刘亚雄毫不畏惧，全身心投入党的工作。宣传部工作人员很少，部长任弼时很忙，只能在每周来听取一次汇报、指示工作。刘亚雄负责情报资料的收集整理工作。她剪辑报刊，汇编各地情况报告，及时向上级提供第一手参考资料；同时，按照任弼时的指示，与另一位同志一道撰写些小型宣传文章，印成传单，向上海各界及广大市民散发。她还经常变换装束出入上海各工厂从事工人运动，很快成为中共活跃的基层妇女干部。

1929 年 8 月，刘亚雄调中共中央组织部，主管文秘工作。组织部设在上海爱文义路一条隐蔽的胡同里，机构设置极为精简。部长周恩来、秘书长恽代英等常在夜间来中组部听取汇报、指示工作、研究分析形势。刘亚雄经常担任会议记录、聆听到他们的精辟见解，获得很大教益。组织科除科长黄介然外，工作人员仅刘亚雄等二三人，工作量却很大，全国的党组织关系，除省委以上负责干部由中央另立档案直接管理外，全部由中组部组织科管理。刘亚雄分工经管人事档案、机密文件。为严守机密，她自编了一套独自掌握的密码代号，把各种文件档案整理得井然有序，查起来迅速而准确。

刘亚雄还负责各地中共党员干部来沪的接头工作。1930 年夏，中共大批留苏学生回国，刘亚雄频繁地与他们接头，按中组部的指示给他们安排工作。这是一种十分缜密的工作，她每次执行任务都要改换衣着，连戴不戴眼镜都要事先考虑周全。一次，闸北区一位党员女工面临暴露危险，刘亚雄摘掉眼镜扮成女工，紧急前往通知转移。那条长长的胡同里各家门面外形几乎一般模样，眼睛近视的刘亚雄为避免引起怀疑，就缓步前行，按门牌号码顺序默默地数着，准确地找到地址，并机智地应付房东的猜疑，及时通知到这位女工，使她安全地转移了。

1931 年 1 月，中共召开六届四中全会，错误地打击了所谓犯“调和路线错误”的同志。会后中央决定向全国各地派遣中央代表和新的领导干部，并抽调干部赴各地党组织机关传达四中全会精神。刘亚雄没有参加四中全会，却被派往山西省传达。1931 年 1 月下旬，她启程赴晋，在太原一个多星期。回程经过天津时，接到了让她留在天津工作的指示。

中共顺直省委设在天津。当时省委由于张慕陶等人的分裂活动和敌人的破坏而处于瘫痪状态，中共中央派陈原道为首的工作组进行了整顿，将顺直省委改为河北临时省委。刘亚雄担任了省委秘书长，并和陈原道结婚。不久，省委工作人员张开运和新工会工作人员韩麟符被捕后叛变，整天领着宪兵特务游荡于街头巷尾抓捕共产党人。在这严重关头，河北新省委决定于4月8日召开省、市、地方党委负责干部联席会议。开会前一天，一位女同志去秘密联络信箱取函件，被便衣特务跟踪，暴露了开会地点。深夜，大批宪兵军警围捕了已经到达的人员，并设下“蹲坑”陷阱。第二天，省委主要负责人徐兰芝、陈原道、刘亚雄等分别赶来开会，均不幸被捕。

刘亚雄等30多名共产党人遭到敌人的严刑逼供，省委书记徐兰芝经不住考验叛变，供出了刘亚雄等共产党员的真实身份。时任天津商品检验局副局长，家住北平虎坊桥晋阳饭庄旁院的刘少白，得知女儿被捕，火速从北平赶赴天津，利用社会影响奔走于上层人物之间设法营救刘亚雄等共产党人。就在这时，中共北平市委负责人之一郭亚先被捕叛变。他认识刘少白，带领宪兵特务破坏了虎坊桥的“刘公馆”，监禁了家属。刘少白在天津处境危险，不得不转移到山西，营救天津被捕人员的工作也随之中断。

1931年9月，刘亚雄等一批共产党人被解往北平，关押在张学良海陆空副总司令行营军法处。此时，正值军法处忙于审讯保定蠡县暴动案，刘亚雄等利用机会搞翻供斗争，争取了减刑。刘亚雄被判刑两年。10月初，军法处将已经判刑的政治犯关押进草岚子监狱。

草岚子监狱，亦称北平军人反省院分院（总院设于南京），是专门关押平、津两地被捕的共产党人的。继刘亚雄等之后，又陆续由其他监狱转来了拒绝自首投降的马辉之、王德、王新波、刘慎之、彭德等一批共产党人。以韩麟符为首的反党、脱党分子，以张慕陶为首的“北方紧急会议筹备处”的成员，也关在这里。这些政治犯的政治态度不完全相同，出身、经历、政治素质也存在着明显差异。为了适应监狱斗争的复杂形势，更有力地同国民党反动当局展开斗争，监狱中共地下支部成立，陈原道为第一任党支部书记。

根据党支部安排，刘亚雄在狱中学习了《共产党宣言》、《唯物主义与经验批判主义》等经典著作，以及李达的《社会学大纲》，河上肇所著的《经济大纲》。她在书里夹上许多纸条，记下学习心得，夜间或放风时间还常常与大家进行讨论。监狱当局妄图用反动说教和宗教信仰动摇政治犯们的立场，定期让法官来“讲课”。神父每周来“布道”。刘亚雄等却利用这个机会向难友们宣传马克思主义。他们用大量的社会现实问题和自然科学知识质问法官、神父，尖锐地提出许多有关国家前途、民族命运等社会政治问题，揭露敌人的虚伪和欺骗，弄得他们下不了台，不得不取消这种“感化”和“布道”。同时，刘亚雄等还对监狱的下层看守人员做了大量耐心细致的教育争取工作。狱中一些看守暗中替政治犯们传递书籍，寄发信件，对亲友探视也提供了方便。

1932 年夏，汪精卫出任国民党行政院长，出于收买人心的政治需要，宣布“大赦”，政治犯缩短刑期三分之一。陈原道与刘亚雄未暴露真实身份，在狱中也没有公开夫妻关系，原判两年，“大赦”缩短刑期后应予释放。在党组织的努力营救下，9 月间，陈原道和刘亚雄一同取保出狱。

四

出狱后，陈原道赴直隶南部指导农民运动。10 月底，陈原道、刘亚雄奉调回上海工作。陈原道任中共江苏省委常委兼上海革命工会党团书记，主管工运。刘亚雄为江苏省委妇委负责人。

这时，王明“左”倾冒险主义错误统治全党，经常冒险发动飞行集会和各种游行示威，给党的组织造成很大损失。1933 年 1 月 7 日，上海失业工人举行示威游行，罢工总指挥李兰平被捕叛变，供出党的秘密联络点，陈原道不幸被捕。这个时期，整天出入各工厂，在女工中做宣传组织工作的刘亚雄处境危险，被调回省委宣传部任秘书。

3 月，应傅作义将军之邀，任绥远乡村教育委员会主任的刘少白，非常惦念险风恶浪中的刘亚雄，借工作之便，特来上海看望，勉励女儿继续努力奋斗。一天，江苏省委秘书长、与刘亚雄亲如姐妹的战友赵世兰和李蕙突然来找她，说明身份暴露，正遭敌人追捕。刘亚雄马上请父亲将二人接往饭店，包租房间，以社会贤达身份，将赵、李掩护起来，几天后安全转移。

4 月，一封由陈原道同一牢房的战友曹瑛手书的密信辗转递到刘亚雄手中：陈原道已为革命英勇牺牲！

陈原道是中国共产党 20 世纪 30 年代一位卓越的领导干部，1933 年 4 月 10 日深夜被敌人秘密杀害于南京雨花台，年仅 32 岁。1934 年 1 月 22 日，毛泽东同志在中华苏维埃共和国第二次代表大会开幕词中庄严地指出："黄公略、赵博生、韦拔群、恽代英、蔡和森、邓中夏、陈原道……。他们在前线上、在各方面的战线上，在敌人的枪弹下屠刀下光荣地牺牲了。我提议我们默哀三分钟，向这些同志表示我们的哀悼和敬仰！"①

刘亚雄和陈原道结婚仅一年多，实际夫妇生活不过几个月。但他们为共同的理想奋斗，感情特别深厚。陈原道的牺牲，使已有身孕的刘亚雄特别悲痛。

1933 年 6 月，刘亚雄奉调返回北平，先在范文澜教授家暂住，后又转到四川会馆。由于中共北平组织遭到很大破坏，刘亚雄未接上党的关系。产期迫近，她只好先到太原找父亲。

1933 年 8 月 1 日，儿子出生了。为避免引起敌人的怀疑，孩子随妈妈姓了刘，起名"纪原"，为的是让孩子永远纪念他那从未见过面的父亲陈原道，继承父辈的革命遗志。小纪原刚几个月，刘亚雄为尽快接上组织关

① 《中华苏维埃共和国第二次全国代表大会文献》，中央苏区人民委员会 1934 年 3 月出版。

系，重返北平。她尽力奔波，多方寻找，仍然没有找到党组织。最后由一位朋友介绍，到张家口做了 3 个月家庭教师，又返回太原。

1935 年初的一天，已投靠阎锡山的张慕陶突然找到刘亚雄，企图利用她的困难处境前来拉拢。刘亚雄当即予以回绝。她意识到自己已处境危险，立即托人介绍去晋城沪泽中学教书，离开太原。在此后半年多的时间里，她继续奔走于太原、北平之间，多方寻找党的组织，终于在 1935 年 9 月与中共山西特委接上了组织关系。很快，山西特委书记王伯唐来找刘亚雄，并交给她一项任务：利用认识张慕陶的关系接近他，以进一步摸清分裂派内部的组织情况和活动规律。并指示亚雄，今后只同他保持单线联系。根据这一安排，刘亚雄出色地展开了工作，她不但机智地跟张慕陶应付周旋，还按王伯唐的指示，把自己的叔伯弟弟刘武雄安插在张慕陶的宣传机构刻印蜡版。

11 月，王伯唐不幸被捕，在狱中坚贞不屈，壮烈牺牲。刘亚雄同党组织又一次失去了联系，而且处境危险。经人介绍，她南下河南温县，在女子职业学校做了语文教员。在这里，她用革命的思想影响学生，为校方所不容。于是她辞职转到豫西地区内乡县师范学校教书，继续宣传革命道理，不久又被学校解聘。刘亚雄再次来到北平。1936 年秋，她找到了已经接上组织关系的老战友孔祥贞，并通过他见到了薄一波。1936 年 10 月，中共中央北方局组成以薄一波为书记的山西省公开工作委员会赴晋，刘亚雄担任工委委员，随薄回到山西。

当时，山西的政治形势呈现着非常复杂的局面。在日本侵略者步步进逼、蒋介石排除异己的情况下，阎锡山为保持自己在山西的统治，采取了一套“抗日和日”、“拥蒋反蒋”、“联共反共”的政治手腕。中共利用阎锡山与日、蒋的矛盾，同其建立了独特的统战关系。以薄一波任书记的中共山西省工作委员会，开展了改组牺盟会和创建山西新军的工作。刘亚雄一方面进行省工委分配的工作，同时也加入阎锡山控制下的自强救国同志会，在下属的妇女委员会中任委员。1936 年冬天，绥东抗战发生，傅作义军队在全国高昂的抗日爱国情绪鼓舞下，取得了百灵庙对日伪军作战的胜利。刘亚雄以妇委代表团副团长的身份，带领山西牺盟会慰问团赴绥远百灵庙慰问抗日将士。

1937 年初，由中共实际领导的山西军政训练班，由原来的 11 个连队扩展为 12 个连。第十一连是女兵连，全连 190 余人来自 16 个省，刘亚雄被任命为该连指导员。女兵连的军事干部与教官，由阎锡山部队的军官担任；政治工作人员和干部，则由中共指派的党员或进步青年担任。女兵们每天上午进行 3 小时的队列、军事常识、武器操作与实弹射击等军事训练，其余时间主要由刘亚雄组织政治活动与学习。1937 年卢沟桥事变后，国共两党再度合作，掀起了全民族抗战的高潮。中共和八路军许多重要干部应牺盟会邀请，到太原国民师范作报告。刘亚雄多次带领全连女兵去国民师范礼堂，听周恩来、彭德怀、徐向前、萧克、彭雪枫、周小舟等作的政治形势报告。平时，她还组织女兵们走向社会，进行抗日宣传，在街头自编自演文艺节目，揭露日军的暴行和汉奸的丑恶嘴脸，进行抗日募捐，慰问抗战伤病员，欢送奔赴前线的抗日武装。这些工作使女兵连成为太原一支相当活跃、有着较大影响的政治力量。刘亚雄也受到女兵们由衷的爱戴和尊敬。

五

1937 年七七事变，伟大的抗日战争爆发，在全民族抗战中，通过抗日统一战线的形式，发展共产党领导的抗日武装力量，山西新军的创建和发展成绩最大。1937 年 8 月，山西军政训练班结束，大部分学员与原民训团组成了山西青年抗敌决死队，薄一波任政委，下设三个大队。女兵连大部分成员分配到牺盟会，做抗日民运工作和抗日救护工作。其中 30 余名女兵加入决死队。刘亚雄留在总队政治部工作，不久，随决死队一纵队开赴晋东南，开辟新的革命根据地。

晋东南，太行山脉连绵起伏，山巅峻峭，河流湍急，道路难行。队伍昼伏夜行，每日疾行七八十里，异常艰苦，两脚打满血泡的刘亚雄不断鼓励指战员，帮助行进困难的战友跟上队伍。到了宿营地，大家可以歇歇脚，她却仍在为安排战友们的吃住休息而操劳。10月底，部队到达盂县后，深入农村，宣传抗日，着手组建游击队。刘亚雄以出色的宣传动员和组织才能，很快建立了一个有20多名热血青年参加的游击队。11月初到达沁县，游击队已发展到100余人，经上级批准，1937年12月成立了山西青年抗敌游击一区队，余百川任队长，刘亚雄为指导员，随即区队移师平遥，灵活机动，四处袭击敌人，并积极开展群众工作。不久，成立了中共领导的平遥抗日县政府。

1938年3月，上级决定将游击一区队、二区队和稍后建立的三区队合并为山西青年抗敌决死一纵队游击第一大队，杨世兴为大队长，余百川为副大队长，刘亚雄任大队教导员。这支队伍活跃在沁县、沁源、平遥、祁县、太谷等地，袭击小股敌人，铲除汉奸特务与地方反动武装。在战斗中不断壮大，在群众中影响也日益提高。3月底，部队在太谷桃园袭击日军运输队时，由于汉奸特务事先向日军报信，战斗受挫。总结经验教训时，刘亚雄充分肯定了指战员们英勇顽强、不畏牺牲的精神，自己主动承担责任，作了自我批评。

5月，游击队在沁县整训，集中一段时间开展了系统的军政训练，使部队的军政素质有了明显提高。同年秋，在游击队进一步壮大的基础上成立了游击团，下设三个营，成立一个党总支部。阎定础任总支部书记，刘亚雄任总支部副书记兼一营教导员。游击一营转战安泽，1939年1月回师沁源，春节前后包围赵城耿壁村，夜袭日军，短兵相接，毙敌60余名，缴获平射炮一门，歪把子轻机枪两挺，步枪十余支。3月2日，决死队在唐城召开庆功大会，薄一波嘉奖了作战部队，大会展览了战利品，当地群众奔走相告，踊跃参观，无不欢欣鼓舞。

1938年秋冬，新军已扩展到40个团，山西105个县中，70个县政权掌握在中共手中，占全省政权60%以上。

1939年初，晋东南妇女抗日救国总会成立，康克清任名誉主任，刘亚雄当选为主任兼党组书记。她骑马跑遍晋东南境内的六县农村，深入调查、研究、指导工作，动员妇女摆脱封建羁绊，积极参加各种抗日活动。不久，太岳行署成立，牛佩琮任主任，裴丽生为副主任，安子文为区党委书记，三八六旅旅长陈赓兼任军区司令员。刘亚雄兼任了山西第三专署路东办事处武装科科长。

这年秋天，蒋介石调兵进攻陕甘宁边区。阎锡山的反动面目进一步暴露，12月，调集大量军队，对决死队发起进攻，制造了震惊全国的晋西事变。决死队当即给予坚决有力的还击，使阎锡山损兵折将，遭到惨败。这一时期，刘亚雄担任了三专署路东办事处主任。1940年4月，太行区三专署与办事处合并，刘亚雄被任命为三专署专员。

三专署包括榆社、武乡、襄垣、祁县、黎城等县，人口40余万，是山西著名粮仓和战略要地，也是日军拼命争夺，“扫荡”最频繁、最残酷的地区。刘亚雄面临的突出任务，是保证一二九师的衣食供应。她深刻地认识到，在如此严峻的环境中，完成这一任务，只有一切依靠群众、一切相信群众。针对征粮过程中的强迫命令等现象，刘亚雄组织干部集中学习了党的政策文件，增强了群众观念，提高了政策水平。然后深入农村，以各种形式启发农民群众的爱国觉悟。同时，在全专署展开了减租减息运动，减轻了农民的负担，调动了群众的积极性，也促进了农业生产的发展。1941年，为解除春旱，她深入武乡勘察水源，在漳村组织群众筑坝截流，灌溉农田。完工后，应当地群众的要求，她书写了“人力胜天然”几个大字，砌于闸洞上方，至今保存完好。在提高粮食产量的同时，征粮中又认真实行了“让地主献粮为主，按地力摊派为辅”的政策，全专署各县的征粮任务均出色完成。

为解决部队的被服供应，刘亚雄组织各县妇委会，大规模地动员和组织妇女缝制军衣军鞋，还办起了一座制鞋厂。为了让战士穿得舒服，刘亚雄和担任女工教员的妹妹刘竞雄仔细地修改制作鞋样。在热火朝天的群众性拥军支前活动中，部队的被服问题顺利地得到解决。

为稳定和发展敌后抗日根据地经济，在刘亚雄直接领导下，成立了西营镇工商局，各类商品均由该局批发代卖，并实行物价监督，打击投机倒把，保护物资供应。同时，刘亚雄还组织各有关部门，采取了一系列经济配套措施，很快实现了食油、纸张、布匹等生活用品基本自给自足，全专署呈现出物价稳定、市场繁荣的景象。

开展对敌斗争，狠抓除奸除特，做好日军“扫荡”前的坚壁清野，是专署的中心工作。在刘亚雄领导下，全专署深入开展了控诉日伪暴行，认清汉奸特务罪恶等群众性自我教育活动。同时，严惩了罪大恶极的汉奸、特务，宽大了一批误入歧途的胁从分子，建立了群众性的情报网络，并组织群众站岗放哨，严防敌人破坏，在敌人进攻面前，动员群众实行坚壁清野，“不给敌人一粒粮”。这些工作使日军“耳聋眼瞎”，即使“扫荡”进入农村，也找不到人、粮、物，连喝水都困难。往往不发一枪，就迫使日军灰溜溜地撤回去。

1942 年 4 月，刘亚雄到辽县麻田中共中央北方局党校进行短期学习。不久，北方局调她赴延安深造。当刘亚雄 8 月间启程时，村民们自动聚在村口送别他们的女专员，那种朴实真挚的场面十分感人。

刘亚雄一行翻过太行、霍山、吕梁等重重大山，渡过汾河、白川河、黄河等四条大河，穿越日伪三道封锁线，战胜各种艰难险阻，历时 100 余天，行程 800 余公里，终于来到了革命圣地延安。在参加了西北局高级干部会议之后，进入中央党校一部学习，编入第五支部，参加了具有历史意义的延安整风运动。

1943 年 5 月，刘亚雄和王鹤寿被中共中央派往延安中央医院帮助整风。由于对敌情估计过重，在整风中进行的审干工作，出现了反特扩大化的错误。7 月，康生所作《抢救失足者》的报告，在反特扩大化方面起了恶劣的作用。中央医院运动的火药味越来越浓，相当一批人员被当作“特务”、“民族叛徒”、“反革命分子”，遭到残酷斗争，无情打击。对这些明显违背党的政策和整风方针的错误做法，刘亚雄是不能同意的。尽管当时存在着一定的政治压力，但她仍然以一名共产党员高度的责任感向李富春汇报了自己的看法。并对把山西牺盟会也归于阎锡山反革命组织的做法，再次向有关领导同志提出了不同意见。

刘亚雄对“左”的一套的抵制，触犯了康生等人。她被调离中央医院回到党校。不久，又被划为托派嫌疑，隔离审查。这种不信任，使刘亚雄极其痛苦。但她对党坚贞不渝。出于这一坚定信念，她向党校“刘亚雄审查小组”如实说明自己的经历和从事地下斗争的情况，并要求向校长彭真直接反映情况。彭真在繁忙的工作中专门安排时间认真听取了刘亚雄的陈述，表示党组织非常重视她反映的情况，希望她在任何情况下都要相信党，相信同志，是非曲直，总会搞清楚的。

但在当时的情况下，很难进行外调核实，刘亚雄问题就被暂时搁置起来。后她又转到党校二部十六支部。不久，中共中央和毛泽东及时发现并纠正了运动中“左”的偏差。刘亚雄又得到同志们的信任与尊敬，被选为支部教育委员，负责马列主义理论学习，不久又被选举为支部书记。但由于她的“问题”没有最后结论，因此，她只能以候补代表的资格参加党的七大。

七大期间，薄一波代表党正式通知刘亚雄，她的问题已搞清楚，党对她作出了“没有历史问题”的结论，并充分肯定了她为革命作出的贡献。

抗战胜利后，中共中央选调大批干部开赴东北。刘亚雄结束了两年延安党校的学习生活，也被党派往东北工作。

六

1946 年初，刘亚雄被任命为中共中央东北局西满分局所在地双辽市（郑家屯）的市委书记。不久，由于建立地方政权、清匪除霸工作出色，受到分局书记李富春的表扬，称她是“妇女当权，了不起”。1946年4月，西满分局迁移到吉林洮南县，刘亚雄随即调任县委书记。秋天，讷河地委成立，刘亚雄调任地委副书记。她抱病与地委干部冒着严寒风雪深入各屯，了解情况，宣讲政策，开展轰轰烈烈的土改运动；并在改善人民生活，发展农业生产、动员翻身农民参战、支前等各项工作中，作出了出色贡献。1947年初，刘亚雄奉调齐齐哈尔，任中共嫩江省委组织部部长。她深入昂昂溪、秦来、塔子城一带农村，发动群众进行土改，保卫胜利果实。刘亚雄终于积劳成疾，心脏病发作，全身浮肿，病势危险，被送到哈尔滨医院抢救，直到1948年1月才转危为安。出院后，她担任了中共中央东北局妇委书记，成为蔡畅的得力助手。6月，她被调任东北局机关党委副书记。11月，第二次国际妇女代表大会在匈牙利首都布达佩斯召开，中共准备派蔡畅和刘亚雄出席。但考虑到东北妇委工作的需要，刘亚雄留了下来，在蔡大姐出国期间，挑起了领导东北妇委工作的重担。

1948年11月，人民解放战争进入了夺取全国胜利的决定性阶段，东北重镇长春、沈阳相继解放，中共中央东北局迁到沈阳，李富春任中共沈阳市委书记，陶铸任副书记，刘亚雄为市委委员。1949年3月，全国妇女第一次代表大会在北平召开，刘亚雄作为东北妇女的代表出席了会议。当选为全国妇联执行委员会委员。1949年9月，刘亚雄被任命为中共长春市委书记。

长春是伪满“都城”，又称“新京”。日寇投降前，破坏了大部分城市设施，国民党统治了3年，又对人民残酷掠夺，逃离者众多，加上战争的破坏，原来60多万人口的城市，解放时仅余10多万人，中共长春市委为恢复城市正常生活进行了大量艰苦的工作，但由于破坏严重，在刘亚雄来到长春时，城里仍有6600多栋房屋严重损坏，不少地方墙倒屋塌，弹痕累累。全城四分之三居民外逃，商店关门，时时断电，入夜一片黑暗，冷枪四起，人心极不安定。要在前任工作的基础上，继续医治战争创伤，把长春市建设成一座繁荣的新型人民城市，刘亚雄肩负着艰苦的担子。

刘亚雄召开了全市干部大会，进一步动员广大干部坚定信心，增强斗志，集中力量做好医治战争创伤的工作。在市委领导下，党员干部发挥政策威力，依靠人民群众，促使日伪及国民党军、警、宪登记，收缴流散武器，有效地解决了散兵为害问题；配合区街政权的建立，在公安机关的指导下，组织治安组、巡逻队，保护了人民生命财产安全；培训干部，动员各界力量取缔赌场、妓院，清除了旧社会的陈腐遗迹；发动全市人民开展大规模清理杂草、垃圾运动；充分调动社会力量对损坏房屋迅速抢修；同时派出工作队到城外说服外逃居民返回故里；利用一切运输手段，加紧粮、油、煤、盐、布匹等人民生活必需品的运送工作；集中力量铺设输气管道，清洁水源，恢复供电；采取有力措施，努力恢复煤气厂、面粉加工厂、火柴厂、榨油厂、针织厂等企业的生产；下大力保证商业局、粮食局、银行、电车公司等部门的正常运转。在那段艰苦紧张的日子里，处在市委领导核心位置上的刘亚雄，不仅夜以继日地担负着繁重的组织领导工作，而且直接深入到第一线了解情况，体察实情，和大家一同挥汗劳动。在刘亚雄和广大党员干部以及人民群众的共同努力下，长春市的政治经济形势很快稳定下来，并逐步走上健康发展的轨道。

多年的斗争经验使刘亚雄深深懂得：干部是做好工作的关键。她始终把建设好各级领导班子作为重要的任务来抓。在刘亚雄的大力提倡和推动下，大胆提拔了一批政治强、作风好的年轻干部，充实各级领导班子。为加强对干部的培养训练，她还经常带领一批干部深入各行各业，进行认真细致的调查研究，仅全市职工文化教育一项，就调查了176个单位，访问职工18597人。具有坚实理论功底的刘亚雄，尤其重视抓干部的理论学习。她组织全市机关部长以上干部每天早上抽出一小时，学习中央规定干部必读的12本书，并由市委宣传部对局处级干部进行统一轮训，市委干部以及她本人亲自讲授马克思主义理论课，明显地提高了干部的思想理论水平。尤其难能可贵的是，在当时，刘亚雄就颇具眼光地建立了政策研究室，对调查得来的情况加以整理、概括和提炼，按党的有关政策提出切实可行的实施方案，增强了市委决策的科学性，也从理论与实际的结合上提高了干部的素质。

在组织领导经济工作方面，刘亚雄着重抓了轻工业局、重工业局、财政局、商业局、卫生局、民政局等对经济和社会发展起重要作用的部门。1949 年底，全市开展生产创纪录活动。刘亚雄深入二道河子工业区蹲点，培养了煤气厂、火柴厂等几个先进工厂作为典型，用以点带面的方法，推动企业降低成本，提高质量，增加产量；并有步骤地实行定额管理，计件工资，完善各种奖惩制度，充分调动了工人生产积极性。商业方面侧重抓了营业额和商业利润的提高，努力降低流通过程中的耗损。刘亚雄非常关心服务质量的改进，经常出入商店检查服务态度，帮助售货人员树立为人民服务的思想，以良好的服务质量增加营业额。同时，刘亚雄还注意引导干部认真学习和全面理解党的政策，消除思想顾虑，积极发展有利于国计民生的私营工商业，使之成为国营经济重要的辅助力量，促进长春市工商业的迅速发展。长春的工业，1951 年由原来的 4 个大厂，发展到 18 个，并从上海等地迁来搪瓷厂、橡胶八厂等 8 个大厂。1952 年全市工厂企业已达 79 个。在刘亚雄和市委其他同志的支持、配合下，国家重点项目长春第一汽车制造厂、坦克修造厂等现代化大型企业的建设也进展顺利。私营工商业也发展到近 1.8 万家。7000 余名失业人员得到安置，并使长春由一座消费为主的城市，逐步发展为东北又一座工业新城。

刘亚雄重视新中国的文化教育事业。解放前，几十万人口的长春市仅有 4 所中学。解放后的几年内，即增加中学、专科学校 74 所，小学由 22 所增至 110 所，并且建立了东北师范大学、东北人民大学、第三军医大学、东北地质学院、高级步兵学校、中国人民解放军航空学校等高等院校。《长春新报》以崭新的面目与广大读者见面，科技研究所也成立起来。市政府还紧缩开支，拨专款修建了一批电影院、剧院，建立了市文工团和京、评剧团。新中国第一个电影制片厂——东北电影制片厂也建立起来，短短时间里即拍摄出《钢铁战士》、《赵一曼》、《白毛女》，译制出《乡村女教师》、《攻克柏林》、《列宁在十月》等一大批优秀影片。在刘亚雄和市委宣传部的关心支持下，文艺工作者集体创作的《红绸舞》，以其优美的民族化艺术造型和热烈欢快的旋律，荣获世界青年联欢节舞蹈金质奖章，时至今日，还受到广大观众的喜爱。

这个时期，刘亚雄还认真贯彻执行中共中央的决策和部署，卓有成效地领导长春市人民开展了抗美援朝、镇压反革命和“三反”、“五反”等运动。抗美援朝期间，在她直接领导下，全市动员，加速扩大粮食、被服生产；加工大量炒米炒面、菜肉熟食赶运前线；捐款22亿元（旧币），为志愿军购买飞机大炮；还统一组织部队和地方医院救治志愿军和朝鲜人民军伤病员；并安置了大批朝鲜难民和儿童，使长春成为抗美援朝战争的重要后方基地。在1951年开展的镇反运动中，刘亚雄组织干部正确领会和执行党的政策，发动群众，深挖暗藏的汉奸、恶霸、土匪、特务以及反动会道门头目，惩处首恶分子，广大群众拍手称快。由于工作成效显著，受到公安部的表扬。在“三反”、“五反”运动中，刘亚雄严格执行党的政策，打击投机奸商，整顿革命队伍内部的各种问题，并根据问题性质，对犯有错误的人员做了慎重妥当的处理，在弄清问题、提高认识的同时，又团结了广大干部，从而进一步促进了长春各方面的工作的进展。

七

1952年7月，刘亚雄调到北京，任中共中央妇委副书记，兼全国妇联城市工作部部长。

在新的岗位上，她依然是注重深入实际，开展调查研究，密切联系群众。在半年的时间里，她跑遍湖北、天津、上海、广州等地，深入调查、了解妇女工作情况，认真听取各方面的意见，然后写出城市妇女工作调查报告呈报中央。报告例证翔实，分析问题深刻，提出的建议富有建设性，受到中共中央的好评。

1953年初，刘亚雄调任中华人民共和国劳动部常务副部长。在这期间，她把大量心血倾注在我国的技工培训事业上。在刘亚雄建议和主持下，劳动部成立了技工培训司。当上海、天津最先出现技工学校的时候，刘亚雄就及时地认识到这一新生事物所具有的广阔发展前景。她满腔热情地帮助技工学校总结办校经验，并在几年内先后深入十几个省市，具体指导推广这一经验，在她直接领导下创办的劳动部直属技工学校，建立了一支以中苏两国专家为骨干的师资队伍，配备了当时最先进的机械作为教学设备，所招收的学生也都具有初中文化水准。这所学校培养出一批又一批技术素质优良的现代工人。在这些工作的推动下，新中国的技工学校发展很快，从最初的全国三所学校，发展到1953年的八九百所，不仅为我国当时工业战线培养出大批熟练的技术工人，还生产出相当数量的品种新、质量好的产品。劳动部在北京劳动人民文化宫举办全国技工学校成果展览会，引起社会各界的强烈反响。劳动部技校后来发展成劳动学院，成为我国培养劳动经济人才的高等学府。

1962年，刘亚雄分工负责劳动调配工作。她深入大连、太原、齐齐哈尔、昂昂溪、鹤岗、佳木斯等地的劳动部门和厂矿企业，考察劳动调配情况，及时纠正劳动力浪费现象，加强充实劳动力不足的生产部门，合理安排落实国家计委提出的劳动力人数计划。在她主持下，建筑行业首先建立了平衡调剂制度，实行劳动统一调配，一年中调配建筑工人247万人次，有效地克服了部分窝工现象，保证了国家重点建设地区和项目的顺利进行。刘亚雄还负责援外工人的调配工作。在她主持下，劳动部从全国各地调派了政治素质好、具有良好劳动技能的数万职工开赴苏联西伯利亚帮助开发建设，增进了中苏人民的友谊。

1964年初，中共中央监察委员会决定成立各部监察组。作为中央监委委员，刘亚雄调任交通部监察组组长。她要求周围的同志在监察工作中注重调查研究，克服经验主义，把对党负责与对同志负责统一起来，严格执行党的政策。她处理每一案件，都坚持深入实际调查核实，既严肃认真，又注意稳妥慎重，力求作出正确结论。为了摸清长江航务局的情况，她和钱瑛一道，到武汉、宜昌、黄石等地做了20多天的调查了解。不久，又到大连港务局蹲点8个多月，在调查研究基础上，整顿改组了局领导班子，纠正了人力财力的严重浪费，很快扭转了生产混乱现象。1965年春，她带病前往天津港务局了解情况，处理问题，半个月后又赴长沙，接着又去广州。她还准备去湛江新港、海南岛等地。但长时间奔波操劳，使年逾花甲的刘亚雄病倒了。她被送回北京，入院治疗。

八

1966年6月，一场历时10年，使党和国家遭受严重挫折与损失的浩劫席卷而来。作为党的高级干部，刘亚雄也被打成“走资派”。

1966年冬，受林彪、江青一伙蒙蔽煽动的天津南开大学红卫兵，气势汹汹地找到出院不久的刘亚雄，勒令她“老实交代叛党罪行”，并要她提供南开大学党委书记高仰云在草岚子监狱里的“叛党罪证”。刘亚雄拒绝回答这些无理指责，竟遭批斗。刘亚雄再次病发，又住进医院。

1967年3月，交通部一伙造反派冲进医院，宣称刘亚雄已被“夺权”，还拿出所谓“六十一人叛徒集团”材料，要她交代“罪行”。为了明辨是非，坚持党性原则，刘亚雄病中给中共中央写信，恳切希望党组织从对革命同志政治生命负责的高度澄清事实，主持正义。这封信被转到当时的中央文革手中后，5月初，刘亚雄被押往国子监海运研究所，关在一间阴暗潮湿的小屋子里，进行批斗迫害。刘亚雄的身体遭到严重摧残，甚至经常被批斗成半昏迷状态。1967年冬，一直同刘亚雄生活在一起的刘少白遭受迫害，含冤去世；儿子刘纪原被隔离审查；年幼的孙子刘开年重病高烧，得不到及时医治，落下终身残疾；家被抄劫一空；在不同岗位上工作的弟弟妹妹也都遭到迫害。面对家破人亡的浩劫，刘亚雄仍然坚贞不屈，坚信真理的光辉是掩盖不住的，她对党的信念从来没有动摇。

1969年夏，刘亚雄被押送东北长白山下敦化县僻远山村“劳动改造”；后又转移到河南漯河农村从事繁重的劳动。这时，刘亚雄病情日益加重，造反派怕出人命不好交代，于1970年夏将她押回北京进行“群众专政”，并对她继续施加各种压力，逼迫刘亚雄承认是“叛徒、特务、托派、脱党分子”。对这些，她沉着应付，拒不接受一切不实之词，也绝不向外调人员提供任何假证，使不少人避免遭受更严重的迫害。

1976年10月，祸国殃民的“四人帮”被粉碎。党的十一届三中全会以后，刘亚雄得到彻底平反。1978年冬，她被选为全国政协委员。第二年，当选为全国政协常委，并担任了交通部的顾问。

面对改革开放的勃勃生机和国家的全面振兴，刘亚雄感到由衷的喜悦和振奋。“文革”损失的10年，又使她深感来日不多，更需倍加努力。在强烈的责任感和紧迫感推动下，已年逾古稀、体弱多病的刘亚雄，重新投入到自己为之奋斗了半个多世纪的事业中，满腔热情地对待分配给自己的每项工作，继续为党和人民贡献着余生的精力。1985年，刘亚雄光荣离休，继续担任着全国政协常委的职务。

1987年冬，刘亚雄严重的心脏病再度重发，并日益加重。住院期间，党和国家领导人李鹏、宋平、薄一波、康克清等都到医院看望，邓颖超也特意派人去慰问。许多老干部和千百名熟悉她、热爱她的干部群众都真诚地希望她能重新站立起来，再回到人民的事业之中。但由于病情过重，医治无效。1988年2月21日8时34分，为中国人民的事业耗尽毕生精力的刘亚雄，在平静安详之中，走完了87个春秋的人生历程。

宋侃夫

刘秋堂　宋　健

宋侃夫，生于1909年。中国共产党的优秀党员、久经考验的忠诚的共产主义战士。红军时期，他长期任电台报务员、处长、局长，对红军通信联络、电讯建设，侦破敌军军事情报，保证红军战争的胜利，起了重大作用。抗日战争时期，任中共延安鲁迅艺术学院总支部书记、延安大学秘书长，解放战争时期和全国解放后，历任中国人民解放军第二野战军第十二纵队及江汉军区政治部副主任，沙市市委书记，武汉市市长、市委书记，湖北省委书记。在中共第十二次全国代表大会上，当选为中央顾问委员会委员。在这些岗位上，他任劳任怨，尽职尽责，作出了应有的贡献。1991年逝世。

一

1909年9月，宋侃夫出生在江西省萍乡县城月光塘外公张家。父亲宋化春，共有3子2女，依次是女宋徽、子民钟、女宋荪、子民奎（即侃夫，又名坎福）、子民锷。宋家祖籍萍乡五陂下，因宋化春在浙江省临海县任知事，所以子女多在张家出生成长。1912年，宋家从县城迁到安源上丹江，在峦岗岭下购地造屋建成梅花山庄，宋侃夫在此度过童年[①]。他5岁开蒙读私塾，9岁到萍乡县立小学读书。他的母亲仁慈宽厚，常以粮食衣物周济贫苦乡邻。母亲对童年宋侃夫影响最大。他虽然出生在官僚家庭，但很同情穷苦农民，常送些吃的东西给穷娃们。

1922年，宋侃夫随父到浙江，在杭州市立小学读书。不久转入杭州工业专门学校学习。在杭州工专，宋侃夫学到了现代科学知识，也逐渐接触了一些进步知识分子，树立了改造社会的远大志向，成为杭州学潮的骨干分子。1925年上海五卅惨案发生后，全国各地反帝爱国运动风起云涌。中共杭州支部召开了有各界代表参加的紧急动员大会，成立了杭州各界人士五卅惨案后援会，举行了有5万多人参加的国民大会，声援上海工人。宋侃夫和杭州工专的进步师生参加了这一斗争[②]。

五卅运动后，宋侃夫加入了中国国民党。不久，经朱义本、冯文华、沈凯成介绍，加入了中国共产主义青年团[③]，任共青团杭州工专特别支部书记。1926年上半年，宋侃夫转为中国共产党党员。以后，他在中共杭州地委的领导下，更加大胆地开展工作，成为中共联系共青团员和

① 《萍乡调查资料》，存本文作者处。

② 《宋侃夫同志在杭州狱中斗争座谈会上的发言》，《杭州党史资料》1983年第4期。

③ 《宋侃夫自传》，存中共中央组织部。

进步学生的纽带。在浙江省省长夏超宣布浙江独立期间，中共杭州地委发动各进步团体召开国民大会，拥护独立。宋侃夫带领杭州工专进步学生参加大会，并登台演讲。此外，他还在校内组织罢课，驱逐反动校长徐守桢[①]。当时，他虽然只有 17 岁，但他的名字已为杭州高校的进步学生所知晓。

1927 年 2 月底，受中共组织派遣，宋侃夫经上海过萍乡至武汉，在中共中央宣传部任秘书处兼鼓动科干事。中宣部当时的主要工作是以《向导》、《汉口民国日报》和《楚江日报》等报刊为阵地，发动群众投入大革命的火热斗争。宋侃夫负责将编好的《向导》交由中共创办的长江书店印刷，还负责部分对外联络工作和机关内部事务。他还为中央宣传委员会会议做过记录，忠实地记录了党内在湖南农民运动问题上的激烈争论[②]。七一五事变前后，中共中央组织部进行疏散转移党员干部的工作，或派回原籍，或改派其他地方，或送去苏联学习。中央组织部征求宋侃夫的意见，他首先提出想回江西家乡，坐在一旁的组织部部长罗迈（李维汉）笑着插话："回江西当少爷去呀！"一经提醒，他当即表示不回江西，还是回浙江。中宣部部长蔡和森得知他要回浙江，勉励他道："那你就去吃苦吧！"1927 年 7 月底，宋侃夫返回白色恐怖笼罩下的杭州。[③]

二

1927 年 8 月，宋侃夫任中共杭州地委委员，负责丝厂、棉织厂集中的下城区委的工作。不久，中共浙江省委决定撤销杭州地委和几个城区区委，成立中共杭州市支部工作指导委员会（后改中共杭州县委），任命宋侃夫为书记。他凭借组织学生运动的经验和才干，深入各校，培养了一批骨干，并及时给予工作指导。在他的精心组织和领导下，杭州学生运动蓬勃发展，

---

① 《宋侃夫同志在杭州狱中斗争座谈会上的发言》。

②③ 《一九二七年中共中央机关由上海迁武汉的经过及在汉情况》，《中共党史资料》第 21 辑。

使国民党当局深为恐惧。正当杭州各校风潮正盛，贴出了许多革命标语时，当局于10月突然逮捕了宋侃夫和戴家齐、张钟玥，交军事法庭审讯，追究张贴标语的事。宋侃夫等坚不承认，法官无法再审，将其关进陆军监狱。①

在狱中，宋侃夫和张秋人、薛暮桥、张叔平、胡公达、邹子侃等关在一起。他们互相勉励，在彼此信任的同志中加强联系，准备在狱中建立中共组织。1928年夏，宋侃夫和100多名政治犯被押解到环境与生活非常恶劣的浙江反省院。宋侃夫和同志们一起商量斗争办法，两次成功发动了罢饭（绝食）斗争迫使院方做出某些让步。他和俞志伟、俞坚等建立了中共狱中组织，先后吸收黄汝庭、苏中常、骆子正、何其瑶（周子桢）、陈泽富（沈先定）等参加。宋侃夫是狱中党组织的实际负责人。② 在非人的折磨下，狱中难友许多人病倒了，宋侃夫也患了痢疾、肠胃病、脚气病，而且病情日渐严重。1930年3月，宋侃夫家人向当局提出保释，获准保外治病3个月，后又续保两个月。③ 当续保期又要期满的时候，在萍乡老家的祖母发来电报要宋侃夫回家完婚。他非常高兴，认为这是一个摆脱关押的极好时机，一面同中共浙江省委的负责同志取得联系，决定在经过上海时留下，一面打电报回家告知他即将返乡。

1930年8月，宋侃夫的续保期又到，国民党当局找宋家要人，而宋侃夫根本未归，家人料定他已借机出逃，只好赶紧商议应付办法。恰巧此时发生了一起惨剧：萍乡有一群人去湖南南岳衡山进香，返回时在湘江翻船，淹死多人。宋家到当局报了死讯，“宋侃夫南岳进香淹死湘江”的消息不胫而走。宋家还请来风水先生在宝积寺做道场，择定当晚子时下葬。傍晚，送葬队伍抬着棺材吹吹打打经过县政府，深夜送到桐田，葬在宋家田地上，坟前还立了碑。其实，棺材里只放着几块土砖。后来为防不测，换成了与

①② 《宋侃夫同志在杭州狱中斗争座谈会上的发言》。
③ 《宋侃夫自传》，存中共中央组织部。

宋侃夫同岁的桐田罗姓儿子尸体，由于罗家不同意，最后又换成了土砖。[①]就在“宋侃夫之墓”新坟初封之时，1930 年 9 月，21 岁的宋侃夫到达上海，找到了周子桢、李子轩、沈先定等人。经中共杭州地委介绍，他被分配到中共上海法南区委工作，先后任区委秘书、组织部部长。当时，由于受“左”倾盲动主义的影响，不断发动的工人大罢工遭到国民党反革命派的血腥镇压，革命力量大为削弱。宋侃夫根据中共中央和省委的指示，一面积极发展工人入党，一面着手整顿党的组织，为保存党的组织、积聚革命力量做了不少工作。[②]

1931 年初，中共中央调宋侃夫和湘鄂西苏区的两个同志到特科无线电科学习报务和机务。宋侃夫这个工科大学生很快掌握了发报和收报技术，每分钟可以收发 120 至 130 个字。报务学习结束后，他又学习无线电工程原理和无线电机械装配。由于他有电器知识，因此学习比较省力，有些学习内容等于复习一遍，英文版无线电手册也能直接阅读。尽管如此，他学习相当认真，对无线电电器的装配、修理尤其专心致志。陈寿昌从中共上海地下组织开办的电器商行买来一些元器件，宋侃夫等动手先装了一部收音机，又装了一部发报机，最后装成了一部完整的电台。他们按照上级告知的呼号、波长、联络时间，与上海的一部秘密电台进行联络，初次联络即得到了回答，这使他们兴奋不已。在国民党军警特务和法帝国主义租界巡捕房军警的森严罗网下坚持斗争，宋侃夫等人百倍警惕、谨慎。他们租住了西华德路的一间亭子间，住进后才发现房东是与巡捕房和国民党警察有勾结的大流氓。经过仔细考虑，他们决定利用这个关系掩护自己，有时出门故意把房门钥匙交给房东太太，还经常给房东的小孩带些糖果，就这样成功地隐蔽了自己。

1931 年 4 月顾顺章在武汉被捕叛变，上海形势异常紧张。陈寿昌和湘鄂西的两个同志都离开上海，宋侃夫改由乐少华领导，坚持无线电学习和

---

① 《萍乡调查资料》；《宋侃夫资料》，中共萍乡市委党史办公室提供。

② 《宋侃夫自传》，存中共中央组织部。

训练。9月，宋侃夫和徐以新奉命去鄂豫皖苏区。离沪前，乐少华告以鄂豫皖苏区与上海中共中央、江西中央苏区、湘鄂西苏区、湘鄂赣苏区通报的4个密码电台的呼号、波长和联络时间。这些密码的编制没有现成的本子，宋侃夫只用了两三天时间就熟记了其中的3个密码本，徐以新熟记了一个。他牢记着这些密码，肩负党的重托，踏上了新的征程。[①]

三

1931年11月，宋侃夫到达鄂豫皖革命根据地，和蔡威、王子纲、徐以新等人一起投入了创建电台的艰苦工作。当时，红四方面军组建未久，电信工作几乎一片空白。宋侃夫、蔡威等人将红军在战斗中缴获的电台和无线电器材仔细清理后，发现连一部完整的电台也凑不齐。没有电台，无线电通信工作也就无从谈起，因此，宋侃夫被暂时分配到军委会参谋部，负责分管谍报和机要，同时还负责编印军委出版的油印小报《军事通讯》。宋侃夫没有忘记作为一个通信战士的神圣职责。他担负起了彭杨军事政治学校第一、二期特种兵训练班无线电专科的教学任务，主讲英语课，为红四方面军无线电工作的创建打下了基础，储备了人才。他还和蔡威一起，从部队不断缴获的破旧发电机、收发报机中仔细挑选出可用的零件，为创建电台作准备。1931年12月，黄安战役结束，红四方面军全歼了国民党军赵冠英第六十九师，缴获了一部较完整的电台，并俘虏了2名报务员，1名机务员。1932年2月，红四方面军在商（城）潢（川）战役中又缴获了张钫部的一部电台。为保证电台安全、完整地转运到后方，宋侃夫骑马赶到前线指挥部去接收，得到了徐向前总指挥的热情接待。徐向前叮嘱宋侃夫仔细检查电台，看是否还缺什么，临行前又让人挑选了两匹好马，送给宋侃夫和蔡威。[②]

---

① 《宋侃夫同志谈话记录》，1982年12月23日、29日。

② 宋侃夫：《电台工作的日日夜夜》，《艰苦的历程》（上），人民出版社1984年版，第270页。

1932年2月，红四方面军的第一部电台在河南省新集南门外钟家畈的一间简陋小屋中诞生了。宋侃夫任电台负责人，兼管译电。他夜以继日地坚守在电台旁，一面抄收国民党中央社新闻，一面呼叫上海中共中央和周围邻近的革命根据地，很快就与中央革命根据地、湘鄂赣革命根据地、湘鄂西革命根据地沟通了联络。他们发出的第一份电报，是向中央革命根据地报告红四方面军的部队建制情况。以后，陆续收到了中央革命根据地发来的一些政策性文件，如土地政策，工商业政策，对待地主、富农政策，城市政策等[①]，这些文件对红四方面军和鄂豫皖革命根据地的建设都发挥了重大的指导作用。由于电台功率、天线高度等技术条件的限制，与中共中央的联络一直未能沟通，只能通过中央革命根据地的电台转发电报。

1932年3月22日至5月8日，红四方面军取得了苏家埠战役的重大胜利。这次战役缴获了4部电台和大批无线电器材，使红四方面军电台不久扩建成两个台，并与中共中央电台接上了信号。宋侃夫担任一台台长，随方面军总指挥部和军委会行动。面对人手不足，技术力量薄弱，青年学员不能独立工作等诸多困难，宋侃夫身兼数职，日夜守候在电台旁，一面随时保持与中共中央和各个革命根据地的联络，一面监听国民党电台广播，为方面军首长提供敌情情报。

1932年8月，红四方面军第四次反“围剿”失利，被迫于10月越过平汉铁路向西实行战略转移。由于电台器材庞杂、沉重，行军作战格外艰难。宋侃夫带领电台全体同志克服了许多难以想象的困难，带着庞大沉重的电台设备翻越重重大山，跨过道道江河，千方百计保护电台不受损伤。西进途中，部队缺衣少食，甚至连食盐都没有，还要顶风冒雪行军作战，环境异常艰险。有好几次，由于找不到房子，宋侃夫只好把电台架在野外工作，国民党军的子弹嗖嗖地从工作台面上掠过，宋侃夫镇定自若，从容操作。在他的领导下，红四方面军电台转战鄂、豫、皖、陕、川5省，行

---

① 宋侃夫:《电台工作的日日夜夜》,《艰苦的历程》(上)，第271页。

程数千里，始终保持了电讯联络的畅通，并跟随总部抵川北通江。

红四方面军以通江、南江、巴中为中心建立了川陕根据地后，因为有了安全、稳定的环境，无线电通信工作发展很快。1933 年春，方面军在涪阳坝新建了第三台，同时成立了电务处，统一管理全方面军无线电通信、机要工作和干部训练。宋侃夫任电务处处长兼第三台台长，统管报务、机要、译电和行政工作。[①] 随后，方面军又相继建立了第四、第五两个电台，并开办了两期无线电训练班，培训了一批无线电通信工作骨干。这是红四方面军电台发展的全盛时期。

四

宋侃夫于 1932 年 2 月开始了无线电技术侦察工作。他与王子纲、蔡威密切合作，利用四川军阀的电台在报头、报尾用明码通信的弱点，通过侦听截取川军驻地、番号、主官姓名、行动方向和指挥系统等重要情报。宋侃夫常常把川军的往来电文全部抄收下来，然后再对照敌人部队的番号、驻地、主官姓名等有关资料，逐字逐句地加以分析，并根据川军电台通报用语中的蛛丝马迹，寻找其密码的内在规律。他先从简单的单个的字码入手，联系手中已掌握的情况，上下左右、前前后后反复对照比较，一个字一个字地猜测、推敲，慢慢判读出一份电报，然后，根据字码与字的关系，经过深入侦听、追踪、对照、分析和点滴积累，逐步摸清了川军电台编制、排列密码的规律，最终排出了敌台的密码表。此后，四川军阀的无线电通信对于红军来说也就无密可保了。

无线电技术侦察工作的成果很快就在战斗中显示了威力。1933 年 2 月，四川军阀田颂尧集中 38 个团的兵力，向川陕革命根据地发动三路围攻。宋侃夫及时破译了敌军有关兵力部署、作战计划、主攻方向等情况的

① 宋侃夫：《红四方面军西征内幕》，《春秋》1988 年第 4 期。

密电，报告方面军总指挥部，使红军对敌军的行动了如指掌，为粉碎三路围攻作出了重要贡献。1933 年 10 月，刘湘纠合四川各地军阀，以 110 个团 20 余万人的兵力，向红四方面军发动了六路围攻。由于敌我双方投入兵力大，作战地域广，无线电通信保障工作和技术侦察工作的作用就显得格外突出。此时，宋侃夫领导三台在后方工作。三台连宋侃夫只有 3 个人，却不仅承担了与中革军委电台、方面军总部电台（二台）的通信联络工作，而且担负了对敌军师、旅级以上数十部电台进行严密侦控的任务。宋侃夫带领大家，架起了 5 台收信机，坚持全天值守。随着战斗日趋激烈，敌军电台的花招也越来越多，密码几乎一星期改一次，越改越乱，宋侃夫戏称之为“烂码”。有时敌军在传达进攻命令时突然改用新密码，上午下令，中午或下午就开始进攻。但这一切花招都没有难倒宋侃夫。他常常在很短时间内就破译了敌军改动后的新密码，使方面军耳聪目明，占尽先机，处处主动，最终以歼敌 8 万的辉煌战果彻底粉碎了六路围攻。

1934 年 10 月，中央红军开始长征。宋侃夫在与中央红军通报时发现中央红军处境十分艰难。由于国民党军对中央红军疯狂地围追堵截，迫使中央红军每天都要行军作战，它的电台无法停下来与各地红军联络，更无暇侦听周围敌军电台的通信。为了让中央红军及时了解周围敌情，宋侃夫全力投入了破译敌军密码的工作。敌军密码编排复杂，宋侃夫和蔡威经过反复琢磨，终于破译成功。为了将所掌握的敌情及时通报给中央红军，宋侃夫率领电台工作人员，坚持全天守听，定时呼叫联络。只要中央红军停下宿营，无论是白天还是黑夜，宋侃夫立即将有关敌军番号、兵力部署、作战计划、行动方向等情报予以通报。[①] 这些情报对中央红军在湘、贵、云、川地区摆脱敌军围追堵截起了一定作用。

---

① 宋侃夫：《红四方面军无线电通信始末》，《红军的耳目与神经》，第 241 ~ 242 页；宋侃夫：《电台工作的日日夜夜》，《艰苦的历程》（上），第 276 页。

五

1935年5月，红四方面军开始长征。6月，红一、四方面军在四川懋功地区会师。此后不久，宋侃夫担任了新成立的红军总司令部三局局长，统一领导中央红军和红四方面军的全部电台（共计12个台）。宋侃夫十分注意做好中央红军和红四方面军电台工作人员之间的团结工作。在他的领导下，两个方面军各电台之间在人员、器材、通信破密技术和通信工作制度、工作作风等方面互相交流、互相学习，使无线电通信工作的局面焕然一新。

1935年8月，红一、四方面军混合编组成左、右两路军北上。宋侃夫在左路军中。一天，张国焘拿来一份反对北上、坚决要求南下的电报要宋侃夫拍发。电文还未发出，张国焘又匆匆跑来拿走了电报稿，并对宋侃夫说："这个报不发了，朱老总要来。"后来，朱德果然来了。等朱德走后，张国焘又将电文送回来，并交代宋侃夫："今后有电报，直接交给我，不送参谋长，也不要给别人，否则你宋侃夫要负全责！"① 张国焘这种反常的诡秘行为和专横跋扈的作风，自然引起了宋侃夫的疑虑和反感。后来张国焘南下另立"中央"，更引起了宋侃夫和电台许多同志的不满。

在红四方面军南下转战途中，朱德曾同宋侃夫进行过一次意味深长的谈话。朱德回顾了红一、四方面军电台互相通报敌情、互相支持帮助的往事后，语重心长地对宋侃夫说："天下红军是一家嘛！我们红军都是党的队伍，工人、农民的队伍。过去我们不分彼此，相互支援；现在也要不分彼此，团结一致；今后更要不分彼此，并肩战斗！我希望四方面军和一方面军永远在一起。将来也可能不在一个地方，但我们的心是相通的，目标是一致的。红军都是一个思想，一个模式锻造出来的。"② 朱总司令这番

---

① 宋侃夫：《红四方面军西征内幕》。

② 宋侃夫：《电台工作的日日夜夜》，《艰苦的历程》（上），第282~283页。

话，坚定了宋侃夫维护党的团结和红军团结的信念。

1936年7月，红二、四方面军在甘孜会师后共同北上，宋侃夫随红四方面军第3次走进了渺无人烟的水草地。尽管他视力不好，但仍然坚持在风雨交加、泥泞遍地的草地里行军跋涉，晚上宿营还不顾疲劳，顶风冒雨在电台值班。

1936年10月，宋侃夫带着三局下辖的7部电台，随红三十军、五军、九军西渡黄河，准备执行中央部署的宁夏战役计划。11月10日以后，中央先后来电指示：因敌情变化，宁夏战役计划取消；过河部队改称西路军，任命陈昌浩为西路军军政委员会主席，徐向前为副主席；西路军沿河西走廊西进，到甘北永昌一带建立根据地，并相机打通国际路线。[①] 由于西路军此时已远离根据地和主力红军，黄河渡口又完全被敌人封锁，无线电台就成了西路军唯一的通信联络工具。西路军军政委员会与中共中央及与下属各军之间的联络都是通过无线电台进行的。11月的河西走廊已是天寒地冻，滴水成冰。宋侃夫率领电台的同志，身穿单薄的衣裤，带着沉重电台，在漫天风沙中艰难行军。部队缺衣少食，缺粮断水，还要时时与马家军骑兵作战，环境异常艰险。马家军大都是骑兵，机动性很强，而红军中负责无线电技术侦察工作的二局又未能随西路军过黄河，因此西路军对周围敌情了解得很少。为了尽快弄清周围敌情，以保障西进安全，陈昌浩、徐向前、李特先后两次找宋侃夫、王子纲谈话，要求他们马上把二局的情报工作搞起来。宋侃夫和王子纲已有一年多没搞无线电侦察工作了，而且，他们对马家军的军队编制、番号、驻地、编码规律、电台呼号、波长、频率等情况一无所知，尽管工作难度极大，宋侃夫、王子纲还是接受了任务。他们不分昼夜守候在电台旁，首先找到了功率最大、信号最强的兰州行署朱绍良的电台；然后顺藤摸瓜，找到了马步芳、马步青的电台；再以西北军孙蔚如在陕南时送给红军的一个密码底本为参考，逐步摸清了马家军编

---

① 宋侃夫：《红四方面军西征内幕》。参见宋侃夫：《祁连山的电波》，《艰苦的历程》（下），第243～244页。

制密码的规律，基本上破译了马家军的密码。到11月下旬西路军进驻永昌时，宋侃夫、王子纲已基本上掌握了甘北地区马家军的兵力部署、作战计划、行动时间、武器装备等情况，为西路军军政委员会提供了准确可靠的情报。①

从1936年11月开始，西路军先后在古浪、山丹、永昌、高台和倪家营子等地与马家军展开激战。战斗打得异常惨烈。在激战中，宋侃夫的右手指被炸伤。高台之战红五军董振堂军长的壮烈牺牲深深地教育了宋侃夫，他在自己的手枪中留下两颗子弹，随时作好牺牲准备，宁死不当俘虏。

1937年3月，弹尽粮绝的西路军被迫从倪家营子突围西进。突围时，宋侃夫的马丢失了，电台也被敌骑兵冲散，敌骑兵的马两次从他身上跨过。在其他同志帮助下，他才得以脱险。宋侃夫把剩下的4部电台集中起来，砍下敌人的电话线做成应急天线，又恢复了正常工作！这种顽强精神使敌军深受震慑，红军在侦听敌电台通报时，曾收到了敌军严令在俘虏中清查宋侃夫的电报。

3月12日至14日，西路军在梨园口、石窝又遭敌伏击，陈海松、孙玉清、郑义斋等红军高级指挥员先后牺牲。面对严峻形势，西北军政委员会在石窝召开会议，决定部队进祁连山西进，电台除留一部保持与中共中央联络外，其余一律砸掉。出席这个会议的宋侃夫回到电台，用哽咽的声音含泪向大家传达了会议决定，全体同志个个痛哭失声。宋侃夫命令大家挑选出最好的电台，留足备件，其余全部砸毁。② 红军进入祁连山后，狡猾的马家军深知红军破译工作的厉害，把密码全都改了。但宋侃夫凭着丰富的经验，仍能从敌电台呼叫声音的大小强弱来判断敌人距离的远近，是在运动还是在宿营，连敌人追击的大致方向也可以判断出来。根据这些情报，部队选择了安全的行军路线，终于甩开了敌人。

---

① 宋侃夫：《红四方面军无线电通信始末》，《红军的耳目与神经》，第243页；参见王子纲的回忆记录及宋侃夫：《祁连山的电波》，《艰苦的历程》（下），第244页。

② 宋侃夫：《红四方面军西征内幕》。

在祁连山中，西路军电台收到最后一份中共中央来电：可走星星峡西进，共产国际已派人通过新疆关系接应你们。① 出祁连山后，部队攻安西未果，被敌穷追。宋侃夫向中央发出了西路军最后一份电报：敌情有变，安西未能攻克，准备突围西走星星峡。② 随后就突围到红柳园子，不幸又被敌骑兵赶上包围。激战中，宋侃夫的警卫员张厚先牺牲。为了不让电台落入敌手，宋侃夫砸掉了最后一部电台，然后手持两支短枪投入了战斗，左右开弓向敌人射击，最终冲出重围，进入了一望无际的戈壁滩。③ 宋侃夫走了两天三夜，头发晕，口发苦，饥饿、干渴、疲劳都在煎熬着他。为了防止泄露机密，他把密码本和两份留存的电报底稿都烧毁了。④ 又经过几天顽强的生死挣扎，宋侃夫终于走出了沙漠，遇上了陈云、滕代远派出的救援西路军的汽车，被送到了星星峡，随后又于1937年5月8日到达迪化（今乌鲁木齐），编入了新兵营干部队。1938年春节前，宋侃夫和部分西路军战士抵达延安，受到了毛泽东主席的亲切接见和热情鼓励。⑤

六

1938年1月至1939年4月，宋侃夫进入延安中央党校学习。在此期间，他还先后担任了陕北公学组织科科长、中共总支部书记、主任和延安工人学校政治处主任等职务。1939年9月，宋侃夫调任中共鲁迅艺术学院总支部书记、政治处主任和干部处处长。他在《一年来政治教育的实施与作风的建立》的报告中提出，鲁艺的政治教育和思想政治工作的方针是："加强马列主义教育，从政治上提高每个文艺工作干部的水准，使他们具有革命的人生观与世界观"，"成为具有坚定不移、刻苦奋斗的优良品质和紧张、严肃、刻苦、虚心的革命作风，能

①②③④ 宋侃夫：《红四方面军西征内幕》；参见宋侃夫：《祁连山的电波》。

⑤ 宋侃夫：《天下红军是一家》，《春秋》1987年第1期。

够以马列主义的立场和方法，在实际生活中认识现实、体验现实、反映现实的革命文艺工作者”[①]。他还提出要反对两种倾向：一种是“以为艺术家、文学家可以不学政治，可以不了解历史和政治规律，可以不向大众与实践学习，可以忽视一个革命文学家、艺术家的品质修养”；另一种倾向是“把政治运动的规律机械运用到艺术领域和艺术运动中去”，“要求每一个革命艺术家简直成为职业革命家”[②]。他还在报告中提出：政治教育内容除学习马列主义外，还要学习中国历史和中国革命问题，政治教育的形式应多种多样。宋侃夫除了组织政治教育计划实施和做大量日常思想政治工作外，还常常给全院学员讲课，有时还讲述他亲身经历的红军战斗和长征的故事，使每个听课的人都受到了一次生动的共产主义教育。

宋侃夫在鲁艺工作期间和其他同志一起，创造性地探索出一套适应鲁艺特点的思想政治工作方针和方法：一是强调思想政治工作要同教学工作和艺术创作研究活动相结合；二是加强支部工作，发挥党员先锋模范作用，强调党员要多做群众工作；三是少配备党务、政工专职干部，多用兼职干部，允许从各专业学生和文艺干部中选拔党务、政工专职干部；四是根据艺术创作需要有充分和持续的时间以及知识分子重感情、重个人交往的特点，尽量利用业余时间，以个别谈心的方式做思想政治工作，不随便占用上课和工作时间。

1942年2月，延安整风运动开始。4月，鲁艺成立了整顿三风学习委员会，由周扬、宋侃夫负责。在整顿学风阶段，他们组织师生学习毛泽东《整顿党的作风》和《在延安文艺座谈会上的讲话》。经过几十天的学习和讨论，鲁艺拨正了办学方针及文艺创作、研究的方向，广大师生在文艺为工农兵服务、为人民大众服务这一根本问题上统一了认识。在整顿党风阶段，宋侃夫在纠正鲁艺存在的宗派主义倾向上致力尤多。在随后的整风审

---

①② 王康：《宋侃夫同志对延安鲁艺的卓越贡献——纪念侃夫同志逝世一周年》，参见《风范昭后人》，武汉出版社1983年版。

干中，由于康生的错误指导，加上国民党军准备大举进攻边区的紧张形势，延安的机关、学校广泛掀起了“抢救运动”，发生了严重的逼供信，造成了大量的冤假错案。鲁艺被“抢救”者约占全体教职学员的30%。在甄别阶段，宋侃夫担任延安大学秘书长并兼任鲁艺原有的职务，负责鲁艺和延安大学社会科学院、自然科学院以及新文字干校的甄别工作。他注重调查研究，发扬“打破砂锅”、“踏破铁鞋”的精神，千方百计取得最直接可靠的材料，作冷静客观的分析，务求不错不漏。在宣布甄别结论时，他总是勇于承担责任，向受冤屈的同志赔礼道歉，诚恳地作检讨，常使被甄别者感动得热泪盈眶。

抗日战争胜利后，鲁艺迁往东北，宋侃夫留下负责留守处工作，同时继续任延安大学秘书长，直到1946年底。

七

1947年8月，宋侃夫经长途跋涉，到达晋冀鲁豫解放区，被任命为新组建的第十二纵队政治部副主任。刘邓大军南下进入大别山以后，第十、十二两个纵队南下增援，送去一批新战士和伤病痊愈归队的指战员，还带去大批弹药、药品和银元。宋侃夫随部队南下，进入大别山根据地。11月，刘伯承、邓小平根据中共中央军委的指示，决定第十、十二纵队西越平汉路，到桐柏地区和江汉地区创建新的根据地，随后组建中共江汉区委员会和江汉军区，宋侃夫任江汉区党委委员、江汉军区政治部副主任。

1949年4月，为迎接沙市解放，根据中共中央中原局指示，在随县双河组建了中共沙市市委，宋侃夫任书记，宋侃夫、张箴等随部队进到沙市外围活动，准备进城接管。7月，第四野战军第十三兵团第四十九军解放沙市，宋侃夫带领100多名干部和警备部队打着军旗进入沙市，宣布成立沙市军事管制委员会，宋侃夫兼任军管会主任，接收工作也随即展开。市委将入城前的5个接管组调整为军事公安、政权、财经、文教卫生、交通公用事业5大接管部门，公安局、税务局等机构相继成立，接管旧机构24个，登记国民党军、政、警、宪、特和反动党团人员600余人[①]。不到1个月，接管工作顺利结束。

沙市解放后，面临着很多困难和问题：工商企业停业倒闭甚多，亟待恢复；战争尚在进行，支前任务相当繁重；物价不稳；社会不安定。宋侃夫等依靠工人阶级，领导人民努力恢复生产，大力支援前线。当时有少数同志在处理劳资关系时，不敢大胆执行“劳资两利”的政策，怕被说成是“失掉立场”。宋侃夫听取汇报后指出：“当前最重要的是复工、复业，保障店员工人生活，要讲劳资两利，要团结工商业者，在一些枝节问题上不要过于计较。如商店学徒要为老板做点零星事、倒茶添饭等杂务活，不要一概把这些当作剥削和压迫来看待”[②]，教育工人群众识大体、顾大局，努力生产。他还担任沙市职工总会筹备委员会主任，为组织工人恢复生产、维护工人阶级的根本利益做了大量工作。

宋侃夫还注意团结胡志仁、谢成楼等沙市工商界重点人物，并通过他们去做其他工商业者的工作。[③] 工人群众和资方在党和人民政府的领导下，共同推动了沙市经济的恢复和发展。为支援前方，宋侃夫兼任沙市支前供应站站长，共为部队筹集粮食210万斤、柴草290万斤、炊事用具5万余件，动员民工2万余人，搬运、装卸军用物资10万多吨。[④]

1950年4月，宋侃夫调任湖北省职工总会筹备委员会主任、省劳动局局长，并参加省委，为委员。1951年5月，湖北省总工会成立，宋侃夫被选为主席。他坚持以恢复生产为中心的方针，使工会工作和全省的劳动工作都有了较大的发展，在各项工作中充分发挥了工人阶级的主力军作用。

---

① 中共沙市市委党史研究室编：《中国共产党沙市地区革命斗争史大事记》。

② 司光绣：《解放初期沙市店员工作的回忆》，《沙市党史资料》总第11辑。

③ 《宋侃夫谈沙市工作》，存作者处。

④ 张德尉、熊复生：《沙市解放后的接管工作》，《沙市党史资料》总第11辑。

对于当时出现的劳资纠纷，他深入调查，及时调处，既维护工人利益，又注意团结资方维持生产，短短1年时间，全省就调处劳资纠纷400多件[①]，为恢复和发展湖北经济作出了贡献。

八

1952年4月，宋侃夫调任中共武汉市委常委、武汉市副市长（是时武汉为中央直辖市，1954年6月改为湖北省辖市）。到任后，他根据中共中央中南局和李先念的批示，全身心地投入“三反”、“五反”运动；其后，以主要精力开展调查研究，对民主改革、民主建政、司法改革、调整劳资关系及统战工作都提出了许多重要意见，为市委、市政府的决策提供了依据。1953年在“基本建设第一”的思想指导下，市委决定由宋侃夫等负责基本建设工作。他深入生产第一线了解情况，向市委提出了加强管理和计划工作等重要意见。

1952年10月，在武汉市第三届各界人民代表会议第一次会议上，宋侃夫当选为武汉市副市长；1954年11月，接替王任重任武汉市市长。1954年6月，在中共武汉市一届一次委员会上，当选为市委第二书记，1955年9月，接替张平化任中共武汉市委第一书记。从1954年8月起，他还担任中共湖北省委常委，1960年4月起担任中共湖北省委书记处书记。

第一个五年计划期间，国家在武汉重点项目较多，建设工程量大，宋侃夫提出要像支援战争那样支援重点建设，无条件地为重点建设服务。他经常深入工地，及时解决问题，有时深夜还在现场指挥。武钢高炉基础灌注、汉水桥架设等建设工地上，都有他的身影。“二五”计划期间，武汉市也制订了“跃进计划”，工业投资规模过大，宋侃夫在1958年年底召开的武汉市第三次党代会上强调指出：经济建设要遵循客观规律，不能急于

---

① 《宋侃夫同志关于二年来工会工作的基本总结与今后方针任务的报告》，复印件；《劳动局半年来工作总结》，存湖北省劳动厅。

求成。为此，中共武汉市委决定将“二五”计划作重大调整，在相当程度上纠正了指导思想上“左”的错误。经过“反右倾”斗争后，国民经济发展比例严重失调，工农业生产遭到严重破坏，人民生产遇到严重困难，宋侃夫忧心如焚，带头吃三合粉，实行瓜菜代，继续忘我地工作。从1960年6月起，宋侃夫等就大胆领导了武汉的调整工作。中共中央提出对国民经济实行“调整、巩固、充实、提高”八字方针后，宋侃夫主持召开全市三级干部会议，部署反“五风”，开始比较彻底地纠正经济工作中“左”的错误，促进实现工作转折。1962年1月，宋侃夫在参加了扩大的中共中央工作会议（即七千人大会）后，带头总结经验教训，并提出了相应的改进办法，指导了全市调整工作的全面深入开展。

在1954年武汉防汛斗争中，宋侃夫担任防汛指挥部副总指挥，协助王任重、张平化主持防汛工作。他日夜守候在指挥部，具体处理、协调防汛的全面事宜，动员、组织防汛力量，保障物资供应。他还亲临江堤险段视察，及时决策，现场指挥，奋战了100多个日夜。武汉人民战胜了特大洪水，而他却因过度疲劳病倒了。病愈后，他心系灾民生活，针对有些单位对灾民生活安排重视不够的问题，在市委常委会上强调要对灾民负责到底。在他的督促下，全市以民政局为主，各方协调行动，较好地解决了灾民居住困难，使他们尽快恢复了生产。①

“文化大革命”中，宋侃夫和其他省市领导干部一样，遭到连续批斗，中共武汉市委被宣布为“黑市委”，领导权被篡夺。周恩来总理曾指示把宋侃夫等送往北京保护起来，但在中央文革小组的压力下，他们还是被送回武汉关押起来；1969年，又被送往咸宁赵李桥干校劳动。

1973年，宋侃夫恢复了党的组织生活，被增补为中共湖北省委书记。

---

① 1954年11月10日《武汉市委常委会记录》。

九

1977 年 10 月，宋侃夫进入中共中央党校学习。1978 年 10 月，宋侃夫当选为中华全国总工会副主席、书记处书记，分管宣传、教育工作。他和倪志福等全总领导同志一起，努力贯彻中共中央拨乱反正的方针政策，为中国工会工作开创新局面作出了重要贡献。

中共十一届三中全会召开前后，宋侃夫作为全总主管意识形态的领导，大力宣传解放思想、实事求是的思想路线，宣传改革开放政策。在中央正式为四五天安门事件平反之前，他和全总其他领导同志决定将上海工人文化宫剧组排演的话剧《于无声处》调京演出，引起巨大反响。在宋侃夫主持下，全总宣传、教育工作做得有声有色：全总文工团恢复了演出，工会干部培训工作走上了正轨，工会主办的职工教育（他还兼任全国职工教育委员会副主任）、文化宫、俱乐部等事业得以重建和发展，工会干校、《工人日报》越办越好。

1982 年 9 月，在中共十二大上，宋侃夫当选为中央顾问委员会委员。1983 年 10 月，他退出了全总领导岗位。1984 年 2 月，他带领联络员小组去福建，协助省委整党。1985 年春他回北京时，身体状况极差，连走路都极其艰难了。但是，他心系党的事业，向党反映群众的要求。他根据自己亲自调查研究得来的情况，在 1985 年 9 月中共全国代表会议上就反对腐败、反对官僚主义作了专题发言。他痛陈腐败和官僚主义对党的严重危害，要求严加整治。他还撰写了不少党史回忆文章，把珍贵史料和重要经历留下来，激励战友，启迪后人。

1991 年 4 月 4 日，宋侃夫在武汉逝世，终年 82 岁。

张奚若

黄中岩

张奚若，生于 1889 年。我国著名的无党派爱国民主人士、社会活动家、政治学家。他不仅是国内知名教授，而且是中国共产党的忠诚朋友。他长期从事教育工作和人民外交活动，为革命文艺作出了有益的贡献。1973 年逝世。

积极参加辛亥革命

张奚若原名张耘，又名侠云、亦农，字熙若，后改奚若。1889 年 10 月 16 日生于陕西省朝邑县（新中国成立后并入大荔县）仓西村一个中医家庭。他的祖父在县城开了一个中药铺。父亲张绅初继承父业，并在铺内坐堂门诊，治病救人，深受群众爱戴，家境也曾是小康。张绅初对儿子教育极为重视，经常告诫说："为人要走正道，严以律己，宽以待人。"这对张奚若的一生影响很大。张奚若 11 岁随母亲去县城居住，开始在家念书。适值清政府废科举，兴学堂，张奚若在 18 岁那年考进三原宏道高等学堂（又名宏道书院）。这是当时陕西新办的近代学堂，有许多海外归来的留日学生、国内知名学者和外籍教师在校执教。在这里，张奚若学习到了近代科学文化知识。学习期间，他还阅读了中国同盟会在日本创办的机关报《民报》和陕西留日学生创办的宣传革命思想的刊物《夏声》等进步刊物，使他眼界大开，受到民主主义思想的深刻影响。当时，学堂有一位日籍英语教师谢华，不仅教学极不称职，而且无理殴打工友，引起学生对他愤恨不满。张奚若同学生自治会杨鹤庆等人串联起来，组织学生，进行斗争，赶走了这个日籍教师。后来，张奚若、杨鹤庆却因此事被学堂勒令退学。

1908 年，张奚若 20 岁时，第一次离开故乡，与杨鹤庆结伴出潼关去上海。经人介绍进上海理化专修学堂念书，不久又转入中国公学。在上海中国公学学习期间，张奚若秘密加入了同盟会，结识在上海的陕西同乡于右任、杨西堂（杨铭源）、井勿幕等革命志士和同盟会骨干陈其美等。

1911 年春，同盟会陕西支部长井勿幕酝酿在陕西起义，为了筹措军火，派张奚若从井家拿了许多古董字画变卖成现金去日本购买手枪、炸药等。张奚若赴日本购买武器后，先从东京返回上海，侦悉清政府在上海海关检查甚严，经与陈其美研究，想出拆开沙发，将手枪隐匿在沙发弹簧中间然后将沙发缝合的办法，终于将武器顺利运回国内。

1911年10月10日武昌起义爆发，同盟会上海负责人陈其美派张奚若回陕西策动起义。10月13日张奚若从上海匆匆回陕，当他乘火车到达洛阳西面小站铁门（当时陇海铁路只通车到铁门），正准备换乘毛驴西行时，潼关起义已经爆发，他乃绕道山西渡黄河回陕。这时陕西起义已经胜利，成立了军政府，由张凤翙任都督。张奚若回到西安后，在军政府任参议。陕西军政府大部分实权掌握在不识字的哥老会手中，一些人权欲熏心，为所欲为。对此，张奚若十分不满和伤心，乃毅然辞去省参议之职，准备去武汉。这时，井勿幕任陕北招讨使驻节三原，他对陕西局势也极为愤懑，于是托张奚若到武汉后与黄克强联系，请他们派一支革命军队来陕，驱除哥老会势力。张奚若毅然受命，遂翻越秦岭，取道汉江由水路去武汉。不料行至河南淅川县时，与当地清军遭遇而被逮捕，羁押在南阳狱中两月有余。后来适逢湖北襄阳革命军光复南阳，他才得以释放。

25年后，张奚若回忆这段往事时说："由武昌到上海，沿途所见，很难令人满意。当时我感觉革命党人虽然富于热情勇气和牺牲精神，但是对于革命后如何治理国家就一筹莫展了。"① 不久，南北议和成功，袁世凯窃国专权，压制革命党人，排挤孙中山，国事更加昏暗。他认为辛亥革命"除了赶走满人，把君主政权换成共和政体外，革命徒有其表。皇帝换了总统，巡抚改成都督，而中国没有更现代化一点"②。在这种失望的情况下，他便决定去外国留学，探求新思想、新文化。经努力，他考取了公费赴美留学。在准备出国前夕，张奚若在上海与杨景仁女士订婚。辛亥革命前，陕西知名人士杨西堂在上海结识了张奚若。杨看他积极参加辛亥革命，血气方刚，锐意进取，努力学习近代科学知识，是一个很有发展前途的青年，乃将长女杨景仁许配与他（后来张奚若与杨景仁在英国完婚）。张奚

①② 张奚若：《回忆辛亥革命》，《陕西文史资料》第3辑，第210页。

若在其岳父、国会议员杨西堂的资助下，去美国留学。

憧憬西方民主

1913 年 7 月，张奚若赴美国留学，入哥伦比亚大学。在出国前，因曾追随孙中山铁道协会活动，故原想学土木工程。但由于对数学不感兴趣，尤其觉得中国封建制度虽已推翻，但封建思想仍牢牢统治着人们，他此时认为，国家若要富强，必须仿效西方民主制度，于是攻读政治学。胡适、金岳霖、徐志摩等都是他在哥伦比亚大学的同学。1917 年，张奚若在哥伦比亚大学获法学士学位。同年秋天，他去德国西部莱茵河畔的科隆，进修于科隆大学，以后又去法国。不久才又回到美国继续攻读硕士学位，并于 1919 年获得硕士学位。

在海外，张奚若把自己的读书心得写成两篇书评：评介巴克著《希腊政论——柏拉图及其前辈》和施达勒布拉著《国家社会》，他还写出学术论文：《社约论考》。以上三文均寄回国内发表，登载于 1920 年在北京出版的《政治学报》第 1 卷第 2 期上。他在《社约论考》中对“社约”（也称“民约”）的发展史及各派对于“社约”的观点和见解，做了翔实和准确的论述，向国内民众介绍与传播了西方民主政治思想，在当时的新文化运动中起了积极作用。

1921 年，张奚若再次赴法、意、德、英等国学习考察。从 1917 年至 1925 年初，他辗转于欧美各国，潜心于浩繁的西方民主人权思想的论著，广泛涉猎有关的科学文化，并且对西方资产阶级、民主制度进行了实地和系统的研究，这为他尔后回国从事教学和进行科学研究奠定了坚实基础。这时，他确实憧憬于民族之复兴，国家之富强，向往中国也能建立一个西方模式的资产阶级民主社会。

这段时间，张奚若虽然身在海外，却非常关心祖国。1918 年，当第一次世界大战即将结束时，他在寄给国内友人的信中写道：“大战四年，得此结果，亦云值得，吾等倾心民权者闻之快慰何似。且欧战一终，中国事亦得收场。旧国会恢复，段祺瑞下野，徐世昌退职，若能一一做到，岂非大快人心之事。”[①] 爱国之心，跃然纸上。

1919年初，英法协约国代表，在法国举行各帝国主义重新瓜分世界殖民地的巴黎和会。会上，有人提出由日本继承德国在中国的特权，这一提议极大地激起中国人民，特别是中国青年学生的强烈反对。当时正在法国考察的张奚若，参加了中国留学生在巴黎开展的爱国活动，他们致电巴黎和会，呼吁和会主持正义，否定上述荒谬提案，用实际行动捍卫了中华民族的尊严与利益。

对西方民主政治由崇信到动摇

1925年初，在欧美各国长期学习和考察的张奚若终于回到祖国。开始，张奚若担任北京出版品交换局局长，1927年应蔡元培的邀请南下，担任国民政府大学院（次年改为教育部）高等教育处处长，1928年兼任中央大学政治学教授。

1929年8月，张奚若出任北平清华大学法学院政治学教授。在清华大学和尔后的西南联大，他讲授“西洋政治思想史”、“西洋政治思想史名著选读”、“柏拉图政治哲学”、“卢梭政治哲学”、“西洋政治思想史专题研究”等课程。当时，他是国内政治学方面的知名学者。他以渊博的知识、严谨的学风、深入浅出的教学方法而蜚名教坛。他在讲课中，语言生动，逻辑严密，体系完整，资料丰富，引人入胜。他不仅教书，而且注意育人。他关心每个学生的业务学习和思想品德。他谆谆教诲学生，学政治学决不是为了做官。他对学生说：要立志做一个改革家为上策；立志做一个正直

① 张奚若：《致胡适的信》（1918年），《张奚若文集》，清华大学出版社1989年版，第417页。

的政治学者为中策；若两者都不成，就当个普通的老百姓，这是下策。[①]他告诫学生说，决不要趋炎附势钻营求官。40年代曾在西南联大学习的杜汝辑回忆说："几十年后的今天，重温张先生的这些教导，犹感到他的言传身教，感人肺腑。"[②]

在学术研究方面，二三十年代他发表了《自然法观念之演进》、《法国人权宣言的来源问题》、《卢梭与人权》等文章，介绍了"人权思想"的产生、发展及其历史意义，西方政治思想的演进等，在当时我国知识界的读者中产生了积极影响。在把外国思想文化介绍到中国来时，张奚若强调要结合中华民族历史传统和中国现实社会状况。例如他发表的《全盘西化与中国本位》，就曾批判了"全盘西化"和"中国本位文化"两种错误倾向。他认为我们对待西方文化，不应盲从，只能吸收有益于我们的部分；又指出对待本民族文化，盲目保守、故步自封也是错误的。他认为中国现代化应该在发展自然科学，促进现代化工业，提倡各种学术和思想方法科学化等四个方面努力。[③] 这些见解时至今日仍不失为真知灼见。

就在张奚若回国的1925年，上海日本纱厂资本家枪杀中国工人顾正红，上海工人、学生示威游行进行抗议，遭到英国巡捕的镇压，于是发生了震惊中外的五卅惨案。在五卅反帝爱国运动中，张奚若和全国人民一样义愤填膺，他写了《沪案筹款方法及其支配机关》一文，登载在《现代评论》杂志上。文章中的提议既表达了他与人民群众心心相印、息息相通的爱国热情，又反映了他临危不惧、深谋远虑的爱国思想。

1927年，全国反帝斗争高涨，汉口、九江人民收回了英租界。接着，发生了英帝国主义炮轰杀害中国人民的南京事件，英、美、法、日、意对中国发出最后通牒。对此，张奚若针锋相对，及时发表了《英国人的头脑与此次出兵》、《南京事件与不平等条约》、《宁案与五国通牒》等多篇时论

---

①② 杜汝辑：《怀念尊敬的张奚若老师》，《张奚若文集》，第473页。

③ 张奚若：《全盘西化与中国本位》，1935年6月17日北平出版的《国闻周报》第12卷第23期。

文章。[①] 在这些文章中，他一方面对英帝国主义的侵略行为表示愤慨和谴责，另一方面，又对蒋介石国民党在帝国主义侵略面前妥协退让，表示不满和失望。他在一篇文章中写道："国民政府对此次南京事件的外交手腕似乎很难令人满意。第一，无论此事起源如何，英美舰开炮总算不对，而至今未闻有此种抗议提出是一大错。第二，此事发生后，外人争向蒋介石要求保护。在此种情况下，蒋氏除一方完全担任保护责任外，同时又应向外国当局要求将南京及其他中国口岸所有之外国军舰一律抛出吴淞口，并声明以后非得中国同意不得无故驶入中国内河。""而蒋氏个人及国民政府未闻有此种表示，岂非大憾！"[②] 1931年九一八事变后，日本帝国主义继续进逼热河，进攻长城诸口，华北岌岌可危。在这种形势下，张奚若心急如焚，主张坚决抗日，一再向南京政府呼吁采取果断措施，阻止日军南进。1933年，日军侵占热河省，清华大学举行教授临时会议，公推张奚若、冯友兰、燕树棠、萧蘧、蒲薛凤5人为电文起草委员，致电南京国民政府。电云："热河失守，薄海震惊，考其致败之由，尤为痛心。"只是热河"全省天险皆未设防，前敌指挥并不统一，后方运输一无筹划，统兵长官弃城先逃，致使敌人长驱直入，境若无人"。如此误国罪责，"决非惩办一二人员即可了事"，"钧府诸公"，"亦应深自引咎，亟图挽回，否则人心一去，前途更不堪设想"[③]。他们爱国之心、崇正黜邪之志，跃然纸上。

1933年5月，日军得寸进尺，进攻冀东，夺取通州。然而，南京政府不仅不抵抗，反而与日本签订出卖中国权益的《塘沽协定》，致使平津危机日甚一日。为对国民党的不抵抗政策进行严厉抨击，全面揭露，张奚若发表时评文章：《塘沽协定以来的外交》。文章指出："不客气地说，塘沽以来的外交全盘皆错，无一是处。"[④] 他分析了这种误国外交的"最大祸根

---

① 三文皆载《张奚若文集》，第261~264、第268~271、第276~279页。

② 张奚若：《南京事件与不平等条约》，《张奚若文集》，第271页。

③ 《国立清华大学校刊》第489期，1933年3月13日。

④ 《张奚若文集》，第281页。

一方面是怕牺牲，另一方面是希望人家（指日本——引者）不为已甚。因为怕牺牲，所以只希望人家不为已甚。又因人家实行传统的国策不为已甚，所以牺牲终极还是免不了”。其后果就是“人家窥破你不愿牺牲，不敢抵抗的畏惧心理，要求越来越多，压力越来越大，使你应接不暇疲于奔命，结果把原来用小的牺牲可以解决的问题弄得经过大的牺牲还是无法解决”①。他敦促南京政府应该“改弦更张，在奋斗中找出路”②。

不久，“华北特殊化”局面不幸形成，张奚若极为痛心。1936 年 11 月，他在《独立评论》杂志上发表《冀察不应以特殊自居》，揭露冀察当局种种特殊自居的表现，向南京国民政府提出取消冀察政务委员会和命令二十九军开赴前线抗日杀敌的两项要求。他恳切敦促南京国民政府放弃不抵抗政策，坚决抗日，维护国家利益和民族尊严，表达出一切爱国者的心声。但是，由于他的文章揭露了南京国民政府对日本问题上的“趸卖”方针和华北地方当局的“零售”计划，打中了他们的要害，南京国民政府日益恐慌，于是当局竟封闭了《独立评论》杂志。

张奚若回国之初，本来是满怀中国能走上西方资产阶级民主政治道路的热望，希望南京国民政府能带领民众把中国建设为现代化的国家。但是，当时中国的现实社会状况和所发生的一系列社会事件，使他大失所望。上述一系列帝国主义侵华事件及国民政府“自塘沽协定以来”“就是退让，就是屈辱，就是无止境的加重国难，永朝亡国灭种的方向进行”③，使张奚若对蒋介石国民党失去信心，也使他对中国走资本主义道路的幻想发生动摇。

反对国民党，追随共产党

1937 年卢沟桥事变爆发后，清华大学南迁至湖南长沙，与北京大

①② 张奚若：《塘沽协定以来的外交》，《张奚若文集》，第 283 页。

③ 张奚若：《国事不容再马虎下去了》，《张奚若文集》，第 293 页。

学、南开大学联合组成长沙临时大学，张奚若被推为长沙临时大学政治系主任。1938 年学校再迁昆明，临时大学改成西南联合大学，他仍任西南联大政治系主任。同年底，他被师生推为西南联大教授会代表，参加西南联大全校性的工作。在西南联大的 8 年里，他一方面努力从事教学工作，另一方面积极从事爱国民主运动。

1938 年 7 月，国民党迫于全国人民的要求，于武汉召开国民参政会，张奚若作为社会贤达被聘为国民参政员。国民参政会召开之初，他本着“为社会服务”的宗旨，出席议政，借以对国是发表自己的见解和主张，力砭时弊，对国民政府多次提出批评。他引用典故说：“布衣韦带之士，谈道义者多矣乎？”吾人应曰：“布衣韦带之士，谈道义者有斯人矣！”[①] 1941 年，鉴于国民党愈益腐败和独裁，他的批评也就愈益尖锐和激烈。这年在重庆召开的国民参政会二届一次会议上，他尖锐地批驳了孔祥熙在财政报告中为掩饰通货膨胀所设的遁词，话锋犀利，击中要害。主持参政会的蒋介石大为恼火，长时间按铃警告要他中止发言。蒋介石悻悻地说：“欢迎发表意见，但请注意态度，用语尖刻不好。”张奚若毫不畏惧，坚持把话讲完。由于蒋介石在参政会上压制民主，实行独裁，于是张奚若和陕籍参议员李元鼎、茹欲立相约共同抵制，他随即返回昆明西南联大，以示抗议。后来重庆国民参政会又给他寄去开会通知和路费，要他出席会议。张奚若回电说：“无政可议，路费退回”。从此，他再也不参加国民参政会了。

1943 年冬天，国民党当局在西南联大昆北教室举行所谓“宪政问题”座谈会。张奚若出席并发表演讲，戳穿国民党当局空喊准备召开宪政的骗局，提醒大家不要上当。他在会上说：“如果真有诚意实行‘宪政’那就要结束‘训政’，就是说要结束国民党一党专政，蒋介石把老百姓当阿斗，究竟何日才算‘训’好了呢？可以结束‘训政’呢？国民党当局明明是搞

---

① 孙敦恒：《刚正不阿的张奚若师》，《民国春秋》1989 年第 5 期。

一党专政和个人独裁，偏要那末多漂亮话，骗了这么多年还想骗多久？所谓‘五五宪草’、《国民大会组织法》、《国民大会选举法》，都是一纸空文，根本不是准备实行的。”[①] 他的这些讲话将会议主持人气得目瞪口呆，打乱了主办人的阵脚，座谈会只好匆匆收场。“他的讲演，像一声惊雷打破了沉寂”的西南联大校园，“像磁石一样吸引着渴求知识、追求进步的青年人，使他们明白，要认清这个政权的反动本质，要用自己的力量去进行斗争，才能争取得民主”[②]。

1944年冬天，西南联大政治系学生自治会在联大饭厅举行讲演会，题目是：论国是前途。张奚若应邀参加发表讲演。他分析了当时国内外的形势，并预测抗战胜利后国内时局发展的趋势。他说，我们应当反对内战争取和平，但对国民政府不能抱幻想。他认为和平与民主只能从斗争中获得。他抨击蒋介石国民党口口声声说要实行孙中山先生的三民主义，实际上是挂羊头卖狗肉，用三民主义来鱼肉人民。他揭穿蒋介石消极抗日，积极反共的真面目，指出蒋介石表面上侈谈抗日，却在江南制造皖南事变，进攻新四军，同室操戈削弱抗日力量。蒋介石把胡宗南几十万军队放在关中，目的在于反共防共，就是不把这支军队用于抗日。抗战结束后，怎样才能避免内战获得和平呢？他指出：首要的就是反对个人独裁，反对国民党一党专政[③]。这次讲演会听众很多，整个饭厅爆满。虽然已是数九寒天，却有许多未能挤进饭厅的学生，站在门口、窗口，伫立在凛冽的寒风中听讲。会后，广大学生奔走相告，将他的讲话广泛流传到社会上去，人们对国民党的面目有了进一步认识，并明确了要反对国民党独裁就要投身到民主运动的洪流中去的道理。

抗日战争8年的经历和感受，使张奚若对蒋介石国民党的本质有了深刻认识。抗日战争胜利，旧政协召开前夕，在昆明由西南联大、云南大学等校召开的时事讨论会上，张奚若抨击国民党说：“今天中国已病入膏

①② 王子光：《怀念刚直不阿的张奚若老师》，《张奚若文集》，第494页。
③ 《张奚若文集》，第17页。

育，主要的原因是政权被一群极端反动、贪污、低能、专制的集团所把持，十八年来的所作所为，真是黑尽良心”①。因而他对国民党完全绝望了。

张奚若对国家，对中华民族却未绝望，永不绝望。他从群众耳口相传里，在一些进步报刊的弦外之音中，在中共西南联大地下党员给他介绍的材料和文件中，得知祖国的北方还有另一个廉洁的政府——陕甘宁边区政府和一支人民的抗日力量——八路军、新四军和人民游击队，他们是抗击日本帝国主义侵略和挽救民族危亡的中流砥柱。在中共地下党员的帮助下，张奚若阅读了《新华日报》和毛泽东的《新民主主义论》、《中国革命与中国共产党》等著作。他对中国共产党的政策倍加赞赏，对毛泽东的理论和思想积极赞同。当他得知延安报纸在一篇社论中说“像张奚若这样的人，也站到人民一边来了”② 时，高兴地向夫人杨景仁说：“共产党也说我站在人民一边了。”③

这些深刻的经历和感受使张奚若反复思考。他感到国民党已经反动腐朽，中国要前进，要有光明的前途，只有依靠共产党。从抗日战争后期起，他就和活跃在中国民主政坛的吴晗、闻一多等人一起为民主政治而奔走，积极参加爱国民主运动。并且在争取进步和民主的事业中，和青年学生一起努力奋斗。张奚若成为国统区大后方进步青年学生景仰的八大名教授之一。闻一多在遇难前写的最后一首诗《八教授颂》第一章“政治家”，写的就是张奚若。④

摒弃第三条道路，选择革命道路

抗日战争胜利后，蒋介石国民党在美帝支持下，抢夺胜利果实，企图

① 张国华：《我所知道的张奚若先生》，《张奚若文集》，第487页。
②③ 《张奚若文集》，第16页。
④ 沈叔平：《启蒙思想家张奚若》，《张奚若文集》，第476页。

使中国仍然回到半殖民地半封建社会，把中国引向黑暗；中国共产党领导全国人民坚决反对蒋介石国民党篡夺抗战胜利果实，主张建立无产阶级领导的人民民主专政的新中国，把中国引向光明。因而抗战胜利后，在中国面临两种命运、两个前途决战的关键时刻，爱国的正义感，促使张奚若毅然做出抉择：接受共产党的领导，走无产阶级革命的道路。

1945 年秋，国共两党重庆谈判期间，张奚若联合西南联大钱端升等 11 人分别致电蒋介石和毛泽东，对国是提出三条建议，其中第一点就是："废除一人独揽作风"①。这就表达了从那时起张奚若就要求废除国民党一党专政，实行民主改革的强烈愿望。

1945 年 12 月，云南省国民党当局制造了一二·一惨案，昆明 4 位教师学生惨遭国民党特务杀害，广大学生和社会人士义愤填膺。西南联大和昆明各大中学校决定罢课抗议。张奚若和西南联大教授会旗帜鲜明地发表宣言，坚决支持学生的罢课行动；并要求云南省国民党党政当局严惩凶手，妥善处理受害者及抚恤其家属，否则决不复课。

这年年末，在酝酿提名参加旧政协人选时，民主同盟和中共一致推荐张奚若为社会贤达人士代表。但是，国民党当局深知张奚若的一贯为人和表现，一口咬定他是国民党员，不予同意。事实上，张奚若只是在历史上曾参加过同盟会，民国年间同盟会改组为国民党，他在美国留学前已向陕西省党部声明脱离关系。为了揭穿国民党当局的卑劣骗局，张奚若在重庆《大公报》上发表声明："近有人在外造谣，误称本人为国民党员，实为对本人一大侮辱。兹特郑重声明，本人不属于任何党派。"这个声明，既有力地回击和嘲弄了国民党当局别有用心的伎俩，又显示了他的铮铮铁骨。

1946 年旧政协召开前夕，张奚若应西南联大学生会之请，在西南联大草坪发表讲演，题目是《政治协商会议应解决的问题》，这次演讲历时两个多小时，听讲学生达六七千人。在讲演正式开始前，他在会上大声说："如果

① 孙敦恒：《刚正不阿的张奚若师》。

我有机会碰到蒋先生，我一定对他说请他下野，这是客气话。说得不客气就是请他滚蛋。”① 听众哄场大笑，热烈鼓掌。他接着说：“在中国现在害的政治病是——政权为一些毫无知识的、非常愚蠢的、极端贪污的、非常反动的专制集团所垄断”。“这个集团就是中国国民党”。他提出“医治”这个病症的办法，就是“废除党治”、“蒋介石先生下野”、“组织联合政府”、“惩办反动分子”、“召开制宪会议，制定宪法”② 等。综观张奚若的讲演，表明他鲜明地支持中国共产党提出的建立民主联合政府废除国民党一党专政的主张。他的讲演立即传遍全国，在广大知识分子中引起巨大反响。

由于张奚若积极从事爱国民主运动，指责抨击蒋介石国民党，受到国民党特务的跟踪，他的人身安全受到威胁。恰逢西南联大在抗日战争胜利后宣布解散，清华大学师生要复校回北平，在好心朋友的劝告下，张奚若全家悄悄提前离昆明取道上海，于1946年9月回到北平。

1946年12月，北平发生了美国士兵强奸北大女学生案件，北平大中学生举行罢课示威抗议美军暴行。张奚若对此义愤填膺，在一次座谈会上厉声说：“这不能孤立地看，这是一连串事件的继续，非彻底解决不可！彻底解决非美军撤出中国不可！”③ 他义正词严地与爱国青年学生站在同一条战线上。

这年年底，蒋介石国民党挑起的内战愈演愈烈，国统区的爱国民主运动也像江河的怒涛，汹涌澎湃。张奚若自然成为国统区进步青年授业解惑的良师益友。他每逢讲课或有学生来家访问，必然牵涉到当时人们关心的话题：内战。在谈到内战的性质时，他说：“我认为今天这个战争是一个富有理想的要改革现实社会的政党与一个完全失去理想的、要保持既得利益的政党的战争。有理想的政党为了实现其理想，自然不得不排除拦路的障碍；操有政权的政党，为了保持其既得利益，也不得不用各种方法来压

---

① 张国华：《我所知道的张奚若先生》，《北大清华联合报》第2期，1948年10月11日。
② 《张奚若文集》，第17～18页。
③ 《燕京新闻》第13卷第8期，1947年1月6日。

迫和消灭新兴政治集团的力量。”“社会发展到现阶段时，有理想的新兴势力，自然要取旧的统治集团而代之，而旧的统治集团也一定做最后挣扎，因此就发生了新与旧的战争。”[①] 正是基于这一基本认识，使他丢掉原来向往中国效法西方资产阶级民主制度，走资产阶级共和国道路的幻想，而以全部精力投入中国共产党领导的人民革命事业。这就是他不断进步的动力。所以，他不止一次地向学生说过，他所以支持中国共产党，是因为他认为只有共产党才能救中国[②]。

1948 年 6 月的一天，当一份拒领美国救济粮的大学教授联合声明送到张奚若手中时，他看到声明上写的是：“为了表示中国人民的尊严与气节，我们断然拒绝美国具有收买灵魂性质的一切救济物资，无论是购买的或配给的。下列同人同意拒绝购买美援平价面粉，一致退还配给证，特此声明。”张奚若毫不迟疑地在这个声明上第一个签上自己的名字，接着签名的还有吴晗、朱自清等 110 人[③]。这种爱国行动，毛泽东称赞为：“表现了我们民族的英雄气概。”[④]

抗日战争胜利后的三四年间，张奚若不知疲倦地战斗在人民革命的第二条战线上。他凭借知识分子的特长，对蒋介石国民党进行口诛笔伐，成为反饥饿、反迫害、反内战的一员无畏的战士。1948 年春，他满怀信心地断言：“中国目前的革命必然成功，这是唯一的出路。”[⑤] 他认为那种对革命绝望和持怀疑态度的人，或者企图在国共之间走第三条道路的人，“是犯了不愿真正为人民福利而奋斗的错误”[⑥]。这表明张奚若自己毅然决然地抛弃了第三条道路，并且认为中国只有在中国共产党领导下走新民主主义革命道路才有光明灿烂的前途。这时张奚若的思想发生了质的飞跃。

---

① 张奚若：《人民怎样渡过内战难关》，《民主半月刊》第 4 期，1947 年 3 月 1 日。
② 《张奚若文集》，第 20 页。
③ 《百十师长严正声明》，《清华旬刊》第 11 期，1948 年 6 月 24 日。
④ 毛泽东：《别了，司徒雷登》，《毛泽东选集》第 4 卷，人民出版社 1991 年第 2 版，第 1496 页。
⑤ 张国华：《我所知道的张奚若先生》。
⑥ 张奚若：《不要辜负了时代》，《清华旬刊》第 6 期，1948 年 4 月 3 日。

为新中国诞生而欢呼

1948年12月清华园解放，1949年1月北平和平解放，古城北平回到人民的怀抱。这时，张奚若虽然已是花甲老人，但是在政治上他却焕发了青春，在他的生活道路上揭开了崭新的一页。

为了同美帝国主义妄图发动侵略战争的阴谋做斗争，1949年4月，在捷克斯洛伐克首都布拉格召开了世界拥护和平大会。应国际妇联主席戈登夫人的邀请，中国人民组成了由郭沫若任团长出席世界拥护和平大会的中国代表团（中国解放区），张奚若为代表团成员。出国前，他广泛收集了反映华北解放区各高校师生员工在经历8年抗日后保卫世界和平、反对美帝国主义妄图发动新的侵略战争的材料。归来后，他向师生传达了拥护世界和平大会的精神，加强了广大师生保卫世界和平的信心。

1949年5月，清华大学成立了由21名教职员工和学生代表组成的校务委员会，叶企荪任校务委员会主任，张奚若、周培源、钱伟长、吴晗、费孝通5人任校委会常委。张奚若为办好人民的清华大学而努力工作。

1949年6月，华北人民政府建立华北高等教育委员会，主管华北解放区各省市所属高等学校、学术、图书和文物机构。董必武任主任，张奚若和周扬任副主任。张奚若联合许德珩、马寅初等常委向中共组织建议，接管帝国主义在华北开办的教会学校。这个建议当即被采纳。他还协助董必武对华北解放区各高校进行初步民主改革，建立校务委员会、确立高校必修课程，开设马列主义政治课程等。这些做法、经验对以后新解放区的高等教育有重要的示范作用。

与此同时，在中国共产党领导下，着手筹备召开新的政治协商会议——中国人民政治协商会议，张奚若作为无党派爱国民主人士参加。在中南海颐年堂举行的预备会议上，他被选为由毛泽东任主任的新政协筹备会常务委员会委员。这个由21人组成的委员会负责领导新政协的召开，为成立中央人民政府进行各项准备工作，并参与研究制定即将诞生的中华人民共和国的国旗、国徽和国歌的方案等。在讨论国歌方案时，他力陈己见，认为居安不能忘危，主张用《义勇军进行曲》作为中华人民共和国国歌。在为新中国诞生的各项准备工作中，张奚若殚思极虑，竭尽忠诚。

在新政协筹备会召开期间，张奚若接受《人民日报》记者采访，发表感想说："现在军事成功了，就要开始政治上的建设，要把中古的中国变成现代化的中国，要把农业的中国变成工业的中国，把贫穷的中国变成富强的中国，在最后一块地方解放后，就要开始伟大的建设工作，就要有一个全国性的政府，就要先协商先筹备。""现在虽然还是新政协筹备会，但是可以看出中共是如何虚心地与各民主党派各民主团体共商国是的精神。"[①] 他看到孙中山终生奔走为要在中国建立民主共和国的愿望在中国共产党的领导下得以实现，感到无限欣慰。

9 月 21 日，中国人民政治协商会议第一届全体会议开幕，各界代表 662 人出席参加，张奚若作为无党派人士出席了这次会议，会上他被选为第一届政协全国委员会常务委员。新中国成立后，他还被选为第二、三、四届全国政协常委。在全国政协一届一次会议上，他和全体委员一起参加了具有临时宪法性质的《中国人民政治协商会议共同纲领》以及《中国人民政治协商会议组织法》、《中华人民共和国中央人民政府组织法》等重要文件和国旗、国歌、国徽和纪元的讨论和制订工作。

9 月 30 日，选出了中华人民共和国中央人民政府委员会，由毛泽东等 56 人组成这个委员会，张奚若在会上被选为中央人民政府委员会委员。不久，他又被任命为政务院政治法律委员会副主任。

10 月 1 日，首都 30 万群众在天安门广场隆重举行开国大典。这一天，他和毛泽东、刘少奇、周恩来、朱德等党和国家领导人一起登上天安门城楼，与亿万人民同庆新中国的诞生。

---

① 1949 年 6 月 20 日《人民日报》。

全国政协一届一次会议于1949年10月9日在北京举行。会上选举中国人民政治协商会议第一届全国委员会主席、副主席、常务委员和秘书长。张奚若被选为28名常委之一。

为人民教育、外交事业而呕心沥血

1952年11月至1958年初，张奚若继马叙伦之后出任中华人民共和国第二任教育部部长。

在他担任教育部部长期间，我国正处于社会主义改造和有计划进行社会主义建设时期。在中共中央和政（国）务院领导下，张奚若继续实行对旧中国原有学校进行接管和改造。从1952年至1956年，根据中共中央指示，教育部对全国私立中学1412所、私立小学8925所全部接管改为公立中小学；同时教育部还组织其所属的学校，清除旧中国半殖民地半封建教育的影响，学习苏联教育的经验；根据中国共产党的教育方针和我国社会主义建设的需要，制定和调整各类学校的教学计划和教学大纲，并组织有关机构和人员编写和出版各种教科书；为了适应日益发展的经济建设和文化教育建设的需要，积极发展各类学校特别是发展中等师范和高等师范学校，以便为国家提供更多的师资。张奚若为我国50年代普通教育事业的发展作出了重要贡献。

1954年9月，第一次全国人民代表大会在北京召开，张奚若在北京选区被选为第一届全国人民代表大会代表，他出席了这次会议，尔后，他还被选为第二、三届全国人民代表大会代表。

1958年2月，全国人大一届五次会议决定教育部与高教部合并，由杨秀峰出任合并成立的教育部部长，张奚若调任新成立的中华人民共和国对外文化联络委员会主任。张奚若任职期间，在中共中央和国务院领导下，积极组织了我国与友好国家和地区间教科文卫组织和团体、个人之间双向相互访问交流表演展览，以及互派专家学者交换留学生等活动。通过这些活动，既学习了外国的进步文化，丰富我国精神文明；又向海外介绍了中华民族悠久的历史和文化，扩大了新中国对世界的影响；增进了我国和五大洲的文化交往和友好往来，密切了相互间的友谊，为保卫世界和平作出了贡献。在全国人大二届一次会议上，张奚若作了《发展对外文化交流工作》的报告，总结了我国对外文化交流工作的经验，并提出了改进工作的措施。

早在1949年12月15日，周恩来总理根据多渠道进行外交活动，使世界各国和地区了解新中国，我国外交界和有关方面成立中国人民外交学会，周恩来被推选为荣誉会长，张奚若被推选为会长（他担任这个职务直至逝世）。在张奚若担任会长期间，积极开展人民外交活动，加强了我国与世界各国和地区间民间团体、组织和知名人士之间的友好往来，加深了中外之间的了解，密切了关系，增进了友谊。特别是在中日两国邦交正常化之前，在周恩来的关怀下，张奚若任会长的中国人民外交学会与日本各民间团体、组织和进步的社会活动家之间的中日相互友好往来活动频繁。张奚若曾亲自会见1955年日本前首相片山哲为首的日本拥护宪法国民联合会访华团，1957年以浅沼稻次郎为团长的日本社会党第一、第二次访华团，1962年以铃木茂三郎为团长的日本社会党第三次访华团等，在会见这些访华团成员时，张奚若坦率、诚恳地与他们交谈协商。经过会谈，中日双方都对反对美帝国主义侵略扩张，保卫世界和平，促进中日两国关系正常化取得一致的看法，并进行了许多协调工作。中国人民外交学会也曾多次派出民间代表团、访问团访问日本。中日两国双向的民间社会团体和组织的外交活动，互相访问与交往，以及他们所做的许多工作，为1972年中日两国邦交正常化创造了条件。张奚若为加深中日两国人民的友谊作出了积极的贡献。

张奚若平易近人，在生活上严格要求自己。他从不用公家的信纸、信封写私人信件，国务院给他配备专用小汽车，他不允许子女和亲属乘坐。虽然他已年逾古稀，每次送别探望他的亲友和工作人员时，他总是从所住的三楼送至楼下门口，殷殷惜别。他对同学、乡亲极为思念关怀。一次，他无意中从亲友的来信中得知他少年时代一位同学王治体弱多病，他便立即给这位老同学去信，寄去食品，嘱咐他加强营养，保重身体。1958年，张奚若以全国人大代表身份回陕西视察工作，得悉少年时代在朝邑念书时曾给他做过饭的老大娘仍然健在。公务完毕后，他备了一份厚礼赶回故乡看望。老大娘见到他时，十分激动，为他当了高级干部仍然没有忘记贫贱时的亲友故旧而流下眼泪。

张奚若一生担任教授、部长，著作甚丰。除前叙述在解放前他写的学术著作和时评、政论等文章外，建国后他的重要报告和文章有：《和平与战争的关键——我对斯大林答复报界的理解》、《亚洲和太平洋地区爱好和平的人民团结起来》、《亚非会议的意义、成就和影响》、《关于全国高等师范教育的基本情况和今后的方针》、《发展对外文化交流工作》等。

“文化大革命”开始后，张奚若是周恩来总理开列名单并经毛泽东主席批准应予保护的重点对象之一。这时他已是耄耋之年，体弱多病。以后病势逐渐沉重，乃住院治疗。住院期间，周恩来亲往医院探望慰问。张奚若以自己亲身的体会，对周恩来非常敬佩，他语重心长地告诉亲友说：“周总理真是我们的国宝。”因所患疾病经多方医治无效，张奚若于1973年7月18日病逝，终年84岁。

7月23日举行张奚若追悼会，由邓小平副总理主持，廖承志致悼词。悼词说：“二十多年来，张奚若先生认真学习马列主义毛泽东思想，努力改造世界观。他热爱中国人民的伟大领袖毛主席，拥护中国共产党，努力贯彻和执行党的对内对外政策。”“努力从事社会主义教育事业和人民外交活动，不辞劳苦，鞠躬尽瘁，作出了有益的贡献。”①

附　本文资料来源：

1. 孙敦恒、徐心坦、文学宓选编：《张奚若文集》，清华大学出版社1989年版。

2. 刘桂生：《忠诚为国，毕生奋斗——纪念张奚若先生》，1989年12月14日《人民日报》。

---

① 1973年7月24日《人民日报》。

3. 廖承志:《在张奚若先生追悼会上的悼词》, 1973 年 7 月 24 日《人民日报》。
4. 张奚若:《回忆辛亥革命》,《陕西文史资料》第 3 辑。
5. 张奚若:《关于高等师范教育的基本情况和今后的方针》(1954 年 2 月),《新华月报》总 52 期。
6. 张奚若:《发展对外文化交流工作》(1959 年 4 月),《新华半月刊》总 157 期。
7.《张奚若和浅沼稻次郎发表共同声明》(1957 年 4 月 22 日于北京), 1957 年 4 月 23 日《光明日报》。
8. 张奚若:《冀察不应以特殊自居》,《独立评论》第 229 号, 1936 年 11 月 29 日。
9. 张奚若:《人民怎样渡过内战难关》,《民主半月刊》第 4 期, 1947 年 3 月 1 日。
10. 孙敦恒:《刚正不阿的张奚若师》,《民国春秋》1989 年第 5 期。
11. 杜汝辑:《怀念尊敬的张奚若老师》,《张奚若文集》, 第 472 ~ 475 页。
12. 张国华:《我所知道的张奚若先生》,《北大清华联合报》第 2 期, 1948 年 10 月 11 日。
13. 张国华:《我所知道的张奚若先生》,《张奚若文集》, 第 484 ~ 488 页(张国华是张奚若的学生, 1948 年曾写过介绍张奚若事迹的文章, 1989 年在纪念张奚若诞生 100 周年时, 清华大学出版社又约请他写有关怀念文章, 张国华文章用同名发表, 收入《张奚若文集》, 但增添了许多新的内容)。

此外, 在撰写过程中还查阅了有关档案、图书资料; 访问了张奚若的亲属、生前友好和曾与他一起工作过的同事杨景仪、张文英、杨行简、井绍文、井彰文、刘依仁、李伯循、费孝通、钱伟长、陈岱荪、楚图南、钱端升、李赋宁、唐得源等。

埃德加·斯诺

田子渝

埃德加·斯诺（Edgar Snow），生于1905年。他是中国人民的真诚朋友。他超越了中美之间存在的意识形态的深刻差异、价值观念和文化观念的巨大不同，能以锐敏的观察力、质朴的同情心和追求真理、实事求是的精神，通过独立观察和思考，认识到中国历史发展的主流和方向，并把这种认识传播到世界各国，为各国人民了解中国、认识中国起了重要作用。他为推动和发展中美两国人民的友谊，倾注了毕生的精力，作出了杰出的贡献。1972年，他因病逝世。他的名字永远镌刻在中美友谊的史碑上。

一

1905年7月19日，斯诺出生在美国密苏里州堪萨斯城。他的父亲詹姆斯·埃德加·斯诺是一个印刷公司的小业主。斯诺排行老三，前面有一个姐姐和一个哥哥。

斯诺的母亲安娜·凯瑟琳·埃德尔曼，是一位来自俄亥俄州的哥伦布的混血儿。她信奉天主教，与斯诺家族的信仰不同。

斯诺母亲对宗教的虔诚和他父亲对宗教的怀疑态度，都曾影响过斯诺的成长。斯诺从小通过教会的教义问答，行了坚信礼。但他通过自己的观察，逐渐对天主教的信仰发生了动摇。有一次，他亲眼看到一位祭坛司童偷吃了含有“基督的肉和血”的圣饼。斯诺等待着神灵对这位司童的处罚，结果什么事也没有发生。这件事使斯诺相信父亲灌输的怀疑主义。从此，他“对事物大都抱理性主义的态度，厌恶任何形式的教条和专制主义”①。

老斯诺不仅向儿子灌输怀疑主义，而且教会他过自立生活的本领。9岁时，老斯诺就让斯诺到印刷公司做杂活。后来又在一家药房干活，还在凯蒂铁路公司当勤杂员。这些经历培养了斯诺吃苦耐劳的坚毅性格，使他较早地接触社会，为后来的记者生涯奠定了坚实的基础。

斯诺在堪萨斯城度过了青少年时代，初在诺曼小学受教育，获得美国童子军“雄鹰童子军”的荣誉称号，后升入西港中学。在中、小学里，他的成绩平平，并没有什么出众的地方。他非常活泼，兴趣十分广泛，对枯燥无味的课堂教学始终提不起兴趣，却用很多精力阅读课外读物，参加其

---

① 斯诺：《复始之旅》，《斯诺文集》（1），新华出版社1984年版，第15页。

他活动。他一度喜爱演奏，迷上了萨克斯管，并组织了一个叫作风铃草爵士乐队的小管弦乐队。有次因试着驾驶姐姐男朋友的汽车，不慎将汽车撞在树上，为了赔偿汽车修理费，他忍痛卖掉了心爱的萨克斯管，小乐队也停止了活动。这件事中断了他施展音乐天才的机会，改变了他的生活方向。

1919年夏天，14岁的斯诺和两位小伙伴，驾着一辆旅行车，进行了3个月的传奇旅行。他们穿过热浪滚滚的沙漠，翻过陡峭的山谷，经过葱翠的亚热带森林，一直行驶到美国的西海岸。在那里，他第一次看到了浩瀚的大海，萌发了看太平洋彼岸风光的遐思。在加利福尼亚州，其中一位伙伴将汽车留在那里。斯诺和另一位伙伴踏上了归途。此时他们身无分文，只好边打零工边行路，尝到了流浪汉的滋味。快到家时又遇上了一伙强盗，抢走了他衣兜里仅有的50美分。这场劫遇并没有冲淡他旅行的热情，相反给旅行增添了惊险色彩。这次旅行是他人生道路上的一个重要界标。39年后，他在自传《复始之旅》中写道："要不是那个夏天看到过太平洋，我决不会立下有朝一日一定要漂洋过海的雄心壮志。我要不是在加利福尼亚州沿岸坐货车流浪，穿越费瑟河峡和科罗拉多的罗伊尔峡，我就不会那么早早地就尝到漂泊冒险的滋味，不会了解大自然和人类的千差万别，也不可能体会素不相识的人对青少年的关心。我当时刚刚意识到，如果说我还没有足够的智力在世上立足的话，我已有力气干活谋生了。"①

同年秋季，斯诺读到了雨果的名著《悲惨世界》。小说中成群的乞丐强烈扣动了他的心弦，使他想到夏天的流浪生活和途中所看到的穷苦人们的悲惨遭遇。这本书和《鲁滨孙漂流记》、《金银岛》等作品，进一步激发了他去寻看异国风情的欲望。但当时不可能实现这个希望，现实的问题是读书。在西港中学读书时，他参加了兄弟会，担任这个团体会刊的编辑。1924年他在密苏里大学新闻学院学习，曾任《堪萨斯星报》的业余校园记者（一说业余编辑），开始了新闻工作。

---

①《复始之旅》，第34页。

1928年年初，斯诺在华尔街一家银行证券交易中获得一笔钱，于是他和一位叫阿尔文·乔斯林的朋友决定花一年的时间，去遨游世界。为此他致信给父亲："我的这种想法，你们也许会说是愚蠢的。但还是让我去闯闯吧！事实也许证明我的做法并不愚蠢。"① 他在开往远东的"兰德诺号"轮船上当上临时的锅炉工，随船去开眼看世界。

"兰德诺号"行驶到夏威夷附近，因锅炉爆炸而无法行驶。斯诺只好在夏威夷停留下来。这里的风土人情吸引住他，特别是冲浪运动令他振奋。他将这里所看到的东西写成文章寄给《哈泼斯集市报》。令他备受鼓舞的事，是他的处女作得到了500美元的稿酬。这更增强他探险世界的勇气。于是，他又爬上了一艘驶往日本的轮船。他在日本饱览了妩媚的风光后，又带着"寻找'东方的魅力'"② 的强烈欲望，去龙的国家——中国。

二

1928年春，斯诺来到了上海。他原计划在中国只逗留6周，结果却度过了13年。这段时期对斯诺来讲，是至关重要的。这既是他和中国人民友谊的开端，也是他思想发生"觉醒的起点"③。

斯诺在上海结识了美国在远东最有影响的《密勒氏评论报》主编兼《芝加哥论坛》记者约翰·本杰明·鲍威尔。他接受了鲍威尔的邀请，参加《新中国》专辑的编辑工作。在3个月编写的时间里，他接触到大量资料，使他对这个古老国家的历史有了初步的了解，并被它灿烂的文化所陶醉，因而决定留在中国，担任《密勒氏评论报》的助理编辑。当时蒋介石刚刚确立自己的统治，中国出现了表面的"统一"，城市经济生活

① 陆宏德：《斯诺姐姐谈斯诺》，《人才》1982年第5期。

② 斯诺：《红星照耀中国》，《斯诺文集》（2），新华出版社1984年版，第194页。

③ 《复始之旅》，第27页。

相对平静，这些现象一度使斯诺认为："蒋介石把中国从'暴民'手中拯救出来，'道义'是在蒋那一边。"[①] 但是很快他便改变了这一态度。

1929年6月，斯诺离开了一些比较繁华的都市和富庶的江南，沿着铁路线北上，深入到内蒙古一个偏僻农村。在这里，一幅令人毛骨悚然的图景使他震惊！严重的旱灾几乎摧毁了这里的一切，"一切生长中的东西，仿佛都被新近爆发的火山灰烬一扫而光"[②]。"垂死的人奄奄一息地坐在或躺在自己家门口的石阶上。"[③] 一个城镇，一年之内几乎死掉了一半人口，"死人如此之多，只能在城墙外挖一条浅沟掩埋了事"[④]。人道主义唤起斯诺内心深处对中国苦难人民的深切同情，他看到那些垂死挣扎的人，竟得不到拯救时，痛苦地写道："我想，如果我们自己面临着这种境地时，我们将乞求快些让我们死去，但这些中国人好像不是这样，他们正在缓缓地等待咽下最后一口气"[⑤]。斯诺拍了大量灾区照片，在报上作了报道，向社会发出紧急呼吁，以促使各方行动起来赈灾。但响应甚微，甚至有人说他的报道是危言耸听。蒋介石政权非但不送去粮食，反而把饥荒作为迫使西北军阀冯玉祥、阎锡山就范的有效武器。

内蒙古之行是斯诺一生中"惊心动魄，永志不忘"的一段经历[⑥]。他曾写道："在中国西北那个地方，我目睹了成千上万的儿童死于饥荒，那场饥荒最终夺去了500多万人的生命。这是我一生中一个觉醒的起点。"[⑦] 这段经历，不仅使他透过都市虚华的表层，看到中国社会灾难深重的深层，也使他对蒋介石政权所抱的希望破灭。

1931年9月，斯诺回到上海，带着对中国许多问题寻找答案的心情和为宋庆龄写传的目的，拜访了宋庆龄。宋庆龄热情地接待了他，并对他产

---

① 《复始之旅》，第27页。

②③ 洛易斯·惠勒·斯诺：《斯诺眼中的中国》，中国学术出版社1982年版，第37页。

④ 《复始之旅》，第27页。

⑤ 斯诺：《拯救二十五万生灵》，1929年7月4日《密勒氏评论报》。

⑥ 玛丽、希思科特：《斯诺：1905—1972》，[美]《大学评论》，1972年4月23日。

⑦ 《复始之旅》，第2页。

生了很大的影响。正如海伦·福斯特·斯诺[①]所指出的那样："使斯诺向左转的主要影响来自孙夫人自己的榜样"[②]。宋庆龄为维护孙中山未竟的事业，在险恶的环境中表现出来的巨大毅力和勇气，赢得了斯诺对她的敬仰。斯诺在宋庆龄身上"体验到了中国的最美好的思想和情感"[③]。

1932年初夏，斯诺欲编译中国现代短篇小说集，向西方读者介绍中国的进步文化，首次拜访了鲁迅。鲁迅将自己的身世告诉了他。鲁迅从进化论转到阶级论，从"彷徨"转到坚定地站在革命阵营一边的事实，对斯诺的思想有很大的触动。"鲁迅那胸襟宽广的人道主义的精神，对人的满腔热情以及对周围事物的洞察力"[④]，给斯诺留下了深刻的印象。

鲁迅对这本小说集倾注了极大的热情，并给予有力的支持，多次与斯诺晤谈，斯诺夫妇到北京后，又与他们书信来往，为此付出了巨大的精力。他建议斯诺研究中国文化，必须要研究中国的社会经济问题。"到千千万万毫无生气的村庄走一走，先拜访那些将军，再去看看他们的受害者。擦亮眼睛，观察当前实际存在的事物。"[⑤] 这就是鲁迅交给斯诺了解中国的"一把钥匙"[⑥]。鲁迅除介绍自己的作品外，还仔细地分析中国的文化界，将左翼作家和作品推荐给斯诺。在一次重要谈话中，鲁迅详细地分析中国文学界的近况，分析茅盾、丁玲、郭沫若、张天翼、郁达夫、沈从文、田军（即萧军）等最好的作家在艺术上所取得的成就。尤其对萧红，认为她"是当今中国最有前途的女作家，很可能成为丁玲的后继者，而且她接替

---

① 海伦·福斯特·斯诺（1907—1997），笔名尼姆·韦尔斯，斯诺的前妻，中国人民的真诚朋友。她在旧中国生活了9年（1931—1940），一生致力于宣传中国革命和建设事业，曾著有《续西行漫记》、《红色的尘埃》、《旅华岁月》等。她与斯诺在中国初识，1932年12月结成眷侣，度过了一段十分美好的日子。1949年他们离开了。她曾于1972年至1973年、1978年再度访华，著有《七十年代西行漫记》。

② 《复始之旅》，第98页。

③ 张彦：《美国朋友怀念着宋庆龄》，1981年5月26日《人民日报》。

④ 斯诺：《〈活的中国〉编者序言》，伦敦乔治·哈勒普书店1936年版。

⑤ 斯诺：《鲁迅——白话大师》，［美］《亚洲》1935年1月号。

⑥ 萧乾：《斯诺与中国新文艺运动》，《新文学史料》1978年第1期。

丁玲的时间，要比丁玲接替冰心的时间早得多”[①]。鲁迅还特别主张将孙席珍、田军、杨刚等“新出台的作家”的作品选译一些，“介绍出去，倒也很有意义的”[②]。

斯诺以极大的热情投入到编译小说集的工作。斯诺夫人海伦和一些中国作家姚克、萧乾、杨刚等人也参加到这项有意义的工作中。斯诺热情正直、富有人道主义思想和对中国人民友好的真挚感情令鲁迅十分感动，他在致郑振铎的一封信中称颂道：“S君是明白的。有几个外国人之爱中国，远胜于有些同胞自己，这真足叫人伤心。”[③] 1933年5月26日，鲁迅专门为斯诺拍摄了一张半身照片。斯诺十分珍惜这张照片，1935年1月，他在美国《亚洲》杂志上发表的《鲁迅——白话大师》中附上了这张照片。这是第一份英文的鲁迅小传。由于斯诺准确地把握了中国革命文学运动发展的方向，他比较全面、正确地向欧美人民介绍了鲁迅，同时反映了当时中国进步文化界反对国民党法西斯文化“围剿”的艰苦卓绝的斗争。

斯诺在鲁迅的悉心指导下，编译、出版中国现代短篇小说集用去了约5年的时间，耗费了许多精力，直到1936年7月才由英国伦敦乔治·哈勒普书店出版，书名为《活的中国》。这部英文版的中国现代短篇小说集的首次出版，使世界各国读者第一次从书中“可以看到活的中国的心脏和头脑，偶尔甚至能够窥见它的灵魂”[④]。也使在风雨如磐的社会中搏斗的中国进步的文化界备受鼓舞。《活的中国》收集了鲁迅、柔石、茅盾、巴金、丁玲、沈从文、孙席珍、田军、林语堂、萧乾、郁达夫、张天翼、郭沫若、失名女士（即杨刚）、沙汀等15名作家共24篇短篇小说。斯诺对鲁迅表示了特别的敬意，将他的《药》、《一件小事》、《孔乙己》、《祝福》、《离婚》等5个短篇和《风筝》、《论“他妈的!”》两篇文章放在书的第一部分。作

---

① 斯诺整理：《鲁迅同斯诺谈话整理稿》，《新文学史料》1987年第3期。

② 鲁迅1933年11月5日致姚克的信。

③ 《鲁迅书信集》（下卷），人民文学出版社1976年版，第723页。

④ 斯诺：《〈活的中国〉编者序言》。

品的前面有斯诺写的《鲁迅评传》，称颂鲁迅“是当代中国文学上一位伟人，他的天才是举世公认的”。

《活的中国》卷首的献词是：“献给S. C. L.（宋庆龄），她的坚贞不屈，勇敢忠诚和她的精神的美，是活的中国最卓越而辉煌的象征。”[①] 献词洋溢着斯诺对宋庆龄的无比崇敬和热爱之情，也道出了宋庆龄和鲁迅等左翼作家之间密不可分的关系。

同年10月19日，鲁迅在上海逝世。正在外地采访的斯诺惊悉这不幸的消息后，怀着沉痛的心情和一位中国作家一起敬送“鲁迅先生不死”的挽联：“译著尚未成书，惊闻殒星，中国何人领呐喊；先生已经作古，痛忆旧雨，文坛从此感彷徨。”[②]

三

斯诺在中国经历了抗日战争的初期和中期。他坚定地和中国人民站在一起，投入到反对日本帝国主义侵略战争的正义行列之中。1931年九一八事变爆发后，他立即敏锐地认识到这是日本帝国主义侵略中国的开端，也是向全世界人民挑战的第一步。不久，他赶赴东北采访，目睹被日本军队残杀的中国人民的尸体被“饿狼和野狗吃掉”，“雪地里布满了血迹”的惨状。[③] 他向全世界真实地公布这一事件的真相，控诉日本帝国主义侵略中国的罪行。1932年1月28日，日本军队又向上海进攻。午夜，斯诺一听到进攻的枪声，便不顾一切，赶到交火的地方进行采访。他到上海火车站，看到车站依旧像平时一样拥挤、嘈杂，旅客尚不知日军正向这里进攻，便立即找到站长，告诉他战争已经爆发，催促他断然采取紧急措施，迅速将旅客撤出车站，免遭战祸。

---

① 译文根据《活的中国》重印本。

② 《纪念埃德加·斯诺》，新华出版社1984年版，第331页。

③ 斯诺1931年12月7日致霍华德兄弟的信。

在这场战争中，斯诺经常冒着炮火，上街抢救难民。他更多的是用笔作武器，赶写新闻报道，对十九路军的奋起抵抗和上海人民全力支援十九路军的抗战给予热情的歌颂："上海'一·二八'之战对中国人民的思想产生了永久的不可逆转的影响。它使中国许许多多青年人相信，如果全国团结一致进行爱国斗争，中国就是不可战胜的。"①

1933 年 3 月，斯诺应邀到北平燕京大学执教，讲授"新闻特写"和"旅游通讯"。海伦随同来到古都。在这里，引起斯诺夫妇兴趣的不仅是碧波荡漾的未名湖，金碧辉煌的紫禁城，更主要的是结识了一批热血青年。这批青年关心国事，以天下为己任，给斯诺夫妇留下了不可磨灭的印象。他们当中有燕京的黄华、陈翰伯、张兆麐，北大的黄敬，清华的姚依林、陆璀等。斯诺虽然不知他们是共产党员、共青团员，但从他们身上看到了中国的希望。这批青年也把斯诺夫妇视为真诚的朋友，经常去盔甲厂 13 号斯诺寓中做客，纵论国内外大事。

1935 年，日本帝国主义进一步将魔爪伸向华北。国民党政府在日本帝国主义武力威逼下，步步退让，继《何梅协定》后，11 月，又同意成立"冀察政务委员会"，以取代国民党北平军分会，企图以牺牲华北主权谋求妥协。为了挽救中华民族的危机，中国共产党北平组织立即决定在 12 月 9 日举行抗日请愿示威大游行。12 月 8 日，张兆麐、陈翰伯、黄华等来到斯诺的住处，将游行路线、集合地点告诉了斯诺夫妇，并将《告民众书》基本的内容翻译给他听。斯诺夫妇连夜抄写这份文件的译文，以便第二天供外国报纸发表。

12 月 9 日，北平爱国学生发扬五四运动的精神，冲上街头，举行了声势浩大的游行示威。"停止内战，一致抗日"、"打倒日本帝国主义"的口号声，在古都上空震荡。斯诺夫妇和一批外国记者在游行队伍中拍照、采访。当宪兵企图镇压学生队伍时，斯诺和一些外国记者围拢上去，

① 《复始之旅》，第 120 ~ 121 页。

迫使宪兵把枪口放低。斯诺夫妇和爱国学生手挽着手，行进在游行队伍的最前列。这举动使帝国主义分子和中国警察、宪兵们非常“震惊”[①]。

这天晚上，斯诺赶写并发出了长篇通讯，在《纽约太阳报》等国外报纸上及时报道了运动的情况。

12 月 16 日，北平、天津等地相继又举行了示威游行。斯诺夫妇冒着凛冽的寒风进行采访。斯诺爬上一个城楼，用电影摄影机摄下了学生运动的珍贵镜头。他们亲眼看到了大刀队“不加任何警告地”[②]，直接冲向游行队伍的情形。斯诺夫妇热血沸腾，再次走进游行队伍里。不久，爱国学生纷纷南下，将抗日救亡的火种播撒全国。斯诺同南下学生保持信件往来。斯诺夫妇支持中国人民反抗日本帝国主义侵略的正义行动，引起了日本帝国主义的忌恨，将斯诺列入黑名单里。日本报纸甚至造谣说，一二·九运动是海伦发动的。

参加一二·九运动的经历使斯诺夫妇终生为之自豪，同时也教育了斯诺，使他对国民党媚外卖国的反动性有了更深刻的认识。“在这危急关头国民党由于根本起不到领导、鼓舞的积极作用，因而成了悲观、停滞和镇压的象征”[③]。许许多多的爱国青年走上革命道路的一个不可缺少的因素之一，就是对这个政权“完全失去信心”[④]。

四

1936 年初春，斯诺实地考察红色苏区的念头再次萌发。早在 1932 年，他就产生过这念头。1934 年他的出版商哈里逊·史密斯愿预付稿费 750 美元，让他写一本关于中国共产主义运动的书。他愉快地接受了这个要求，但后来发现连一名“红色”的士兵也无法见到，遂打消了这个计划。1935

---

① 萧乾：《海伦·斯诺如是说》，《花城》1980 年第 6 期。

② 海伦·福斯特·斯诺：《旅华岁月》，世界知识出版社 1985 年版，第 159 页。

③④ 《复始之旅》，第 175 页。

年英国《每日先驱报》复提出相同的建议，并愿资助他到红色中国去旅行。1936年初春，斯诺跟刚认识不久的黄敬联系。黄敬向刘少奇请示，因环境之故，未能及时做出安排。同年4月，斯诺专程去上海请宋庆龄帮助。此时，中共上海组织根据中共中央指示，正在物色一位友好的西方记者和一位医生去苏区。斯诺和马海德[①]成了理想的人选。宋庆龄帮助他与中共组织取得了联系。

同年6月，历史又给斯诺的西行提供了一次千载难逢的机会。东北军将领张学良同红军之间秘密达成了停战协议，通往苏区的道路悄悄地敞开了。尽管前途难卜，危险重重，但他决不坐失良机，一心"跨越卢比康河"[②]。他在致美国驻华大使纳尔逊·约翰逊的信中表白："如果有危险，我至少可以拿一点来进行自慰，这就是许许多多中国人民已经为这个运动牺牲了生命，为了弄清楚为什么会这样，冒险也是值得的。"[③]

6月3日，斯诺携带一封用隐色墨水写的给毛泽东的介绍信和照相机、摄影机、24卷胶卷以及简单行李，从北平出发，在郑州换乘陇海线的火车，在火车上与马海德接上头，一起去西安。到西安后，在预先指定的西京招待所住下，会见了接头人"王牧师"[④]。"王牧师"分别与他们进行了很坦率、诚挚的谈话，帮助他们了解中国共产党，了解中国的政局。

为了妥善安排斯诺去苏区，中国共产党中央保卫局邓发和红军驻西安联络员刘鼎会见了斯诺，并具体安排他们的西北苏区之行。随后，斯诺和马海德乘上一辆东北军的卡车先到延安，然后改骑毛驴，在一位向导陪伴下，抵达安塞。在那里，他们首先受到了周恩来的欢迎。周恩来用英语对斯诺说："我接到报告，说你是一个可靠的新闻记者，对中国人民是友好

---

① 马海德（1910—1988），原名乔治·哈特姆，出生于美国纽约州布法罗市。1933年来到中国。1936年到保安参加了中国革命。新中国成立后担任卫生部医学研究会理事、顾问，宋庆龄基金会理事，第六届全国政协常委等职。

② 西方成语，比喻那种风险极大而不考虑后果的决断行动。

③ 斯诺1937年2月6日致纳尔逊·约翰逊的信。

④ "王牧师"真实姓名是董健吾，新中国成立后任上海市人委参事室参事，1970年12月病逝。其子女董惠芳等写有《写在〈西行漫记〉重印出版的时候》，刊登在1980年2月26日的《文汇报》上。

的，并且相信你会如实的报道。你见到什么，都可以报道，我们将尽力帮助你了解情况。”[①] 7月9日、10日两天，周恩来和斯诺做了长谈，为他的旅行提供背景材料，简要地总结了大革命和第五次反“围剿”失败的教训，分析了蒋介石政权的潜在危机和虚弱本质，昭示了因抗日运动，中国革命正在“接近另一个高潮”[②]。周恩来还亲手画了一张路线图，为斯诺拟订了92天在苏区旅行的计划。后来因苏区丰富多彩、富有魅力的生活深深地吸引了他，他在红色中国逗留了4个多月。

告别了周恩来，斯诺和马海德在一队士兵保护下，走了两天路程，便来到了红色中国的中心地——保安（今志丹县）。出乎他们意料的是，除毛泽东外，几乎所有在保安的中共政治局委员和大多数中央委员都出来欢迎他们。简陋的街上挂起了用英文和中文写的“欢迎美国记者来苏区调查!”“打倒日本帝国主义!”“中国革命万岁!”这热烈的场面深深地感染了斯诺，使他仿佛觉得不是来做客，而是回到家。

7月16日，斯诺正式采访了毛泽东。不久，他从西征前线旅行后回到保安，毛泽东应斯诺一再要求，用了十几个日日夜夜详谈了他个人的身世。毛泽东传奇的奋斗史，是中国革命史的极其重要部分，他的经历勾画出中共党史的主要线条。斯诺在《红星照耀中国》的名著中，专门写了“一个共产党员的由来”一章，使外界了解到这位中国共产党领导人的生平。毛泽东除了自述外，还着重谈了中国共产党的抗日政策，分析了亚洲和世界的形势，初步论述了中日战争是一场持久战的理论，披露了国共再次合作的可能性和合作的“条件”。毛泽东还客观地评价了共产国际及其驻华代表在中国革命上的功过，强调中国共产党必须独立自主地处理本国问题。苏联的经验应该学习，但必须带上“中国式的特点”[③]。他极力反对把马克思的学说看成终极真理，认为马克思主义应该

---

① 《红星照耀中国》，第43页；《复始之旅》，第189页。

② 斯诺：《周恩来谈第一次国共合作与蒋介石》，《党史研究资料》1980年第1期。

③ 《红星照耀中国》，第353页。

同中国革命实际相结合。

斯诺还访问了许多中共领导人和红军将领。这当中有张闻天、彭德怀、贺龙、聂荣臻、李富春、左权、邓颖超、徐海东等。他们的生平是中国整整一代人的一个又一个的丰富横断面，形成了中国革命的巍峨雄伟的高山。同时他还访问了许许多多的红军战士，对妇女给予了特别的注意，用他的笔生动描述了她们的生活和理想。

7月底，斯诺穿着红军的军装，同马海德去甘肃、宁夏访问红军西征前线，行程千余里。8月16日，他们来到红一方面军司令部驻地宁夏同心县豫旺堡，会见了彭德怀。19日，红军第四师师长李天佑、政治委员黄克诚等全体指战员写信向斯诺、马海德致意，并派卢仁灿等10余名干部、战士送去两匹黑色骏马，"以作永久的纪念"。[①] 20日，豫旺堡红军和民众召开欢迎斯诺、马海德大会，彭德怀、聂荣臻、左权、朱瑞等出席了大会。斯诺抑制不住自己的激情，发表了热情洋溢的演说："诸位英勇的同志们：对于你们热烈的欢迎，我万分激动和荣幸。你们取得了伟大的胜利，现在又要与二、四方面军会合，你们的前途是无限广阔的。……你们的斗争不是孤立的，全世界的无产阶级都拥护你们。我这次来，就是要把你们几年来艰苦奋斗的经过记录下来，告诉给全世界的无产阶级。"最后他扬臂高呼："中国革命成功万岁！红军胜利万岁！世界革命成功万岁！"[②] 在欢迎会上，红军战士表演了列队、刺杀、射击和马术劈刀等军事科目，斯诺将这些一一摄入照相机和电影摄影机。会后，斯诺和马海德兴致勃勃地骑上送给他们的战马，绕场跑了几圈，并请人拍照留念。

10月12日，离别红色中国的时刻来到了。斯诺是依依不舍地离去的。在4个多月的日子里，红军战士为中华民族解放而英勇奋斗的精神使他非常感动，他明白了"原来在这些老资格'赤匪'之中，有许多位，是我在

① 《纪念埃德加·斯诺》，第221～226页。
② 宁夏博物馆：《一张珍贵的墙报照片》，《革命文物》1978年第2期。

中国十年以来所未遇见过的最优秀的男女哩”①。这次西行在斯诺的思想发展史上，是一个关键的时刻。通过这次旅行，当初来中国撞大运、寻找东方魅力的浪漫色彩已褪尽，取而代之的是对中国革命的深刻同情。从此他同中国共产党建立起了紧密的联系。如果说在北平、上海，通过宋庆龄、鲁迅等先进中国人和一二·九运动，他在凄风惨雨的黑暗中看到了一线曙光的话，那么他的红色中国之行，则使他在西北黄土地上，看到了一个光辉灿烂的新中国。

斯诺回到北平后，通过讲演、聚会、放电影等多种方式，迅速传递了从苏区带回的信息。11 月 14 日、21 日，他在《密勒氏评论报》上首次发表了《毛泽东访问记》，文章附有他所摄的毛泽东戴八角帽的半身像。1937 年 2 月 5 日，在燕京大学未名湖畔，由斯诺和新闻系召开苏区摄影展示会。2 月 22 日，燕京大学历史系在临湖轩开会，由同学转述斯诺陕北之行见闻，并放映斯诺摄制的电影和幻灯片。

西安事变后，形势有很大变化，国共两党开始正式谈判。在国民党五届三中全会召开前夕，中国共产党为了表达抗日救国的诚意，提出了五项政治主张和四项保证。为了及时报道情况和扩大政治影响，毛泽东于 3 月 10 日写信给斯诺，全文如下：

斯诺先生：

自你别去后，时时念到你的，你现在谅好？

我同史沫特莱谈话，表示了我们政策的若干新的步骤，今托便人寄上一份，请收阅，并为宣播。我们都感谢你的。

此问

健康！

毛泽东

三月十日于延安

---

① 斯诺：《西行漫记·1938 年中译本作者序》，1938 年复社版。

1937年3月，经王福时等编译的《外国记者西北印象记》中文本出版。这是《红星照耀中国》的雏形。同年10月，英国兰戈茨公司出版了他撰写的《红星照耀中国》。此书出版后，轰动了世界，在最初的几个星期内就销售10余万册，到12月便重印了5版。次年，美国兰登出版社也印行了这本书，使之成为美国有关远东时局的最畅销的书籍。

还在斯诺接到英国航空寄来的《红星照耀中国》的样本时，他便将样本交给胡愈之。胡在中共上海组织的支持下，立即组织人员将其译成中文，用“复社”的名义印行。考虑到直译书名很难在国内发行，遂改为《西行漫记》这样“隐讳些的书名”[1]。《西行漫记》出版后，顿时售罄，以后接连数版，仅上海一地便印了5万册。国民党统治区域内的人民通过斯诺的介绍，了解了中国共产党的真实情况，从而摧毁了帝国主义、国民党反动派对“赤匪”的种种攻击和诬蔑。许多青年都因受到《西行漫记》的影响，参加到共产党的队伍，投身于中华民族解放的洪流。许多国际友人，读了这本书后，则更加坚定地步入到和中国人民友好的行列中。

《红星照耀中国》真实地报道了中国共产党和红军为拯救中华民族的英勇奋斗史，揭露了国民党政府的腐败和反共本质，使国民党当局如坐针毡，屡次下令查封该书。

《红星照耀中国》也使斯诺获得了巨大的成功。这部“二十世纪一个古老民族用血和肉写出来的史诗”[2]，“破坏了旧的形象，建立了新的形象”，“使西方人第一次了解中国共产党人的真实生活。从某种意义来说，一代美国人对中国共产党人的认识都是从斯诺那里得来的”[3]。40多年来，它被译成法文、德文、俄文、西班牙文、意大利文、希伯来文、瑞典文、日文、印地文、蒙古文、哈萨克文、荷兰文、塞尔维亚文等十多种文字，

---

① 胡愈之：《一次冒险而成功的试验——1938年“复社”版〈西行漫记〉翻译出版纪事》，《读书》1979年第1期。

② 钱公侠：《〈长征二万五千里〉序》，启明书局1949年上海新2版。

③ 肯尼思·休梅克：《斯诺——粉碎‘赤匪神话’的美国记者》，《美国人与中国共产党人：1927—1945》，美国1971年版。

其魅力经久不衰，在世界新闻史和报告文学史上均属罕见。斯诺之所以获得成功，不仅与书的内容有关，而且与他高超的表现技巧也密不可分。他用流畅、生动的笔触粉碎了“赤匪神话”，揭示了中国革命的规律；他还摄下了中国革命英雄群体的珍贵镜头，撷取了中国共产党从领袖到普通战士的生活、战斗的生动画面，使《红星照耀中国》具有很强的艺术感染力。该书与《一八七一年公社史》、《震撼世界的十天》一起，被用烫金的字刻写在国际报告文学的丰碑上。

五

1937年7月7日，伟大的全民族抗日战争的帷幕在卢沟桥畔的隆隆炮声中揭开了。面对侵略者的疯狂暴行，斯诺绝不做一个“中立者”，而是坚定地同中国人民站在一起，参加战斗，成为一名反法西斯的战士。日本军队占领北平后，他以自己的特殊身份，掩护一些上了侵略者黑名单的大学教授和爱国学生逃出虎口。他允许游击队在家中设立秘密电台，使之暂时成为某种地下工作的总部。他还帮助以“李知凡太太”身份潜在北平西山平民疗养院里养病的邓颖超脱险，亲自护送她到天津。

上海八一三抗战爆发后，斯诺立即赶到那里，进行火线采访。他冒着枪林弹雨，出入战区。他一次又一次地为中国军队的顽强抗击所感动。中国的士兵，在极其险恶的环境中所表现出来的“平静的勇气，看起来是动人的，几乎令人不能相信的。在死亡之前的冷静和任命的意识，乃是中国军队的一种特长，任何西方民族都未必有”①。他一次又一次地被日本军国主义的狂轰滥炸和屠杀无辜的暴行所激怒。他写道：“我漫游上海重大毁坏之区，一英里一英里地走过去，偶然有着一个烟囱，或电线杆耸立着，看到令人伤心。无主的电线残破不全地悬宕于颓壁败垣上。尸体从瓦砾堆

① 斯诺：《为亚洲而战》，《斯诺文集》（3），新华出版社1984年版，第37～38页。

中，发着臭气；每一样东西都是静悄悄地，正像那在冬天太阳中腐朽的死亡一样。”①

1938年6月，斯诺从香港来到武汉，住在美国海军基督教青年会干事的住宅里。在这里，他与周恩来在陕北建立的友谊得到了发展，还结识了叶挺、郭沫若等许多新朋友。7月14日，他和美国友人艾格妮丝·史沫特莱出席了中国青年记者协会在普海春餐厅为欢迎中外记者赴战地采访归来举行的茶话会，并受到了热烈的欢迎。接着，他去武昌珞珈山，访问了蒋介石。对于蒋介石当时所抱的抗日热情和决心，他作了如实的报道。蒋介石对他说：“我到的地方，就是政府和院部的所在与抗战的中心，战争的结果决定于领袖如何指挥民众抗战，而非决定于两三城市的得失。”② 同时，斯诺又提醒人们不要忘记蒋的基本特征，这就是“顽强、坚决、无情、奋发、野心、机动和热爱权力”③。

在武汉，斯诺和路易·艾黎④促使中国工业合作促进会（以下简称“工合”）正式成立。斯诺和艾黎相识是在1929年内蒙古之行的一个小火车站上。当时，艾黎参加中国国际赈灾委员会的工作。八一三战役，他们又在上海聚首。如何帮助中国人民更有效地进行战争，是他们的主要话题。他们认为中国要打赢这场战争，必须要有强大的经济作后盾，但是中国经济十分落后，现代工业少得可怜，战争又使数以万计的熟练工人汇入到本来就十分庞大的失业大军中。艾黎提出应该寻找一个办法使内地发展的经济力量足够使抗战坚持下去。海伦参加了讨论。她说：“必须搞一个人民生产运动，而达到这个目标的唯一办法就是把人民组织起来，让他们自己管理自己，并把他们的生产单位联合起来。工业合作社就是答

① 《为亚洲而战》，第49页。

②③ 《为亚洲而战》，第81～82页。

④ 路易·艾黎（1897—1987），新西兰坎特伯雷人，中国人民友好朋友，著名作家、诗人。1927年到中国，投身于中国人民的解放事业。中华人民共和国成立后，定居中国，主要从事写作，著有《艾黎诗选》、《在中国的六个美国人》等。

案。"[①] 海伦的意见使斯诺和艾黎兴奋起来。于是，一个有关"工合"的最初文件便拟定出来了。此事得到宋庆龄和英国驻华大使阿奇博尔德·克拉克·卡尔爵士的热心支持。1938 年，"工合"的最初组织在上海形成，宗旨是在抗战时期组织难民自救，动员失业劳动者组织起来，生产军需民用产品，为中国赢得抗战的胜利作贡献。宋庆龄为名誉主席，爱国银行家徐新六担任主席，艾黎为秘书，斯诺夫妇负责宣传和筹款。

"工合"在汉口正式成立后，斯诺夫妇倾注了极大的精力和心血。他向周恩来详细地介绍了"工合"的情况，周恩来给予了热烈的支持，并提出了一些具体的意见。为了"工合"的存在和发展，他甚至要求拜见因《红星照耀中国》一书而得罪了的宋美龄，"恭维她在战时的工作（她也确实做了不少的工作）"[②]。

1938 年岁末，斯诺飞往菲律宾，向爱国华侨进行宣传、募捐。在那里他受到了"最热烈"、"最慷慨"的响应[③]。在他的倡导下，中国"工合"菲律宾促成会宣告诞生。不久美国也成立了一个类似的组织。在斯诺夫妇努力下，英、美两国开展了捐款活动，向"工合"提供了几百万美元的援助。

1939 年初夏，"工合"在中国大后方得到了迅猛的发展。斯诺以"工合"国际委员会代表和记者身份从重庆出发，经成都去西北视察。9 月，他抵达延安，当面向毛泽东介绍"工合"的情况。毛泽东对"工合"表示支持。不久，陕甘宁边区召开了生产合作社代表大会，一致通过将边区生产者合作社纳入"工合"宪章。斯诺同毛泽东这次会见时的谈话，还涉及中国抗战和国际反法西斯战争的广泛话题，如欧洲战事、国共关系、苏联的外交政策、张伯伦和罗斯福的对外政策等。斯诺当时即就国共两党关于抗战政治基础的解释的差别、抗战与民主的关系以及共产党怎样实现对工

---

① 路易·艾黎：《在北京纪念斯诺逝世十周年大会上的讲话》，《纪念埃德加·斯诺》，第 14 页。

②③ 《复始之旅》，第 249、第 252 页。

农的领导权等问题写了报道。①

1940年斯诺再次去菲律宾，倾尽全力撰写一本反映抗日战争的专著。这本书详细记录了中日战争的最初几幕，向全世界公布了日军在上海、南京等地制造惨绝人寰的暴行，热情地讴歌了中国人民英勇抗击侵略者的壮烈史诗，记载了鲜为人知的新四军的业绩，介绍了“工合”的缘起和现状，大量报道了中国共产党领导的陕甘宁边区的政绩，传播了毛泽东的抗战理论、策略、战略战术等。这本书的书名是《为亚洲而战》，1941年由美国兰多姆出版公司出版。这是一部抗战初期反映中国人民抗战的最有影响的著作。

1941年初春，皖南事变爆发。廖承志立即将惨案披露给斯诺。斯诺对蒋介石集团的同室操戈感到义愤填膺，他不顾国民党政府的新闻检查法，向美国《先驱论坛报》发出快讯，真实报道了这令人痛心的事件，在美国、英国等盟国引起了极大的震动和愤慨，使蒋介石政权陷入十分狼狈的地位。国民党政府恼羞成怒，下令取消斯诺的记者特权。

1941年2月，斯诺被迫离开了这块生活了13年、渗透着无限爱的地方。临别时，宋庆龄深情地说：“你会回来的。我们算你是弟弟。你在美国不会幸福的，你是属于中国的。”② 当载着斯诺的飞机飞离中国大地的一瞬间，他凭窗俯瞰，思绪万千，心里在呼喊：“是的，我是其中的一部分。我的一部分将永远地同中国褐色的群山、碧玉似的梯田、晨雾掩映的岛上庙宇留在一起；同那些信任过我、爱护过我的儿女，同那些虽然破产但彬彬有礼的农民，同那些脸色黝黑、衣衫褴褛、眼光明亮的儿童，同我所认识的同辈和好友，尤其是同那些卑贱的、没有军饷的、饥饿的、受人蔑视的农民出身的步兵留在一起。”③

① 《斯诺在中国》，三联书店1982年版。

②③ 《复始之旅》，第295、第293～294页。

六

斯诺回到美国后，竭力宣传中国人民的抗日战争，以赢得美国人民对中国进行民族解放战争的同情和支持。他经常在政府官员中介绍中国的情况，并于1942年2月14日受到美国总统罗斯福的首次接见。他向总统详细汇报了中国和亚洲的局势，希望美国政府重视亚洲战场。斯诺的努力对美国政府拨款支持中国的抗日战争起了促进作用，并使美国一些政界人士对中国共产党一度持较友好的态度。

1942年4月，斯诺根据美国总统的意见，作为美国《星期六晚邮报》的世界记者，离开美国，途经非洲，去印度采访。他访问了印度国大党领导人甘地和尼赫鲁等。甘地阅读过斯诺的《为亚洲而战》，对斯诺要求印度独立的政治主张极为赞赏，对他站在正义事业一边，忠实地报道印度和各国的情况，称誉道："我们尊重你的诚实态度"[①]。随后，斯诺还到缅甸、伊朗、伊拉克等国活动。

1942年10月到1945年期间，斯诺曾数次去苏联采访，在那里前后工作有4年的时间。这段时间正是苏联卫国战争从最艰难的时期转入胜利的时期。他跟苏联人民同甘共苦，在伏尔加河畔、顿河流域留下了他的足迹。在举世闻名的斯大林格勒保卫战中，他跟苏军战士共同度过了令人难忘的日日夜夜。他对苏联人民在苏联共产党领导下抗击德国法西斯的光辉业绩充满了敬意。战后，他将对苏联人民的无比敬意和热爱之情写进了《人民在我们一边》、《苏维埃政权的格局》、《斯大林需要和平》等著作中。但具有"我是一个密苏里人"[②] 精神的斯诺，对苏联党内的残酷斗争和俄国革命力量内部潜伏着的"古老僵直的官僚渠道"[③]，以及初露端倪的大国主

① 《〈斯诺文集〉出版前言》。

② 美国谚语，即"拿出证据，眼见为实"的意思。

③ 《复始之旅》，第345页。

义，也作了如实的报道。因为这一点，斯诺变成一位“不受欢迎的人”，被迫离开了苏联。

在希特勒彻底失败的时刻，斯诺作为美国记者赶赴德国，看到了第二次世界大战最伟大的一幕。随后，他访问了奥地利、法国等欧洲国家。

第二次世界大战后，斯诺到沙特阿拉伯，采访了伊本·沙特国王。随后，他周游了几乎亚洲的所有国家。在日本，他会见了麦克阿瑟将军。这位占领日本的最高司令，居然大谈应该让亚洲弱小国家全部“自由”，但是美国政府却又向法国人提供武器和舰船①，以维护他们在印度支那的支配权，还在菲律宾建立军事基地，以保证美国的利益不受侵害。

1946年元旦，斯诺是在汉城度过的。他对于朝鲜被人为地分成两半而感到遗憾，并看到了问题的症结，是“美国在朝鲜阻止了一场革命”②。1947年12月，他又到印度和东南亚访问。此时，甘地正在为民族解放和独立进行殊死的斗争。很不幸，甘地被年轻的狂热分子所杀害。斯诺怀着极其悲痛的心情，参加了这位印度民族英雄的葬礼。他对甘地所从事的事业和个人高尚的品德充满了敬意。在与甘地做最后告别时，他称颂道：“甘地逝世的时候，每个印度人确实都感到像是失去了父亲。不仅如此，这个身体矮小的人充满了对所有人的热爱，其影响超出了印度，也超出了时间。他以世事为己任，凡是亲身感受到、或从理性上认识到，或者像我自己这样只是由于岁月的磨炼而体会到他的爱的人们，他都是热忱相待的。圣雄是一面镜子，每个人都可以从这面镜子中看到自己的美丑善恶”③。

1949年，斯诺与海伦的爱情的裂痕进一步扩大，以致他们夫妻生活的完全结束。同年5月，斯诺同演员洛伊斯·惠勒④结婚，翻开了个人生活新的一页。

---

①②③ 《复始之旅》，第439~440、第445、第453页。

④ 洛伊斯·惠勒·斯诺，出生于美国加利福尼亚州的斯托克顿，曾在纽约市奈波荷德戏剧学院就读。与斯诺结为伴侣后，热衷于促进中美友谊事业，1970年首次随斯诺访华，随后多次到中国，著有《在舞台上的中国》、《“我热爱中国”》等书，整理了《斯诺眼中的中国》。

这一年的10月1日，斯诺在1936年的预言实现了。当五星红旗从古老的天安门广场上冉冉升起的时刻，他和中国人民一起欢呼起来。为了这一伟大时刻的到来，他和中国人民并肩战斗过；为了推动中美友谊的发展，他不遗余力地在美国人民中播下了友谊的种粒。他多么希望中美友谊能够得到进一步的发展。但是，美国政府却采取敌视新中国政府的态度。朝鲜战争前后，美国经历了“麦卡锡主义”时期，国内掀起了疯狂的反华恶浪。斯诺、史沫特莱等许多美国友好人士被列入黑名单。但斯诺毫无畏惧，坚信与中国友好是历史的必然趋势。1951年，他因不同意世界发行量最大的《星期六晚邮报》追随麦卡锡主义的编辑方针，毅然辞去了该报副主编的职务。他眷恋着中国，将他与洛伊斯所生的女儿起了“西安”这样一个富有中国色彩的名字。

斯诺不顾美国政府的迫害，坚持从事与中国友好的事业。1957年他担任美国哈佛大学中国政治经济研究会特别顾问，同年出版了《红色中国杂记》。1958年他完成了近500页的自传《复始之旅》，主要内容是记录他在中国的难忘岁月。1959年7月，针对美国政府对人民中国的敌对立场，他庄严地发表了《承认中华人民共和国》的声明。同年因无法在美国工作，他被迫举家迁往中立国瑞士（保留美国国籍）。那时，因无固定职业，生活是清苦的，当有的出版商以较优的报酬作诱饵，妄图让他写些适合美国现行政策需要的有关中国的文章时，遭到了断然拒绝。他抵制了金钱的诱惑，绝不放弃捍卫、宣传真理的权利。1960年12月4日，他在致出版商的公开信中写道：“如果读者愿意知道人们在中国如何出生、如何生活和死亡的话，我有不少有趣的事情，可以告诉他们。如果读者想寻找材料来证明美国的制度最适用于中国（包括台湾在内），并且应该把这种制度强加给中国人民的话，那末，我要说出的东西丝毫也无助于他们的事业。”

七

中国就像一个强大的磁场，强烈地吸引着斯诺。他时刻不忘中国，关心着新中国的革命和建设事业。多么希望能旧地重游，看看新中国的巨大变化，会晤老朋友。中国人民也时常想念着这位美国老朋友，1951年，中国政府就发出邀请，请斯诺访华，因政治和经济的缘故，斯诺未能成行。后来，斯诺经济状况有所改善，要求访华却受到美国政府的阻挠。美国国务卿杜勒斯甚至威胁地宣称：任何一个美国人到中国去访问，将会失去他们的护照和可能被罚款或监禁。斯诺准备承担任何风险，数年如一日地申请访问中国。美国《展望》杂志社愿意在经济上给予支持。经过斯诺的朋友艾夫里尔·哈里曼向美国政府“说情”①，1960年，斯诺终于获得去中国的护照。

这年6月，斯诺告别了洛伊斯和两个孩子，乘飞机经莫斯科去北京。当飞机飞临长城上空时，他鸟瞰了这个离别了十多年的“故乡”，“那花园似的，灌溉得宜的田野，就像一幅幅色彩缤纷的织锦，加上那些带有古旧风味的方块田，一直伸展到这个具有历史性的首都”②，使他倍感亲切。在北京机场上，他受到了热烈的欢迎。在一片灿烂的阳光下，路易·艾黎、马海德、爱泼斯坦、黄华、冀朝鼎、唐明照等一群老朋友，拥上前去同他热烈拥抱。斯诺的眼睛潮湿了。

斯诺以一个作家的身份③，在中国逗留了5个月，足迹遍及14个省的19个主要城市。他曾到过黑龙江省与西伯利亚交界的附近地区，到过大连以外的渤海，沿着从前的足迹到达内蒙古和西北地区，穿过黄河流域再见到了重庆。在长江流域一带逗留了几个星期，旅行的路线一直伸展到云南

---

① 玛丽·克拉克·戴蒙德：《斯诺的一生》，《纪念埃德加·斯诺》，第258页。

② 斯诺：《大河彼岸：今日的红色中国》，《斯诺文集》第4集，新华出版社1984年版，第5页。

③ 美国政府给斯诺的护照注明是记者。当时在中美两国政府秘密谈判中，美方提出派记者驻北京，却拒绝中国记者驻华盛顿。中国政府理所当然地拒绝了这一无理的要求。于是出现了颇为有趣的事，美国政府准许的是记者斯诺访华，中国政府承认斯诺是作家而非记者。

省同缅甸、越南接壤的地区。采访的对象十分广泛，从党和国家领导人到普通的群众，总数超过70人次。其中有军人、农民、工人、知识分子、学生、干部、僧侣、医生、护士、律师、科学家、艺术家、新闻工作者、家庭主妇、少数民族、驻华外交官、囚犯、解放前的地主、资本家、中国最后的一个皇帝，等等。

斯诺有过一段旧中国的经历，又来自发达的国家——无论是美国还是瑞士，因此他在采访中，经常自觉或不自觉地运用比较法，主要是与旧中国作比较。鲜明的对照，使他对中国的认识更深了一步。北京曾是斯诺生活过5年的地方，旧地重游，成为他感受最深的地方。这座古老的大都市在中国共产党卓有成效的改造下，发生了翻天覆地的变化，使他几乎都认不出来了。在北京雄伟的火车站，他觅寻着盔甲厂旧址和附近的狐狸塔，但所见到的却是一排排新式建筑群。在外城和郊区，大规模的工业基地和钢铁联合企业映入他的眼帘。在古北口，展现在他面前的是一个面积达72平方英里的密云水库。这座被秀丽风景怀抱的人工湖，是新中国人民的杰作，提前5年竣工，为百多万英亩土地提供了随意调节的供水量，使很大一部分土地改变成稻田。旧北京那种随地吐痰、高声叫喊、争吵、赌博、吸毒馆、妓院等不健康和腐败的现象已荡然无存了。

一切都在巨变中，特别是劳动人民的地位发生了根本的变化。昔日的仆人、侍者、挑夫等服务性的下等人，恢复了做人的尊严，受到社会上的尊重，和其他的人一样被称为“同志”。他们对外国人也没有一点媚颜，但彬彬有礼。年轻人在公共汽车上，自觉站起来给老年人、妇女、病弱者让座……这一切都令斯诺兴奋、激动。他情不自禁地对一位三轮车工人说：北京“比以前更清洁，更现代化，更美丽了”①。

斯诺在艾黎陪同下，访问外地的第一站，是29年前促使他“觉醒”的内蒙古地区。在那里，当年哀鸿遍野的惨况已作为历史的陈迹进入了历史博物馆，展现在他眼前的是烟囱高耸的白云铁矿、占地5平方英里的现

① 《大河彼岸》，第12页。

代化钢铁联合企业包钢、一望无际的肥沃大草原。在百灵庙地区，他在一个蒙古包里做客，吃着满桌的蒙古珍馐时，眼前不由得浮起了昔日饥民成群倒毙的情形。

斯诺走的地方越多，访问越深入，感受也越强烈。在雄伟峙立黄河上的三门峡水坝前，他不由得为中国人民征服自然的伟大力量而欢呼：千百年来桀骜不驯的“海龙王”——黄河，终于“在历史上第一次乖乖地屈服于人类的手中”①。飞架南北的“极为美观实用”② 的武汉长江大桥，在他的眼中，是一条沉睡多年后，终于清醒过来的巨龙腾上昊天。西南四通八达的铁路、公路交通网络，使斯诺触摸到中国人民建设社会主义的脉搏。

斯诺是一位善于独立思考的记者，他认为“要更好地判断新政权的能力，最好还是到从前甚少与现代化生活接触的地区去观察”③。于是，他深入到中国最落后的地区之一陕北高原。这里发生的变化令他惊讶不已。贫瘠的黄土高原披上了绿装，大小工业星罗棋布，人民生活得到了很大的改善。当他参观了一位普通人住宅后写道：“对那些惯住于美国的农场式小别墅的人来说，中国新建的公共住宅区会显得很原始似的。但对那些出生于窑洞之内或昏暗的茅屋之中的陕西省工人而言——那些窑洞和茅屋当然没有自来水和暖气设备——新的生活表示了他们获得了基本的舒适生活。”④ 一些很细微、容易被人忽视的变化，在斯诺的目光下，却成了强烈的光点。在一座普通的窑洞里，他看到炕下摆着三双儿童胶鞋、一双成人运动胶鞋，以及桌上的柳枝盖暖水壶而感慨万千，因为这些东西过去只能在地主家中才能看到。为了一个暖水壶，就值得盗匪“下手行劫”⑤。

1960 年 10 月 1 日，斯诺应邀参加了中华人民共和国成立十一周年庆祝大典。他在天安门城楼上，与 21 年未见面的老朋友毛泽东重逢了。斯诺环顾壮观天安门广场上如海潮般的游行队伍时，脑海里浮现出当年与毛泽东在窑洞里见面的情形，诙谐地对毛泽东说：“自那时起，你窑洞的面积已稍微扩大了吧！”毛泽东微微一笑：“事情确实好转了一点。”⑥ 后来毛泽东

---

①②③④⑤⑥ 《大河彼岸》，第 386、第 443、第 338、第 346、第 361、第 86 页。

邀请他在家中，畅谈了约9个小时。毛泽东又一次通过斯诺这个“媒介”，向全世界阐述了中国共产党对世界的看法和政治主张，表达了向美国人民友好的真诚愿望，希望能有在密西西比河和波达罗河中畅游的机会。

周恩来于8月30日、10月18日与斯诺做了两次长谈，“广泛地透露了中、美两国间的问题，以及当时中国政府所采取的政策”①，表明中国人民和政府希望通过和平协商解决中美争端的愿望，同时强烈反对美国采取敌视人民中国的政策，阐述了中国对台湾的严正立场。中美争端的关键是台湾问题。中美两国有关台湾地区的争论是一个国际问题，而新中国的中央政府和台湾蒋介石集团的关系，则是内部问题。中美关于台湾地区的争议，应该通过和平谈判来解决，而不应该依赖采用军事力量和施行武力相威胁。中央政府也可以同蒋介石集团进行谈判，以解决台湾问题，但这属于中国内政，美国政府不能干涉！美国政府制造“两个中国”的错误，遭到了包括台湾在内的全体中国人民的反对。这只能使中美关系打成一个死结。“我们不相信美国人民将会让他们的政府无限期地在推行这个政策。中美两国人民之间没有根本的利益冲突，而友谊则是长存的。”②

周恩来的话为改善中美关系指明了正确的方向，是中美关系解冻的条件。中国政府始终坚持这一原则立场，20年后，美国政府终于接受了这个原则。

斯诺从中国返回瑞士后，致力于中美友好的事业。他曾向华盛顿传递了中国政府希望结束冷战与美国人民友好的“信息”③，可是再次遭到肯尼迪政府的拒绝。他撰写了有关新中国的报道，在报刊上发表。他与周恩来的谈话发表在1961年1月31日出版的美国《展望》杂志上。这次谈话和有关新中国的报道，使美国人民了解了新中国，有力地推动了中美两国人民友谊的发展。

忽视6亿人民的存在，孤立人民中国是愚蠢的。斯诺用17世纪法国哲学家巴斯卡尔的话讽刺美国政府对华的政策：“法律正义竟以河为界，多么可

---

①② 《大河彼岸》，第75、第80页。

③ 洛伊斯·惠勒·斯诺：《〈斯诺眼中的中国〉前言》，中国学术出版社1982年版。

笑！……还有什么事情能比这更加可笑呢：一个人居然有权杀死我，仅仅因为他住在河的彼岸"①。为此，斯诺写了《大河彼岸》一书，于1962年由美国出版公司出版。这本新中国纪实的著作再次在西方世界引起了轰动。

1964年10月18日至1965年1月19日，斯诺作为法国《新直言》周刊的记者，第二次访问新中国，会见了毛泽东、周恩来、宋庆龄等中国领导人。1965年1月9日，毛泽东和他进行了"山南海北"的谈话。毛泽东阐述了三个世界的理论。关于中美关系，毛充满信心："历史的各种力量最后也必然会把两国人民再拉到一起来的；这个日子一定会到来。"②

在这次访问期间，周恩来又与斯诺进行了两次有意义的谈话。周全面介绍了中国近几年在工农业方面所取得的成就，公开承认"过去十五年中有些事我们是做对了，但我们也做了一些错事。人们必须取得正反两方面的经验"③。对中国经济建设的规律，了解了一些，但还有许多经济发展规律依然不了解，需要不断探索。

对新中国的两次访问，使斯诺更加热爱中国。从美国来看，中国是在太平洋彼岸的国家，斯诺多么希望有一座横跨太平洋的友谊桥梁，将这两个伟大的国家连接起来。尽管前途艰难，但他坚信"桥梁能够架起，而且最后必然架起"④。

斯诺作为正直的记者、作家，不仅宣传新中国，还积极投身于世界保卫和平的运动中。他曾撰文，谴责美国发动的越南战争。1965年他到美国新罕布什尔州的都柏林参加了第二次都柏林会议。一些颇有名望的代表在会上热衷于制定一份维持世界和平的计划，但斯诺没有签名，因为他感到这份文件对第三世界国家的意愿缺乏了解，也没有制定相应的条款。

由于斯诺主持正义，为中国人民和世界人民讲话，因而遭到美国历届政府的迫害。

---

① 《大河彼岸》，第4页。

②③ 斯诺：《漫长的革命》，上海人民出版社1975年版，第221、第246页。

④ 洛伊斯·惠勒·斯诺：《〈斯诺眼中的中国〉前言》。

八

1970 年 8 月初，65 岁的斯诺偕同夫人洛伊斯又来到了中国。这既是他最后一次到中国采访旅行，也是他人生之路的尽头。在这块美丽的土地上，他度过了难以忘怀的 6 个月。在西北的黄土地，东北辽阔的平原，在东海之滨的上海，在南国重镇广州，均留下了他的足迹。他与工人、农民、军人、干部进行了广泛的接触，所到之处受到了热情的款待。此时，中国正处在“文化大革命”的动乱高潮中。尽管他对这场“大革命”的种种行为不理解，例如许多他十分尊敬的老干部被打倒，狂热的宗教迷信等，但半个世纪与中国紧密系念的炽热情感和与中国革命家结成坚实耐久纽带的历史，使他力求从好的方面去考察这场运动，再加上他所敬爱的毛泽东亲自向他阐述了“文化大革命”的理论，使他基本上接受这一理论。这反映在他最后一部没有完成的《漫长的革命》书内。在这部书内他留有余地，没有下最后的结论：“目前看得见的几条线索理清楚也是很困难的，可能在今后好几年内我们还看不到全部线索，或者还不能把所发生的事情描绘出一个简单明了的图案来。”①

斯诺此次访问中国，再次为中美友谊桥梁的建立作出了特殊的贡献。他是在中美两国政府外交发生微妙变化时刻来到北京的。尼克松政府从 1969 年夏天开始，对中国采取了现实的态度，决定结束鸵鸟政策，多次向中国政府传递了信息。

中国政府对这友好举动作出了反应。最初的反应是通过斯诺传递的。斯诺成为中美友谊史上第一只传递春天信息的燕子是当之无愧的。这是他与中国共产党长期真挚友谊发展的结果，也表明中国人民对老朋友斯诺的无比信任。1970 年 10 月 1 日，毛泽东主席在天安门城楼上接见了斯诺。第二天几乎中国所有大报都在显著的版面上刊登了毛泽东和斯诺一同在天安

---

① 《漫长的革命》，第 64 页。

门城楼上的照片①。尽管斯诺当时还预感不到中美关系将会发生巨大的变化，但丰富的阅历告诉他："中国人从来不会无缘无故在公开场合做一件事的。"② 数天后，毛泽东单独接见了他，虽然谈话内容仍十分广泛，但突出点则是中美关系。毛泽东通过斯诺正式邀请美国总统尼克松访问中华人民共和国。毛说，欢迎尼克松访问中国，无论是作为一个旅行者，还是作为总统都行，因为"目前中美两国之间的各种问题需要跟尼克松商量解决"③。随后，中美关系发生了一系列富有戏剧性的变化。1971 年 4 月，乒乓外交作为新名词载入了世界外交史册。同年 7 月，美国总统特使基辛格出使北京，结果宣布尼克松将访问中国。

斯诺以不可遏制的兴奋心情看到迅速变化的中美关系的新发展，却没有料到潜伏在自己身体内的癌细胞正在悄悄地蔓延。还在最后一次访华时，他已感到身体不适。周恩来曾劝他在中国休息一段时间，他婉谢："我是来工作的不是来休息的。"1971 年 3 月他回到瑞士，感到极度疲劳，稍作休息后，又开始整理笔记、资料，开始撰写《漫长的革命》。此时，由于中美之间出现的积极因素，不断有人要求斯诺提供中国的情况和接受采访。对于这种突如其来的额外负担，斯诺在洛伊斯的帮助下十分热情地承担下来。但是病魔终于迫使他住进了医院。检查结果是晚期胰腺癌。手术过后他十分虚弱，情绪也很低沉，但仍惦记着《漫长的革命》的书稿，同时鼓励妻子写介绍中国文化艺术的《在舞台上的中国》。

洛伊斯看到越来越羸弱的斯诺，心忧如焚，写信给斯诺的亲人，给纽约、巴黎、伦敦的医生朋友，希望得到援助以挽救丈夫的生命，但她除了得到同情和安慰外，热心的朋友们在绝症面前均表示无能为力。洛伊斯致函给尼克松。尼克松未作出任何的努力，仅对斯诺"长期杰出的生涯"表示了敬意④。中国是她最早就想到的，但到最后的时刻，她才写信给马海

① 1960 年 10 月 1 日斯诺也与毛泽东在天安门城楼上见面，但当时未作特别新闻加以报道。

② 洛伊斯·惠勒·斯诺：《"我热爱中国"》，三联书店 1979 年版，第 21 页。

③《漫长的革命》，第 171 页。

④《"我热爱中国"》，第 94 页。

德，说明了斯诺的近况。

中国对斯诺的健康十分关心。在他住院治疗期间，毛泽东、周恩来就曾多次派中国驻瑞士大使前去慰问。当马海德收到洛伊斯的信后，中国立即采取了行动。周恩来首先致函表示慰问，信中并附毛泽东、邓颖超的嘱笔问候。宋庆龄也去信表示关切。中国政府邀请斯诺来北京治疗。

1972 年 1 月 24 日，马海德奉毛泽东、周恩来的委托，带着一个包括 4 名医生、多名护士组成的医疗小组赶到斯诺的寓所，并租了备有专门病床设备的法国航空公司的一架飞机，准备接他到北京。但是斯诺的病情十分严重，以致无法做长途旅行。中国医疗队决定留下来。马海德对洛伊斯说："我们在北京把一所医院改成你们的家，现在我们要留在这里，把你们的家改成一所医院。"①

斯诺在最后的日子里，以惊人的毅力与病魔做斗争，积极配合治疗，从不呻吟一声。病痛暂缓时，他便抓紧时间慢慢口授《漫长的革命》。在斯诺临终前的一个星期，中国常驻联合国代表黄华受毛泽东、周恩来委托去看望了他，向他转达了中国老朋友对他的关心和慰问。

此时也是尼克松访华的前夕。对这个具有历史意义的时刻的到来，斯诺感到无比兴奋，也感到无比的痛苦。因为按照原定计划，他在尼克松访华时再次去北京，并订有单独采访美国总统的合同。他是多么希望向全世界报道这一举世瞩目的重大事件，共享中美友谊之桥架立时所激起的欢乐和幸福。然而，这一切对他来讲都是无法实现的事。

2 月 15 日，斯诺永远合上了眼睛。在弥留之际，他用全部力量说出的最后一句话是："我热爱中国！"他的遗嘱上写道："我爱中国。我希望死后我有一部分留在那里，就像生前一贯的那样。美国抚育培养了我。我希望我有一部分安葬在赫德逊河畔，也就是它就要流入大西洋到欧洲和人类的所有海岸去的地方，我感到我自己是人类的一部分，因为我知道几乎每一个国土里的善良的人都是人类的一部分。"②

---

① 葛娴、陆宏德：《"我热爱中国！"——马海德谈斯诺》，《纪念埃德加·斯诺》，第 215 页。

② 《"我热爱中国"》，第 193 页。

2月16日，毛泽东、周恩来、宋庆龄等国家领导人发去了唁电，称颂斯诺“一生为增进中美两国人民之间的相互了解和友谊进行了不懈的努力，作出了重要的贡献。他将永远活在中国人民心中”[1]。

2月19日，就在尼克松访华的前两天，中国人民在北京人民大会堂举行了斯诺的追悼大会。周恩来、李富春、邓颖超、蔡畅等出席。1973年10月19日，在北京大学未名湖畔，举行了斯诺部分骨灰安葬仪式。汉白玉大理石上镌刻着周恩来起草、叶剑英手书的“中国人民的美国朋友埃德加·斯诺之墓。1905—1972”的碑文。毛泽东、宋庆龄、周恩来、朱德等送了花圈。周恩来抱病参加了安葬仪式，对洛伊斯表示了亲切的慰问。廖承志代表中国致辞，称颂斯诺是“中美两国人民诚挚友谊的一个见证”[2]。

1974年5月18日，洛伊斯在几个朋友的陪同下，将斯诺另一部分骨灰埋葬在美国纽约州赫德河畔。在常春藤环绕的小树林中，安放着一块褐红色的河石，上面刻着两个铜制的缩写英文字母“E. S”（即埃德加·斯诺）。

1984年9月29日，中国三S研究会成立，其宗旨就是向中国人民和世界人民介绍斯诺和史沫特莱、斯特朗三位美国朋友。邓颖超为名誉主席。最近20多年来，全国报刊发表了大量文章，纪念斯诺这位从青年时代起，便与中国革命发生紧密联系，为中美友谊之桥奠定基石的中国人民的真挚朋友。在斯诺的家乡，建立了“纪念埃德加·斯诺基金会”，设立在密苏里——堪萨斯大学中心图书馆内。

埃德加·斯诺是属于美国的，也是属于中国的。他将如长江和密西西比河一样，永远在中美两国人民心中奔流不息。

---

① 1972年2月17日《人民日报》。

② 《“我热爱中国”》，第196页。